Gypsy

Dotschy Reinhardt

Gypsy

Die Geschichte einer großen Sinti-Familie

Scherz

Besonders danke ich Lianne Kolf, Lukas Lessing und Peter Lohmann für ihr Interesse und die Begeisterung für die Kultur der Sinti und Roma sowie dem Historiker Carsten Kohlmann, Archivar der Stadt Sigmaringen, für die Recherchen und Bereitstellung der Informationen aus dem Schramberger Stadtarchiv und aus zahlreichen anderen Quellen.

www.fischerverlage.de

Erschienen bei Scherz, einem Verlag der
S. Fischer Verlag GmbH, Frankfurt am Main 2008
Satz: MedienTeam Berger, Ellwangen
Druck und Bindung: CPI – Ebner & Spiegel, Ulm
Printed in Germany

ISBN 978-3-502-10190-1

*Mit großem Respekt und Dankbarkeit meinen Eltern,
meiner Großmutter, meinem Mann und meiner ganzen Familie,
für deren bereitwillige Hilfe und Unterstützung
über all die Jahre hinweg.*

Inhalt

Lustig ist das Zigeunerleben 9

Sinto 13

Gali 19

Schwarzer Zigeuner 37

Singing the Gospel 49

Baubles, Bangles and Beads 59

Love and Marriage 67

Down Here on the Ground 79

Fly Me to the Moon 91

Schule des Lebens 95

Little Korea 101

Go Tell it on the Mountain 105

Schwarze Augen 109

Bei mir bist du schön 119

Es steht ein Soldat am Wolgastrand 129

Wer hängt, kann nicht ersaufen 139

Saving All My Love for You 149

My Kind of Town 161

The Pride and the Passion 167

Borstenvieh und Schweinespeck 173

The Green Green Grass of Home 183

Wild Horses 197

Way of Life 203

You Go to My Head 213

My Way 235

City Lights 241

Ave, ave, ave, Maria! 245

It's Time to Cry 253

Something Wonderful Happens in Summer 259

Nuages 267

Under Paris Skies 275

Trying to Fly 283

Lustig ist das Zigeunerleben

Ich bin bei Ravensburg aufgewachsen, mitten in einer schwäbischen Faschingshochburg. Ich mochte das närrische Treiben, weil wir dann keine Schule hatten. Aber die Affen, die in unsere Klasse polterten, um uns von den Lehrern zu befreien, waren mir unheimlich. Ich glaube, während meiner Kindheit und Jugend war ich für mein ganzes Leben auf Vorrat zu Hause, doch seit ein paar Jahren bin ich meistens unterwegs. Das bringt mein Beruf als Musikerin mit sich, meine Tourneen und die meines Musikermannes. Am liebsten würde ich im eigenen Wohnmobil von Konzert zu Konzert reisen, zumindest im Sommer, aber noch besitze ich keines. Also fahren wir heute im Mietwagen über die Autobahn, meine Band und ich. Im schmalen Kofferraum stapeln sich die Gepäckstücke der Musiker, die Jungs müssen ihre Instrumente auf dem Schoß halten. Neben mir sitzt mein Cousin Lancy, nur durch den Kontrabass von mir getrennt. Das Instrument schiebt sich über alle drei Sitzreihen des Vans und ragt schräg über meinen Platz. Wenn ich nicht aufpasse, wird mir von seinem Hals die Luft abgedrückt.

Normalerweise spielt Lancy in jeder Lebenssituation auf der Gitarre, aber hier kommt selbst er nicht an die Saiten. Was bleibt uns, als über Musik zu sprechen, über Stars und Songs, die wir mögen und die uns nerven. Komisch, dass wir bei solchen Gesprächen immer auf »Er gehört zu mir« von Marianne Rosenberg kommen oder auf »Du bist nicht allein« von Roy Black. Für Scott, unseren kanadischen Bassisten, und auch für Alexej, meinen Rhythmusgitarristen aus Sibirien, sind das exotische Hits. Da erwähnt Lancy das Lied »Lustig ist das Zigeunerleben«, weil er eine Idee dazu hat. Er möchte es in Moll spielen, sehr langsam, um die pseudolustige Klischeehaftigkeit des Liedes bloßzustellen.

Lustig ist das Zigeunerleben,
Fa-ria, fa-ria, ho.
Brauchen dem Kaiser kein Zins zu geben,
Fa-ria, fa-ria, ho.
Lustig ist's im grünen Wald,
Wo des Zigeuners Aufenthalt …

Wegen dieses Liedes musste ich an meine Kindheit in Ravensburg denken. Als die Narren damals in Affenkostümen in meiner Schulklasse waren, schmissen sie mit Konfetti und Bonbons um sich, während wir Kinder dieses Lied gesungen haben. Für mich bedeutete es immer eine Überwindung, dabei mitzutun, obwohl ich sonst gerne sang, aber nicht über das »Zigeunerleben«. Das Lied verkörperte für mich eine Sammlung aller Vorurteile, die es über mein Volk zu hören gibt.

Wenn uns tut der Beutel hexen,
Fa-ria, fa-ria, ho.
Lassen wir unsre Taler wechseln,
Fa-ria, fa-ria, ho.
Wir treiben die Zigeunerkunst,
Da kommen die Taler wieder all zu uns …

Damals merkte ich deutlich, dass mich einige der närrisch gekleideten Kinder beobachteten, um zu sehen, wie ich darauf reagierte.

Ich weiß bis heute, dass ich mich an solchen Tagen noch viel ausgeschlossener fühlte, als ich das ohnehin schon tat. Und ich nahm mir vor, den Begriff »Zigeuner« nie in den Mund zu nehmen. Mit den Deutschen geht es mir heute anders, ich lebe mitten unter und auch mit ihnen, doch wenn mich jemand fragt, wo ich herkomme, sage ich immer, dass ich eine Sinteza bin, eine Frau aus dem Volk der Sinti. Aber auch eine Ravensburgerin, oder eine Berlinerin, zumindest zur Zeit. Doch ich zahle meine Steuern, ich lebe nicht gerne im Wald, weil es mir dort viel zu nass und zu stachelig ist, und auch die Betten, in denen ich schlafe, suche ich mir sehr sorgfältig aus.

Wenn wir auch kein Federbett haben,
Fa-ria, fa-ria, ho.
Tun wir uns ein Loch ausgraben,
Fa-ria, fa-ria, ho.
Legen Moos und Reisig 'nein,
Das soll uns ein Federbett sein …

Von wegen. Ich brauche immer dann ein neues Zimmer, wenn ich wieder mal ein Haar auf dem Laken gefunden habe oder Fusseln auf dem Bettvorleger, denn in dieser Hinsicht bin ich so pingelig wie die meisten Menschen meines Volkes, die ich kenne. Die »Zigeuner« lebten früher nicht im Wald, weil sie das so lustig fanden, sondern weil sie vor Gadsche dorthin flüchten mussten, die sie einsperren, verprügeln, vergewaltigen oder ermorden wollten. Gadsche heißen in unserer Sprache alle Nicht-»Zigeuner« dieser Welt.

Einmal hatte ich sogar eine handfeste Auseinandersetzung wegen dieses unseligen Liedes. In der Fußgängerzone von Wangen im Allgäu sang ein Straßenmusikant »Lustig ist das Zigeunerleben«. Kopfschüttelnd ging ich vorüber. Als ich nach einer kleinen Besorgung wieder an dem Mann vorbeikam, begann er erneut mit dem Anfang des Liedes – er hatte offenbar bereits sämtliche Strophen durch. Das war mir dann doch zu viel. Ich ging zu ihm ihn und bat ihn höflich, damit aufzuhören. »Ich bin Sinteza und will nicht Zigeunerin genannt werden. Es wäre schön, wenn Sie damit aufhören würden, dieses rassistische Lied zu singen.« Der Sänger sah mich erstaunt, aber freundlich an und meinte, dass er auch etwas anderes singen könne, wenn mich das Lied stört. Ich dachte, damit sei die Sache erledigt, und wollte schon weitergehen, als zwei ältere Frauen auf uns zukamen und den Sänger vehement in Schutz nahmen: »Lasset se doch den Mann in Ruh«, ermahnte mich eine der beiden ärgerlich im breitesten Schwäbisch, »des isch doch a scheenes altes Volkslied, des isch doch kei rassistisches Lied, des hat ma doch scho immr gsunga, was wellet Sie überhaupt?« Ich sagte den beiden aufgeregten Ladies nur, dass ich sie auch anzeigen könnte, wenn sie wissentlich diesen Begriff »Zigeuner« weiterhin in diesem rassistischen Zusammenhang anwendeten, doch sie wurden nur umso lauter. Da ließ ich es bleiben und ging weiter. Ich wollte nicht auf der Straße herumbrüllen, ich war ohnehin verkühlt und musste auf meine Stimme aufpassen – aber mehr noch musste ich auf meine gute Laune achten, die ich mir für mein Konzert an jenem Abend aufheben wollte. Die beiden konnten oder wollten eben nicht verstehen, worum es mir ging …

Jetzt sind wir aber nicht als »lustige Zigeuner« unterwegs, sondern als Band. Wir sind nicht mal alle Sinti, nur mein Cousin Lancy und ich, denn die anderen Bandmitglieder sind Gadsche wie unsere Zuhörer auf den meisten Festivals und in den meisten Konzertsälen auch. Wir machen nicht Gypsy-Swing, wir spielen Jazz, auch wenn ich neben Englisch auch Romanes singe. Doch heute Abend wird alles anders sein, denn wir fahren nach Düsseldorf. Dort warten Sinti auf uns. Dort sind Gadsche nicht für die Besucher, die Gage oder die Stimmung zuständig, sondern nur für die Tontechnik und für das Bier.

Sinto

Als wir in Düsseldorf ankommen, quetsche ich mich aus unserem Mini-Tourbus – mit einem deutlichen Abdruck von Scotts Kontrabass auf meiner rechten Schulter. Glücklicherweise sind wir eine schon so routinierte Crew und brauchen zwischen uns keine weitere Besprechung: Jeder checkt in sein Zimmer ein, und nur ich wechsle in ein anderes, da ich wieder einmal ein Haar auf meinem Bettlaken gefunden habe. Aber auch das ist Routine. Dann wird geduscht, ein paar Minuten entspannt und schon treffen wir uns in der Lobby, um gemeinsam zum Veranstaltungsort zu fahren, einem Kulturzentrum im Industriegebiet. Dort feiert der Landesverband Nordrhein-Westfalen im Verband Deutscher Sinti und Roma sein 25-jähriges Jubiläum. Das Gründen von Vereinen haben wir von den Deutschen gelernt, schließlich sind wir auch Deutsche. Immerhin leben wir seit 600 Jahren hier, seit unsere Vorfahren aus Indien und über den Balkan nach Mitteleuropa einwanderten. Dieser Verein war nötig, um meinem Volk eine Stimme zu geben, da damals, vor 25 Jahren, noch kaum etwas zur Wiedergutmachung des Leids, das meine Leute in den Konzentrationslagern und Zwangsarbeitsfabriken durchmachen mussten, passiert war.

Die Menschen, die bald schon nach unserem Soundcheck in die Halle strömen, haben sich festlich gekleidet, wie das Sinti bei solchen Gelegenheiten meistens sind. Die Männer tragen dunkle Anzüge, Schlips und Kragen, blank polierte Lackschuhe und goldene

Ringe, die Frauen elegante Kleider, hochhackige Schuhe und alles Gold, das die Schubladen hergaben. Das ist nicht Protzerei, sondern der Wunsch nach Repräsentation. Sinti legten immer schon Wert auf das gepflegte Äußere, waren aber leider nicht zu allen Zeiten in der Lage, dafür zu sorgen – das waren die Zeiten, in denen man sie mit dem lustigen Leben in deutschen Wäldern in Zusammenhang brachte.

Wenn Sinti Jubiläen feiern, an die Vergangenheit denken und Bilanz ziehen, dann sind solche Gedanken unvermeidlich, denn unsere Geschichte ist seit Jahrhunderten eine Geschichte von Verfolgung und Vertreibung. Wir jungen Sinti sind seit dem Frühmittelalter die erste Generation meines Volkes auf deutschem Boden, die frei leben kann. Die erste von zwei Dutzend Generationen, die über sich selbst bestimmen kann, über ihre Bildung, ihre Arbeit und ihren Aufenthaltsort – zumindest theoretisch, denn natürlich fehlen vielen Sinti die finanziellen Mittel, um diese Selbstbestimmung auch in die Tat umzusetzen, und natürlich wurden viele von uns noch in ihrer Kindheit von unwilligen Lehrern, Vorurteilen oder Geldmangel der Eltern behindert, sodass ihnen heute nicht jede Bildungslaufbahn offen steht. Doch es ist zumindest ein Anfang gemacht – das wissen alle, die hier festlich gekleidet sitzen und sich anhören, was ihnen der Bürgermeister der Stadt Düsseldorf oder die Staatssekretärin im Ministerium für Generationen, Familie, Frauen und Integration Nordrhein-Westfalens zu sagen haben. Vor wenigen Jahrzehnten noch wäre es unvorstellbar gewesen, dass Politiker dieses Kalibers eine solche Veranstaltung besucht hätten.

Doch heute Abend soll nicht auf- oder abgerechnet, sondern gefeiert werden. Das Motto des Festes stammt von Hugo Franz, einem Musiker, der im Januar 1942 verhaftet und in das Konzentrationslager Sachsenhausen gebracht wurde. Er überlebte auch alle anderen KZs, in die er noch verschleppt wurde, kehrte nach Düsseldorf zurück und gründete dort vor einem Vierteljahrhundert den Landesverband. »Wir haben verziehen – vergessen können wir nicht«, soll der im Alter von 88 Jahren Verstorbene gesagt haben. Mir gefällt es, unter diesem Motto singen zu können.

Gespannt bin ich trotzdem, was passieren wird bei unserem Auftritt. Die Leute sind gekommen, um andere Leute zu treffen, um zu feiern, um Musik zu hören. Also singe ich einen Jazz-Standard, »All Of Me«, dann eine getragene Ballade, später etwas Eigenes von mir, den Song »Sinto«. Das ist das erste Lied auf Romanes, das sind die ersten Töne Romanes, die ersten Töne unserer Sprache, nachdem alle Reden zuvor in Deutsch gehalten wurden. Schon während ich die ersten Silben forme, merke ich die Bewegung im Saal:

Sinto carea
Sinto baschrea du buda gar
Bisdral da gidlia, bisral do baschaben
O gadsches bazeah
O gadsches gameah lea lesgo laab …

Das ist keine messbare Bewegung, kein Rascheln oder Füßescharren, das kommt mir eher wie ein Energieschub aus den dunklen Reihen entgegen. Es ist die Veränderung, die in meinen Leuten vorgeht, wenn sie in ihrer eigenen Sprache angesprochen werden, als seien sie erst dann richtig da. Vielleicht hat es aber auch etwas mit dem Text dieses Liedes zu tun, denn der spricht eben diese Entfremdung durch den Verlust der eigenen Sprache an. Auf Deutsch würde dieses Lied für mich ziemlich merkwürdig klingen, nämlich so:

Du nennst dich Sinto
Sinto, warum spielst du nicht mehr?
Du hast deine Lieder,
Du hast deine Sprache vergessen.

> *Du glaubst daran, was die anderen sagen,*
> *Du verleugnest dein Leben als Sinto,*
> *Du lebst ihr Leben;*
> *Trägst ihren Namen,*
> *Verlierst deine Identität …*

Während ich singe, merke ich, dass manche der Zuhörer die von mir gefühlte Bewegung in für mich sichtbare umsetzen – sie verlassen ihre Sitzplätze. Ist ihnen langweilig? Dauert ihnen das Programm zu lange? Sind sie durstig? Die eben gegangen sind, möchten vielleicht jetzt nichts Anklagendes hören, auch wenn ich sie nicht persönlich mit meinem Lied meine – Menschen sind nicht immer offen für solche Botschaften, und besonders dann nicht, wenn sie sich entspannen wollen. Ich singe auch keine Politsongs, sondern höchstens Lieder, die die Menschen etwas aufwecken sollen. Für diese Menschen bin ich jetzt da, ohne Zweifel, ohne Filter, ohne Distanz, nur da. Es dauert auch nur ein paar Sekunden, bis ich merke, dass die Welle der Konzentration wieder kommt, diese Bewegung in den Menschen hin zu mir. Eins mit meinem Publikum singe ich mein Lied zu Ende:

> *Es ist nicht lange her, da sagtest du noch:*
> *Es gibt nichts Schöneres, als auf Reisen zu sein*
> *Bei deiner Familie, beim Lagerfeuer zu sein*
> *Musik zu hören*
> *Sag, was hast du jetzt noch von all dem*
> *Deinen Wohnwagen, den du verkauft hast?*

Der Applaus nach diesem Lied freut mich besonders. Er ist für mich der Beweis, dass ich auch meine Leute mit meinen Liedern erreiche. Musik ist für mich die universale Sprache, aber es ist trotzdem nicht selbstverständlich, dass sie überall auf offene Ohren trifft, wenn die

Köpfe zwischen diesen Ohren von zu vielen Botschaften verstopft sind. Während in den Köpfen der Gadsche heute noch Bilder vom angeblich angeborenen Wandertrieb der »Zigeuner« spuken, von deren Unstetigkeit und Wurzellosigkeit, so blinken in den Köpfen der Sinti bei solchen Bildern sofort die Warnlichter – erst vertreiben sie uns aus jedem Ort, den wir uns ausgesucht haben, dann verklären sie unsere Fluchtbewegungen zu einer »zigeunerischen« Form von Idylle. Aber eigentlich, denken viele von uns, sind wir so wie alle anderen Deutschen auch. Unsere Träume bestehen aus einem Einfamilienhäuschen mit einem kleinen Garten und einem Auto davor.

Doch beides stimmt nicht. Wir haben keinen angeborenen Wandertrieb, der uns verbietet, an einem Ort zu leben – ich kenne kaum so sesshafte Menschen wie meine Familienmitglieder, sie leben seit Jahrzehnten und Generationen in denselben Dörfchen auf der Schwäbischen Alb oder im Schwarzwald. Andererseits reizt es sie jedes Frühjahr, wenn die Sonnenstrahlen sich erstmals wieder kraftvoll durch den deutschen Winternebel beißen, ihre Wohnwagen anzuspannen und hinauszufahren. Vielleicht nicht in die große weite Welt, aber zumindest doch zu ihren Verwandten, zu einer schönen Wallfahrt oder einfach dorthin, wo man an einem frischen Bach in einer satten Wiese stehen kann, um zusammen mit ein paar Freunden oder Verwandten zu grillen, zu plauschen und die Natur zu genießen. Dieses ungezwungene Beisammensein ist möglicherweise das, was Gadsche mit »Zigeunerromantik« verwechseln, doch es ist etwas, das jeder haben kann. Es ist die Freiheit, mit anderen Menschen zusammenzukommen. Es ist die Freiheit, ein Leben zu leben, das sich nicht auf Zimmer-Küche-Bad-Balkon beschränkt, auf Vater-Mutter-Kind, sondern ein Leben, das den Menschen in einen größeren Zusammenhang stellt. Es ist das Leben, das ich mit meinem Lied »Sinto« meine.

Nach dem Auftritt kommen viele Menschen zu mir, die mir gratulieren, alles Gute wünschen und mich anspornen wollen. Ich freue mich sehr darüber, nehme alle Blumen dankbar in Empfang und denke, dass ich noch viel mehr über meine Leute wissen möchte. Ich will mehr über die Geschichte meiner Familie wissen, wo sie herkam, wie sie lebte oder zu leben gezwungen war. In diesem Moment beschließe ich, wieder einmal meine Großmutter zu besuchen, denn sie ist die letzte große lebende Zeugin unserer Familie, die sich weiter zurückerinnern kann als meine Elterngeneration. Ich werde zu Gali fahren, in meine Ravensburger Heimat.

Gali

Jedes Mal, wenn ich durch Ummenwinkel gehe, bin ich nicht nur zu meiner Oma unterwegs, sondern auch in meine Kindheit. Ausgerechnet diese Siedlung aus einer Handvoll kleiner und ein bisschen baufällig wirkender Häuschen verströmt für mich den Geruch ewiger Sommer, knackender Lagerfeuer und frischer Kräuter. Die wilde Mischung aus Gartenlauben, Bretterbuden, Baracken und Einfamilienhäuschen hat ihre besten Zeiten längst hinter sich – wenn sie je welche gehabt haben sollte –, aber sie erinnert mich an die schönsten Zeiten meiner Kindheit. Hier war ich die unumstrittene Königin meines Reiches aus Großeltern, Kaninchen, Hühnern und Puppen, die allesamt zufrieden von meiner königlichen Huld abhingen und sämtliche meiner Befehle freudig ausführten.

Jedes Mal, wenn ich zwischen den zahlreichen Bekannten, Freunden und auch Verwandten durch die Siedlung laufe, habe ich keine Augen für die brennenden Holzprügel in den rostigen Schmierölfässern zwischen den Häusern. Meine Blicke meiden die erloschenen Augen der Alten, die apathisch in die Flammen starren, die sie doch nicht wärmen können. Ich sehe die leeren Plastiktüten nicht, die über die Straße fegen, nicht die Autowracks, die die kleinen Vorgärten verstellen, und auch nicht die neuen Autos mit den blinkenden Mercedessternen, zwischen denen die Kinder spielen.

Ich sehe nur die Bilder meiner Kindheit, von der ich viel Zeit im Haus meiner Großmutter verbracht hatte, hier im »Ghetto« von Ravensburg, das die deutschen Bewohner des gepflegten Bodenseestädtchens nur im Notfall betreten: Wenn sie ihr Altmetall zu einem der Schrotthändler des Viertels bringen müssen, wenn sie die Auffahrt zur Autobahn gleich neben den Häuschen verpasst haben oder wenn ihnen kein anderer Weg eingefallen ist, um die Schussen entlang zu joggen, die sich kaum sichtbar auf der anderen Seite der Siedlung durchs Gebüsch schlängelt.

Vor meinem inneren Auge sehe ich dann nur das Haus meiner Puri. So nennen wir Sinti unsere Alten, vor denen wir sehr viel Respekt haben. Mit Puri bezeichnet man eine ältere Frau, mit Puro einen älteren Mann. Aber direkt angesprochen werden sie nicht so, weil sich das nicht gehört. »Puri-Mama« sagt ein gutes Enkelkind zu seiner Großmutter. Das Problem ist nur, dass meine Oma nie so genannt werden wollte, das klang für sie zu sehr nach Alter. »Lasst das mit der Puri«, sagte sie immer zu uns Enkelkindern, weshalb wir alle bloß »Mama« zu ihr sagen. Wenn sie nicht dabei ist, dann ist sie für uns natürlich trotzdem die »Puri«.

Das »Haus meiner Puri« klingt groß, und so sehe ich es auch mit den Augen meiner Kindheit vor mir: einen Bauernhof mit Enten, Hasen, Hühnern und dem großen Hund, einem Gemüsegarten, die Obstbäume und Blumenbeete. Ich habe sofort den Geruch von frischem Gras in der Nase, von den Kräutern, die meine Puri im Vorgarten zog, und von den Marmeladen, die sie auf dem holzgeheizten Herd einkochte.

Ich musste nur ein paar Treppenstufen hinunterhopsen, aus dem Wohnzimmer, und schon war ich mitten in der Natur, den schwanzwedelnden Hund dicht bei mir, in der Freiheit, auf dem größten Spielplatz der Welt. Dabei, das haben mir meine Eltern später erzählt, war dieser Spielplatz in Wirklichkeit nur ein winziger Garten, kaum 500 Quadratmeter groß, mit ein paar wackligen Holzresten eingezäunt, und der »Bauernhof« war nichts anderes als eine alte, hölzerne Baracke, die noch aus der Kriegszeit stammte. Dort wohnte meine Großmutter, genauso wie links und rechts von ihr die anderen Menschen in ihren hölzernen Baracken auch. Dort hatten meine Großeltern meine Mutter und ihre neun Geschwister großgezogen.

Immerhin weiß ich noch aus eigener Erinnerung, dass alles dort sehr einfach war. Es gab keine Dusche und kein Bad, ja nicht einmal fließendes Wasser und auch keine Heizung im modernen Sinne, bei der man auf ein Knöpfchen drückt, damit es warm wird. Ich kann mich noch deutlich an das Wasserholen vom Brunnen erinnern, an das Eimerschleppen und natürlich an die Holzscheite, die ich vom Hackstock zum Küchenherd und auch zu den anderen Öfen in der Hütte trug.

Das alles kann ich heute nicht mehr sehen, wenn ich nach Ummenwinkel komme, denn dort hinten, wo mein altes Königinnenreich war, braust der Straßenverkehr über eine Autobahn. Stadtplaner schoben die Siedlung einfach ein paar hundert Meter weiter nach vorne, in Richtung Industriegebiet, auf den kleinen freien Streifen zwischen Schrottpresse, Autobahn und Fluss. In den letzten Winkel der Stadt, der ohnehin zu nichts anderem nutze war, als den paar Sinti Unterschlupf zu bieten, die die Nazis nach dem letzten Krieg übrig gelassen hatten – von den 30 000 bis 40 000 von ihnen »Zigeuner« genannten Sinti, die innerhalb der deutschen Grenzen des Jahres 1939 angepasst als Handwerker oder Händler mitten unter den Deutschen lebten oder ihr kärgliches Brot als fahrende Gewerbetreibende verdienten – und von der Nazipropaganda doch zu gefährlichen Volksfeinden stilisiert wurden, die angeblich den Fortbestand der deutschen Rasse gefährdeten. Wie schwach und ängstlich musste ein Volk von damals fast hundert Millionen Menschen wohl gewesen sein, um solche Ängste vor all den Pferde-, Teppich- und Haushaltswarenhändlern zu haben, die nichts wollten als ihr kleines Stück vom Glück wie die anderen Menschen um sie herum auch? So viel Angst, dass sie 25 000 meiner Leute alleine in Deutschland umbringen mussten, von insgesamt 500 000 Sinti und Roma, die im Holocaust ermordet wurden.

Doch meine Puri hat all diese Anfeindungen, Verfolgungen und Rassenwahnideen überlebt. Sie hat die Schikanen und Prügelhorden der Nazis überstanden und sie lebt immer noch. Hier in Ummenwinkel, so wie die meisten anderen Ravensburger Sinti auch. In einer Siedlung, die nicht nur das Paradies für mich und viele Kinder meiner Generation war, sondern auch die Hölle für etliche Generationen vor mir: Von den Nazis angelegt, damit die »Zigeuner« aus dem Stadtbild verschwanden – damit sie registriert, gesammelt und abtransportiert werden konnten, zu ihrer Vernichtung durch Arbeit, Krankheiten, Hunger und pseudowissenschaftliche Experimente.

Den Begriff »Zigeuner« muss ich an dieser Stelle kurz erklären, denn um ihn ranken zu viele falsche Geschichten. Er kommt nicht, wie vielfach angenommen, von »Zieh-Gäuner« oder »umherziehendem Gauner« – das ist eine im Nachhinein erfolgte Umdeutung des Begriffes von Leuten, die das gerne so hätten. Wissenschaftlich nachgewiesen kommt »Zigeuner« vielmehr vom altgriechischen Wort »athinganoi«, womit im neunten Jahrhundert die Sekte der Athinganen oder Athinganer bezeichnet wurde. Daraus leiteten die Griechen später das Wort »atsinganoi« ab, die Georgier hingegen »adsincani«. Damit bezeichneten sie erstmals Mitte des 12. Jahrhunderts eine Gruppe von Zauberern und Wahrsagern, die sich am Hof von Konstantin Monomachos aufgehalten hatte, und später dann das Volk der »Zigeuner«, das sich auf seiner Wanderung von Indien nach Europa befand. Ähnliche Wörter tauchten auch im Persischen auf – dort nannten die Menschen Musiker »ciganch«, Schmiede hingegen »asinkan«. Wörter, die beide mit demselben deutschen Wort »Zigeuner« verwandt sind. Unsere Vorfahren waren sowohl vielseitig aktiv als auch in vielen Ländern unterwegs, weshalb es nicht verwundert, dass Bezeichnungen für sie in so vielen Sprachen vorkommen. Gemeinsam ist all diesen Namen allerdings, dass sie niemals als Schimpfwörter gebraucht wurden – das schafften erst die Deutschen mit ihrer rückwirkend eingeführten Verballhornung von »Zigeuner« als »Zieh-Gäuner«, wodurch sie diesen uralten Namen für mich und für viele Sinti und Roma ein für alle Mal unmöglich gemacht haben.

Nach dem Krieg wurde Ummenwinkel wieder zur »Zigeunersiedlung«. Die Rückkehrer aus den Konzentrations- und Arbeitslagern sollten auch dann nicht im Stadtbild auftauchen. Doch mit den fortschreitenden Jahren, als alles in der Stadt schöner und gepflegter wurde, wollte man auch den letzten »Schandfleck« beseitigen und plante, die Siedlung Ummenwinkel aufzulösen und die Sinti auf Sozialwohnungen in der ganzen Stadt zu verteilen.

Doch diese Planung hatten die Ravensburger Stadtväter ohne meine Puri gemacht. Sie war damals eine der wenigen Sinti ihrer Generation, die sich das Lesen und Schreiben selbst beigebracht hatte und der es nicht an Durchsetzungskraft fehlte. Als so etwas wie eine Sprecherin Ummenwinkels machte sie sich gegenüber den Behörden für den Weiterbestand der Siedlung so stark, dass kein Beamter und auch kein Bauspekulant es wagen konnte, die Siedlung endgütig platt zu machen.

Meine Großmutter wurde 1934 geboren, als schon abzusehen war, welche Richtung es mit den Nazis und deren rassistischen Parolen nehmen würde. Ihre Eltern gaben ihr einen ganz und gar unauffälligen deutschen Namen: Hildegard. Doch das sollte ihr später nichts nützen, denn da ging es nicht mehr ums Auffallen, sondern allein darum, ob man eine Sinteza war oder nicht. Wenn ja, dann hat das schon für Verschleppung und Vernichtung ausgereicht, da war von Auffälligkeit oder Asozialität oder Kriminalität der »Zigeuner« keine Rede mehr, weil es einfach alle erwischt hat, die zu meinem Volk gehörten. Bei uns heißt meine Puri nicht Hildegard, sondern Gali, das ist ihr Sintiname, und keiner von uns würde sie je anders ansprechen. Als ich ein kleines Kind war, wusste ich nicht einmal, dass Großmutter extra einen Namen für die Welt draußen hat. Ja ich wusste nicht einmal, dass es so etwas wie das Draußen gibt, denn ich war immer mittendrin, in meiner Familie, in meiner Sippe, in meinem Volk. Ich wuchs auf wie in einem schützenden Kokon aus Liebe, Zärtlichkeit und Nähe. Was sollte mich die fremde Welt angehen?

Die Welt meiner Großmutter, die gleichzeitig die Welt unserer Familie war, bot mir genug. Sie war ein Bollwerk gegen alles, was mein Leben stören könnte. Ich war ihr erstes Enkelkind, weil meine Mutter als erstes ihrer Kinder geheiratet hatte. Ein erstes Kind oder ein erstes Enkelkind ist bei uns etwas Besonderes, ein Geschenk des Himmels, das besonders in Ehren gehalten wird. Das trifft auch auf meinen Neffen Spitzlo zu, das erste Enkelkind meiner Eltern, dem sie keinen Wunsch unerfüllt lassen. Für meinen Vater, der ihn liebevoll »Maus die Maus« nennt, ist er nicht nur der intelligenteste, sondern auch der schönste und begabteste kleine Junge, den es weit und breit gibt. Letzteres kann ich bestätigen – oder ist es gewöhnlich, dass ein dreijähriges Kind schon zu lesen beginnt, Mozarts Kleine Nachtmusik erkennt und Frank-Sinatra-Songs singen kann? Wenn ich Gitarre spiele, stellt sich Spitzlo mit seiner Ukulele zu mir an den Küchentisch und versucht, mich darauf zu begleiten. Er ist so oft bei seinen Großeltern, weil sie einfach nicht genug von ihm bekommen können. Damals, als ich klein war, konnten sich meine Eltern nicht immer um mich kümmern, weil sie noch beide auf Geschäft gehen mussten. »Auf Geschäft gehen« ist für die meisten Sinti die wichtigste Einnahmequelle und bedeutet, sein Geld unterwegs zu verdienen – mit Handel, Reparaturarbeiten oder heutzutage auch mit Vertretertätigkeit. Meine Eltern handelten und handeln noch immer mit Antiquitäten, hauptsächlich mit wertvollen alten Musikinstrumenten, meistens Geigen. Vor allem mein Vater war stets zu den Händlern und zu den Geigenbauern unterwegs. Der Handel war eine mühsame Tätigkeit, aber das war meinen Eltern lieber, als von einem Chef abhängig zu sein oder in einer Fabrik zu stehen. Während meine Eltern zusammen auf Geschäft waren, wohnte ich bei meinen Großeltern in Ummenwinkel. Ich fühlte mich dort alles andere als verlassen oder strafversetzt, sondern ich genoss diese Tage und auch Wochen in vollen Zügen. Hier hatte ich nicht nur meine Großeltern, die mir jeden Wunsch von den Augen ablasen, um ihn mir ohne Umschweife zu erfüllen, nein, hier hatte ich noch alle meine Onkel und Tanten in der Nähe, die ich als neue Untertanen in den Hofstaat meines Königreiches einbauen konnte. Hier ging es anders zu als in dem winzigen Dorf, in dem meine Eltern wohnten, als einzige Sinti-Familie unter lauter Gadsche, die zwar alle nett waren, die sich aber niemals mit uns zu einem Kaffee an einen Tisch gesetzt hätten. In Ummenwinkel waren nicht wir die Fremden, sondern die Deutschen, die selten genug vorbeikamen, weil sie Geschäfte mit einem von uns machen wollten oder von der Stadtverwaltung geschickt wurden. Hier wohnten nur Verwandte und Freunde, was bei uns Sinti auf dasselbe hinausläuft. Ich kannte alle und war mit allen befreundet. Wir Kinder liefen immer nur im Rudel durch diese Welt, stets auf der Suche nach Attraktionen und Abenteuern, die wir unten am Fluss, hinten im tiefen Gras und auch bei den vielen Tieren, die in der Siedlung wohnten, stets mühelos fanden. Höhepunkt der Woche war das Angeln mit meinen Onkeln, mit denen ich immer auf Regenwurmsuche durfte. Ich liebte es, die Tiere aus der Erde zu pulen, nachdem die größeren Jungs Seifenlauge auf den Boden gekippt hatten, damit die Würmer sich uns zeigten.

Doch weil mir die Würmer auf Dauer nicht reichten, besorgte mir Froschla, die Schwester meiner Großmutter, jedes Tier, das ich wollte. Andere Kinder spielten mit Puppen, ich mit Tieren. Mein erstes Haustier war ein Huhn. Wenn ich bei meinen Großeltern übernachtete, kam es jeden Morgen in den Wohnwagen und legte sein Ei in mein Bett. Eines Tages brachte mir Froschla ein lebendes, weißes Lamm. Doch trotz meines Protests durfte es nicht in unserer Wohnung in Wetzisreute bleiben, sondern »Steneli« kam auf die Wiese zu meinen Großeltern. Ihm wurde ein rotes Band mit einer Glocke umgebunden, und es sah aus wie ein richtiges Osterlamm. Ich war verrückt nach diesem Lamm und verbrachte jede Minute mit ihm auf der Wiese. Doch auch diese Zeit war mir immer noch zu wenig. Inständig bettelte ich meine Eltern an, das Lämmchen in die Wohnung mitnehmen zu dürfen, wenigstens für eine Nacht.

Meine Eltern lehnten zuerst entsetzt ab: Ein Lämmchen in einer Mietwohnung in einem Mehrfamilienhaus, ein Stall auf einem kaum bettvorlegergroßen Balkon, das sind nicht die Kinderbelustigungen, von denen Eltern träumen. Meine Eltern, ich muss das anerkennend sagen, wehrten sich mit Händen und Füßen dagegen. Sie taten alles, um das Lamm als Haustier zu verhindern, doch das reichte nicht, weil sie zuletzt nicht nein sagen konnten, was an meiner Strategie lag. Ich ließ sie nämlich wissen, dass ich dann zu meinem Großvater gegangen wäre. Der war einerseits die letzte Instanz in der Familie und konnte andererseits mir nichts abschlagen. Also hätte er meiner Mutter befohlen, das Lamm aufzunehmen, und sie hätte ihm gehorchen müssen. Für ihn war es normal, mit Tieren zu leben, sie waren in sein Leben immer integriert gewesen, genauso wie in das Leben meines Vaters. Allerdings hatte mein Großvater noch nie in einer Mietwohnung gelebt und wusste daher wenig von den Einschränkungen, die diese Wohnform mit sich bringen kann.

Um sich solche Diskussionen zu ersparen, willigten meine Eltern letzlich ein. »Bitte nur eine Nacht«, flehten sie mich fast an, und zuletzt sah es so aus, als würde ich einwilligen, nicht sie, dass Steneli endlich zu uns durfte. War das ein Theater – das Lämmchen in der Küche, in meinem Kinderzimmer, im Wohnzimmer! Doch später am Abend musste das arme Tier dann doch hinaus auf den Balkon, weil seine Hufe zu laut klapperten auf dem Parkettboden und meine Eltern Angst hatten, dass sich die Mieter in der Wohnung unter uns beschweren würden. Mein Vater band es am Balkongitter an, und ich konnte kaum einschlafen vor Aufregung.

Mitten in der Nacht weckte uns starkes Gerumpel, und kaum hatte ich die Augen aufgeschlagen, sah ich schon, dass das Lämmchen im Wohnzimmer stand. Es hatte sich losgemacht und war durch das zum Glück geöffnete Fenster ins Zimmer gesprungen, wo es unbeholfen und vielleicht auch schlaftrunken hin- und herschlitterte. Das klapperte ordentlich auf dem Boden, und von unten waren bald Protestrufe und Geklopfe zu hören. In diesem Moment war klar, dass Steneli wieder zurück musste auf die Wiese meiner Großmutter, und dort blieb es auch.

Trotz der Kinderidylle lag bei meiner Puri manchmal ein Schatten über allen blühenden Blumen und nett gescheckten Ziegenkitzen. Da war etwas in der Luft, das man nicht ansprechen konnte, ohne sofort Tränen zu riskieren oder stummes Schlucken oder ein Abwenden, auch wenn es für uns alle eben noch lustig gewesen war und schön und ohne Makel. Als ich noch klein war, wusste ich nicht, was das war. Ich hatte nur Ahnungen davon. Ahnungen von Geistern, die aus früheren Zeiten stammten und manchmal bedrohlich in unsere sonnige Gegenwart herüberschielten. Geister aus einer Vergangenheit, die es geschafft hatte, bis in meine sonnige Kindheit zu reichen. Geister, die die dunklen Regionen bevölkern: die tiefen Wälder rings um die Dörfer meiner Kindheit, die finsteren Ecken hinter dem Bettchen, in dem ich schlief, aber auch die wenig vom Sonnenlicht durchleuchteten Ecken unserer Leben. Mit solchen Geistern will man nichts zu tun haben, denn sie können unseren schön geordneten Alltag ordentlich durcheinanderbringen. Sie können uns Angst einjagen oder uns die Freude nehmen, sie lässt man besser in Ruhe, wenn man selbst in Ruhe gelassen werden möchte.

Später erst, ich glaube, ich ging schon in die Schule, erzählte Gali mir die Geschichte. Ihre Geschichte. Nicht die ganze, aber doch so viel davon, dass ich verstehen konnte, warum sich der Himmel über Ummenwinkel immer wieder verdüsterte.

Meine Großmutter wusste noch gut, wie sie gefangengenommen wurde. Sie konnte sich genau daran erinnern, wie die Gestapo die ganze Familie ins Polizeirevier abführte. Sie sieht noch die Steintreppen vor sich, über die sie hinaufgestoßen wurden, Männer und Frauen getrennt, die harten Stufen, über die sie stolperten. Sie weiß noch wie heute, wie ihr Vater und ihr Bruder weggerissen wurden, wie sie sich nicht mehr verabschieden konnten und wie sie nur die beiden geheimnisvollen Buchstaben hörte, KZ. Immer nur diese beiden Buchstaben, die übelste Kombination von Buchstaben, die sie je hören sollte in ihrem Leben und von denen sie noch nicht wusste, wie sie geschrieben wurden, denn die Deutschen ließen Sinti-Kinder längst nicht mehr Schulen besuchen. Das war meiner Großmutter einerseits nur recht, denn von den älteren Kindern in der Familie hatte sie damals schon gehört, dass Gadsche immer schlechter zu unseren Kindern waren. Dass die Lehrer sie in die letzte Bank setzten, sie nicht mehr ansprachen, nicht mehr zu Wort kommen ließen und wie Luft behandelten – im besten Falle. Meine Puri hatte auch gehört, dass manche Lehrer unsere Kinder verprügelt oder nichts gesagt hatten, als andere Kinder sie verprügelten, bedrohten und beschimpften. Sie hätte gerne Lesen und Schreiben gelernt, hatte aber aus guten Gründen Angst vor der Schule. Solche Überlegungen waren auf den steinernen Treppen schon wieder egal, weil mit dem Abtransport des Vaters und des Bruders sowieso alles in der Familie, ja die ganze Familie zusammengebrochen war, sodass an Lese- und Rechenübungen oder Buchstabenmalen nicht mehr zu denken war, von den beiden verhängnisvollen Buchstaben abgesehen: KZ.

Gali und ihre Mutter wurden aus dem Haus mit den Steintreppen zwar wieder freigelassen, doch sie mussten arbeiten, viel zu schwer arbeiten. Die Deutschen bewachten die Frauen und Kinder dabei, und wer nicht schnell genug war, wurde mit dem Knüppel geschlagen oder gleich mit den Fäusten verprügelt. Diese Prügelei war das Erkennungszeichen der Zeit, erzählte meine Puri, das immer und immer wiederkehrte. Es war die schrecklichste Zeit, die man sich vorstellen könne, sagte sie, und irgendwann stockte ihr immer die Erzählung. In solchen Momenten kam ihr plötzlich nichts mehr über die Lippen. Ich wusste dann, dass die Geister der Vergangenheit wieder da waren und es sich in unserer Gegenwart so breit gemacht hatten, dass es für meine Puri nicht mehr möglich war, weiterzusprechen.

Darüber, was dort wirklich passiert ist, konnte sie nicht sprechen, genauso wenig wie die, die im KZ waren, darüber sprechen konnten – die wenigsten jedenfalls. »Ich erzähle nichts«, sagte sie, »weil Worte nicht ausreichen, um darüber zu berichten, sie können das Schreckliche nicht beschreiben, niemand kann das Schreckliche verstehen, wenn er nur Worte hört, die darüber erzählen.« Sie habe sich noch über Wasser halten können, weil sie ihren SS-Aufsehern die Zukunft vorausgesagt hatte, aus der Hand, wie das unsere Frauen vor allem früher immer wieder gemacht hatten, um Geld zu verdienen. Ich glaube nicht, dass eine von uns jemals ernsthaft daran geglaubt hatte, es ging dabei jedenfalls weniger um übersinnliche Fähigkeiten, sondern eher darum, Gespür für das Gegenüber zu entwickeln.

Heute will meine Oma nur mehr wenig wissen von der Welt da draußen. Sie sieht zwar gerne fern, sie liest Illustrierte, denn sie möchte wissen, was in den Königshäusern der Erde los ist, aber Deutschland, Ravensburg, lässt sie kalt. Mir kommt es vor, dass sie immer mehr in ihrer Erinnerungswelt und damit in sich selbst lebt. In ihrer Vergangenheit, und natürlich in der Welt ihrer Familie. Die Welt draußen hat ihr zu viele Wunden zugefügt in ihrem langen Leben, als dass sie noch große Lust auf sie hätte. Vielleicht ist das der Grund, warum ihr Häuschen auch in der neuen Siedlung ganz hinten steht, möglichst weit weg von den Leuten und den Häusern und den Lagerhallen und den Straßen und auch von dem normalen Leben rundherum.

In ihrem Reich lebt sie zusammen mit ihrer Tochter Forella und deren Söhnen Francesco und Andreo, die beide schon so gut wie erwachsene junge Männer sind, sowie mit meinen Tanten Danela und Ravela, die mit ihren Familien nebenan wohnen. Galis Kinder haben jede Menge Kinder und Kindeskinder. Sie müsste sicherlich nachrechnen, um zu sagen, wie viele Enkel und Urenkel das sind, und ich habe sowieso längst den Überblick über alle meine Cousinen und Großcousins und Urgroßcousinen verloren. Puri-Mama liebt es, immer möglichst viele ihrer Kinder, Enkelkinder und auch Urenkel um sich zu haben, ihr kann es nicht laut genug sein in ihrem Häuschen. Sie fürchtet nicht das Chaos, sondern die Stille.

Aber allein ist sie sowieso nie, denn Jordan ist immer bei ihr, die Dogge meiner Großmutter. Wenn ich nur in die Nähe des Gartenzaunes komme, schlägt Jordan an und fletscht bedrohlich die Zähne, doch sie beruhigt sich jedes Mal sofort, wenn sie mich erkennt. Im Grunde verhält sie sich wie ein Yorkshire-Terrier, der irrtümlich wie eine Dogge aussieht, so nett und zahm und streichelsüchtig ist sie zu denen, die sie kennt. Böse wird Jordan nur, wenn sie Deutsch hört. Deshalb rufe ich ihr auch heute schon von Weitem Nettigkeiten auf Romanes zu, der Sprache, in der sich die Mitglieder meiner Familie untereinander verständigen. Jordan ist vermutlich die einzige deutsche Dogge, die aggressiv wird, wenn sie die deutsche Sprache hört.

Sobald sie meinen Romanes-Singsang hört, beruhigt Jordan sich auf der Stelle. Das Hängebauchschwein, das gemütlich vor der Tür in der Wiese liegt, hat sich ohnehin nicht aus der Ruhe bringen lassen, und der Ziegenbock hinter dem Haus erst recht nicht. Er steht auf einem Stapel aus frisch gehacktem Brennholz und sieht sich die Situation von oben an. Jetzt hat meine Puri Zeit, mich herzlich zu begrüßen.

Drinnen ist es wie immer düster, denn Gali spart. Sie braucht nur wenig Licht, weil sie ohnehin nicht mehr viel sieht, und auf den Fernseher kann man im Dunklen besser gucken. Gleich sitzen wir am Küchentisch, wo ich schon als kleiner Knirps immer gesessen habe. Selbst das Wachstuch auf der Tischplatte sieht noch aus wie in meiner Kinderzeit, aber das kann es nicht sein. Nicht mal das Haus ist dasselbe wie damals, und auch die Küche ist um ein Vielfaches größer als früher, obwohl mir heute sonst alles viel kleiner vorkommt, als es damals für mich gewesen ist. Puri-Mama scheint seit neuestem sogar auf Komfort Wert zu legen, wird die Küche jetzt doch nicht nur von dem Holzherd, sondern zusätzlich auch noch von einem eisernen Kamin geheizt.

Dann beginnt meine Puri doch zu sprechen, und das ist nicht gemütlich, denn meine Oma wird in Wirklichkeit immer ungemütlicher. Die Schatten der Vergangenheit weichen nicht von ihr zurück, sie kriechen immer weiter aus ihren Verstecken hervor und drohen die Gegenwart aufzufressen. Weil sie das nicht gestatten kann, beginnt sie zu sprechen.

»Die Menschen waren überall schlecht«, sagt sie, »schlecht zu den Zigeunern, aber die Deutschen waren besonders schlecht. Schrecklich ist, dass manche von ihnen jetzt wieder schlecht werden, wie früher. Manche von ihnen sind wieder Nazis, sie stoßen die Ausländer, sie wollen wieder Faschisten sein. Es ist ein großes Glück, dass auch sie zu einem Ende kommen werden, vor dem großen Gericht, nach dem Tod, und dort erfahren sie dann Gerechtigkeit. Darüber bin ich sicher, das ist mein Trost.

Denn auf der Welt gibt es nicht viel Gerechtigkeit. Viele Nazis sind nach dem Krieg nach Südamerika gegangen, nach Argentinien und nach Chile, und führten dort ein gemütliches Leben, bis sie selig entschlafen sind. Den Deutschen war das nur recht, denn die wollten alles unter den Teppich kehren. Sie wollten nichts als vergessen, ein dunkles Tuch über die Vergangenheit werfen und alles in der großen Nacht versinken lassen. Jahrzehnte nach dem Krieg erst begannen sie langsam, ganz langsam damit, ihre Vergangenheit anzusehen und sie auch ansehen zu lassen von den anderen Völkern.

Doch ich bin längst müde. Ich will nur in Ruhe hier sitzen und meinen Kindeskindern beim Wachsen zusehen. Wir alle wollen nichts anderes als in Ruhe hier sein, kaum ein Sinto will etwas anderes. Viele aus unserem Volk gehen trotzdem täglich mit den Deutschen um, weil sie mit Gadsche Geschäfte machen, weil sie mit ihnen arbeiten und auch leben. Ich muss das nicht mehr, ich bin hier still zwischen meinen Leuten. Früher war das einfacher, als wir noch weiter hinten lebten, tief drin in Ummenwinkel, aber dann verlegten sie uns hierher. Das war immer schon so: Wenn wir sie gestört haben, dann haben sie uns weggeschoben, egal wohin. Wenn sie uns gebraucht haben, damit wir ihnen die Zukunft sagen oder ihnen schöne Musik vorspielen, zu der sie träumen und tanzen können, dann haben sie uns geholt. Sonst haben wir immer selbst sehen können, wo wir blieben, denn wir waren ihnen immer egal, wenn sie uns nicht gehasst haben, was sie fast immer getan haben, die vielen hundert Jahre lang, die wir schon bei ihnen leben.

Vor ein paar Jahren sind sie sogar zu uns in die Siedlung gekommen und haben uns gefragt, wen von uns ihre Eltern umgebracht haben, in der Nazizeit. Sie wollten die Namen unserer Toten für ein Denkmal in der Stadt haben. Sie haben die Namen eingesammelt und die in ihren rostigen Stahl geschnitzt und den als Denkmal aufgestellt. Wie unwürdig das ist – erst bringen sie uns um, und dann schreiben sie noch auf, wen sie erwischt haben.

Für uns haben sie das nicht geschrieben, denn einem von uns wird nur schlecht, wenn er an dem Denkmal vorbeigeht. Nicht einmal für die Deutschen selbst ist das gut, denn die bekommen nur wieder und wieder schlechte Gefühle davon, wenn sie von ihren eigenen Gräueltaten lesen. Oder sie gehen vorbei daran, schauen kurz, senken den Kopf, und schon sind sie weg. Wozu soll das gut sein? Ich hätte ihnen die Namen niemals verraten«, sagt meine Puri, und das hat sie auch nicht, denn sie hat mit keinem von den Historikern gesprochen, die hier waren, um für das Denkmal zu recherchieren.

Als meine Puri zum Ende gekommen ist, muss ich schlucken. Ich wusste nicht, dass sie tief in ihrem Herzen so verbittert ist, und ich verstehe nur zu gut, warum sie es ist – obwohl ich weiß, dass sich das nicht auf ihren Alltag auswirkt. Natürlich hat sie Kontakte zu Deutschen, sie spricht mit Deutschen wie mit allen anderen Leuten auch, und sie schätzt viele von ihnen als gute Menschen. Aber ich verstehe jeden Sinto und jede Sinteza ihrer Generation, der oder die diese Verbitterung über die Vergangenheit spürt, und nicht nur über die Vergangenheit, sondern auch über das Verhalten der deutschen Behörden nach dem Krieg bis heute. Ich verstehe jede Empörung über Politiker, die den Opfern der Nazizeit ihre ohnehin lächerlich geringen Entschädigungen verweigern wollen, aber ich denke, dass es gut ist, Denkmäler aufzustellen. Ich denke, dass ein Denkmal für die ermordeten Sinti und Roma in Berlin eine gute Sache ist, trotz des jahrelangen peinlichen Hickhacks über die Inschrift. Ich bin dafür, dass das Erinnern an früher auch durch solche Denkmäler sichtbar gemacht wird. Ich fühle anders als meine Oma, weil ich aus einer anderen Generation bin, die das Recht auf freie Bildung hat, auf Chancengleichheit – auch wenn diese noch in vielen Fällen nur auf dem Papier besteht. Meine Vorfahren dagegen durften noch nicht einmal eine Schule besuchen, von Universitäten ganz zu schweigen. Fast alle unsere Leute, die schreiben konnten, hatten sich das selbst beigebracht, wie mein Urgroßvater und meine Urgroßmutter und auch meine Oma, und nur deshalb konnten sie nach der Nazizeit Reparationszahlungen fordern.

Erst im Internetzeitalter, seit auch kleinere Bevölkerungsgruppen Möglichkeiten haben sich zu äußern, wird der deutschen Mehrheitsbevölkerung bewusst, dass im Holocaust nicht nur Juden verfolgt wurden, sondern auch Sinti und Roma. Erst jetzt, mit einem Abstand von mehr als einem halben Jahrhundert, können Menschen meines Volkes schriftlich das bis dahin Unaussprechliche artikulieren, erst jetzt tauchen die ersten Veröffentlichungen von Zeugnissen auf, in denen Sinti über die schreckliche Zeit berichten.

Ich bin sehr froh darüber, auch wenn ich es nicht als meine Aufgabe betrachte, über den Völkermord von damals zu schreiben. Ich bin 1975 geboren. Ich bin nicht einmal mehr ein Nachkriegskind, für mich zählen andere Dinge. Für mich zählt die Gegenwart, meine Musik, mein Leben, mein Mann, meine Familie, mein Volk. Ich glaube nicht, dass sich Geschichte wiederholt. Trotz Ausländerfeindlichkeit, Neonazis und Vorurteilen gegenüber Sinti und auch Juden, die es nach wie vor gibt, denke ich nicht, dass wir wieder am Abgrund eines neuen Holocaust stehen.

Ich habe es mir dennoch zur Aufgabe gemacht, den hartnäckigen Vorurteilen gegenüber meinem Volk, die auch heute noch bestehen, etwas entgegenzusetzen. Ich kann die Welt einer Sinteza beschreiben, ich kann ehrlich darüber schreiben, wie es einer Sinti-Frau im Deutschland von heute ergeht. Ich kann auch darüber schreiben, wie meine Familie ihr Leben bis heute gemeistert hat.

Dieser Gedanke beherrscht mich, als ich mich von meiner Oma und von Tante Forella verabschiede, um blinzelnd aus der düsteren Küche hinaus ins Freie zu treten. Mit einem klammen Gefühl, weil ich nie weiß, wann ich meine Oma wieder sehen werde, weil ich so weit weg wohne. Das fragt sie mich jedes Mal – »Dotschy, warum bist du so weit weg? Wie kann ich dich erreichen, wenn etwas ist? Wie kann ich zu dir hinkommen?« Natürlich hat sie Telefon, natürlich weiß sie, dass ich im Notfall auch aus Berlin mit dem Zug oder mit dem Flugzeug in ein paar Stunden bei ihr sein kann, aber es ist dieses Gefühl der Ferne, der Distanz, das sie traurig macht. Wir Sinti sind es gewohnt, unsere Sippen zusammenzuhalten. Für uns ist es alles andere als selbstverständlich, dass ein Familienmitglied so weit weg geht, schon gar nicht eine Frau. Immer wurde uns nachgesagt, dass wir so gerne reisen und unser Leben von Fernweh durchtränkt sei und dass wir nur unterwegs froh seien. Wenn ich meine Puri sehe, dann weiß ich, dass das nicht stimmt, denn sie ist mit dem allergrößten Vergnügen sesshaft. Sie genießt ihr Häuschen, ihren Garten, ihre Nachbarschaft, für sie wäre das Umherziehen ein Graus und war es auch früher schon. Für sie wäre es das größte Glück, wenn ihre ganze Familie in Ummenwinkel wohnen würde.

Seit diesem Besuch bei meiner Puri weiß ich: Ich werde ein Buch über meine Familie schreiben. Darüber, wie meine Familie zu dem wurde, was sie heute ist, denke ich, als ich wie benommen hinausstolpere, zurück durch die Siedlung, zum Auto, das ich mir von meinen Eltern geliehen hatte, um hierherzukommen. Vorher gehe ich noch zu der kleinen Kapelle, die die Sinti in ihrer Siedlung errichtet haben. Eigentlich ist das keine Kapelle, sondern eine winzige Hütte mit ein paar Stühlen, einem Tisch und einem Kreuz an der Wand. Hier hole ich meine Schwester Sissi ab, die an einem Jugendgottesdienst teilgenommen hatte. Gottesdienst klingt übertrieben für die Veranstaltung, die eben zu Ende ging: Ein halbes Dutzend junger Leute aus der Siedlung saß zusammen, spielte ein paar fromme Lieder auf der Gitarre, sang dazu, und ein Prediger erzählte etwas von Gott. Meine Schwester ist sehr in der freikirchlichen Bewegung engagiert, sie besucht oft solche Veranstaltungen.

Im Auto erzählt Sissi mir gleich, was in ihrem Gebetszirkel heute besprochen wurde, aber ich höre nur mit halbem Ohr hin. In Gedanken bin ich noch bei Gali. Vor den Autofenstern sehe ich die Schule und den Montessori-Kindergarten, der gleich neben der Siedlung eingerichtet wurde, sicherlich mit dem ehrenwerten Anliegen, auch Sinti-Kindern eine gute Erziehung zu ermöglichen. Oder wollte man nur vermeiden, dass unsere Kinder in die anderen Schulen der Stadt gehen, um dort zusammen mit den deutschen Kindern zu lernen?

Dieses Gespräch mit Puri hatte mich nachdenklich gemacht.

»Lass uns ins Café gehen«, sage ich zu meiner jüngeren Schwester. Ich muss einfach darüber reden, damit ich die Dinge wieder mit meinen eigenen Augen sehen kann. Sissi ist nicht nur neugierig, sie möchte auch ein Stück Kuchen und einen Cappuccino und willigt daher sofort ein.

Sie hatte meine abwesenden Grübeleien nicht mitbekommen und freut sich auf den bevorstehenden Kleinstadtbummel. Wie schön, dass wir in einer Zeit leben, die es auch den Menschen meines Volkes erlaubt, einfach das zu tun, worauf sie Lust haben.

»Wie war es bei Puri?«, fragt mich meine Schwester.

»Sehr schön«, sagte ich. »Sie hat mir so vieles gesagt, was ich noch nicht wusste.«

»Dann weiß ich es sicher auch nicht«, folgert Sissi. »Was war es denn?«

»Das werde ich dir gleich erzählen«, sage ich zu meiner Schwester und ziehe sie in das Café hinein.

Schwarzer Zigeuner

Ich bin eine Sintiza. Sintizza. Sintitsa. Sinteza. Sintezza. Ich weiß nicht, wie man das schreibt, denn das ist ein Ausdruck in Romanes oder Romani, oder Rommenes. Nicht einmal, wie man den Namen meiner Sprache schreibt, ist klar, weil das keine Schriftsprache ist, sondern eine Sprache, die über die Jahrtausende mündlich weitergegeben wurde und immer noch nur mündlich weitergegeben wird. Dadurch hat sich Romanes in verschiedenen Regionen sehr unterschiedlich entwickelt. Ich kann einen Rom aus Rumänien so gut wie überhaupt nicht verstehen und er mich auch nicht, genauso wenig wie einen Rom oder eine Romni, so nennen Roma ihre Frauen, aus Spanien. Englische Roma sprechen Angloromani, skandinavische Rom Romani rakripa, in Spanien heißt deren Sprache Caló, im Baskenland dagegen Errumantxela. Die Aufzählung aller Varianten des Romanes würde Seiten füllen, und sie sind so unterschiedlich wie deren Sprecher. Die nennen sich fast überall in der Welt Rom oder Roma, haben aber in verschiedenen Ländern eigene Namen, die sie nur für sich anwenden. Deutsche Roma nennen sich Sinti, spanische Roma bezeichnen sich als Kalé, rumänische Roma als Kalderasch.

Meine Vorfahren sind schon im späten Mittelalter aus Indien über den Balkan nach Westeuropa eingewandert, vor allem in den deutschen Sprachraum. Wir bezeichneten uns nach der indischen Provinz Sindh immer schon als Sinti. Roma sind für uns die Anverwandten, die ab der zweiten Hälfte des 19. Jahrhunderts bis heute aus der Türkei, vom Balkan und aus Osteuropa nach Mitteleuropa kamen. Die meisten Roma erreichten Deutschland freilich erst in den letzten Jahren, seit dem Zusammenbruch des Ostblocks und der Öffnung des Eisernen Vorhangs. So leben heute 120 000 Sinti und Roma im Land, von denen es 40 000 nach dem Bürgerkrieg im ehemaligen Jugoslawien und bedingt durch die Verfolgungen im Kosovo, in Albanien und in Rumänien nach Deutschland verschlug.

Deshalb gibt es heute in Deutschland Sinti und Roma, die wenig Kontakt miteinander pflegen, weil ihre Vorfahren die letzten paar Jahrhunderte in völlig unterschiedlichen Kulturen verbracht haben und sich unterschiedlich entwickelten. Die meisten deutschen Sinti leben heute wie alle anderen Deutschen auch in Wohnungen oder Häusern, sie gehen normalen Berufen nach, sind Angestellte oder kleine Gewerbetreibende, leben in Kleinfamilien, tanzen freitags in der Disco, waschen samstags ihre Autos und gehen sonntags in die Kirche. Das Leben der vom Balkan eingewanderten Roma hingegen ist noch weitgehend von Flucht und Vertreibung gezeichnet, von Hunger und Not. Wenige Roma konnten Berufe erlernen, sie leben meistens anders als der Durchschnittsdeutsche. Sie sind doppelt Entwurzelte, da sie noch fremd in Deutschland sind und doch über die Jahrhunderte meist sesshaft gelebt hatten. Nur Not, Rassismus und Perspektivlosigkeit zwang sie zu erneuter Wanderung aus ihrer angestammten Heimat auf dem Balkan und in Osteuropa Richtung Westen.

Gemeinsam ist Sinti und Roma allerdings, dass sie nicht als Menschen zweiter Kategorie bezeichnet oder behandelt werden möchten. Das ist hierzulande zuletzt vor einem guten halben Jahrhundert passiert, während der Nazizeit. Damals wurden alle Angehörigen dieser Völker von den Tätern pauschal als »Zigeuner« bezeichnet, und das ist ein weiterer Grund dafür, warum die meisten meiner Leute, mich eingeschlossen, nicht mehr so genannt werden wollen. »Zigeuner« hört sich für mich so an, als würde heute noch jemand zu allen Deutschen Nazis sagen, oder zu allen Russen Kommunisten. Ich denke, diese Zeiten sollten vorbei sein. Wir sind Sinti, und ich bin eine Sinteza, wie auch immer das geschrieben wird.

Denn wenn der Holocaust auch schon zwei Generationen zurückliegt, so sind die Vorbehalte gegenüber meinem Volk noch nicht verflogen. Der Hass auf »Zigeuner« ist keine einigende Formel mehr, wie das früher auch der Hass auf Juden war, aber er ist noch da und zeigt immer wieder sein hässliches Haupt. Er zeigt es so oft, dass keine Entwarnung gegeben werden kann. Dass das Wort »Zigeuner« tabu sein sollte. Wenn der Technische Leiter eines südhessischen Schwimmbades öffentlich erklärt, »keine Zigeuner mehr im Bad« haben zu wollen, weil sie gegen die Badeordnung verstoßen haben sollen, so ist das für mich ein Fall von alltäglichem Rassismus und von Sippenhaft. Würde denn der gleiche Herr, hätte sich ein Bayer im Bad schlecht benommen, allen Bewohnern des angrenzenden Bundeslandes Schwimmbadverbot erteilen?

Ein anderes Beispiel: In einer osthessischen Stadt sollen Wohnungen an Sinti und Roma nur mehr beschränkt vermietet werden und nicht in allen Stadtteilen. Der Bürgermeister der Kleinstadt meint dazu nur, der Stadt stünde wie jedem privaten Vermieter frei, Mietverträge zu verweigern – eine Ablehnung brauche nicht begründet zu werden. Der Mann war einst mit Hilfe der NPD ins Amt gewählt worden. Als an der Tür eines Restaurants in der Innenstadt ein Schild mit der Aufschrift »Für Landfahrer verboten« auftauchte, ließ genau dieser Bürgermeister verlauten, er sehe keine Diskriminierung darin, wenn einer bestimmten Personengruppe der Zutritt zu Hotels oder Restaurants verweigert werde. Schlimmer noch als das Verbot im Einzelnen finde ich die Haltung, die dahintersteckt. Wenn Menschen wissen, dass ihre rassistischen Handlungen von oben her gedeckt sind, fallen immer mehr

Hemmschwellen. So war es zu Beginn der Nazizeit, und so, fürchtet zumindest meine Großmutter, könnte es wieder werden. Ich glaube das nicht, aber ich glaube auch, dass Vorfälle wie diese nicht ohne Folgen bleiben sollten.

Subtilere Formen der Diskriminierung spüre ich ab und zu auch am eigenen Leib. Einige unserer Berliner Nachbarn schauen uns misstrauisch an, wenn sie David und mich Romanes sprechen hören. Sie können unsere Sprache nicht einordnen fragen aber auch nicht nach, was wir da sprechen – wogegen ich überhaupt nichts hätte. Anstelle dessen nicken sie uns statt eines Grußes nur peinlich berührt zu, als sei unsere Anwesenheit etwas Beschämendes, oder sie strafen uns durch eisige Blicke. Doch zum Glück haben wir auch viele freundliche und aufgeschlossene Nachbarn.

Auch David hat solche unerfreuliche Begegnungen. So fragte ihn nach einem Auftritt ein zunächst freundliches älteres Ehepaar nach seiner Herkunft. Als er ihnen sagte, dass er Deutscher sei, Sinto, konnten die beiden ihre Enttäuschung und auch Entrüstung darüber nicht verbergen. Ihre Gesichter verfinsterten sich, und sie ließen David, den sie eben noch voller Bewunderung angesprochen hatten, grußlos stehen.

Diese Geschichte wiederholt sich bei uns immer wieder – wir sehen enttäuschte, ja verärgerte Minen, sobald wir Leuten erklären, dass wir Sinti sind. Italiener, Amerikaner, Spanier, alles wäre in deren Augen gut. Aber ein »Zigeuner«? Das ist alltäglicher Rassismus, der aus jeder Gesellschaftsgruppe kommen kann. Unlängst sprach mich ein »Straßenfeger«-Verkäufer im Supermarkt an, um mir eine seiner Obdachlosenzeitungen zu verkaufen. Ich wollte die Zeitung nicht mitnehmen, weil ich ohnehin kaum dazu käme, sie zu lesen, aber ich gab ihm bereitwillig meine Euromünze aus dem Einkaufswagen. Der selbst obdachlose Mann schien freudig überrascht zu sein und fragte mich umgehend, wo ich denn herkäme. Aus Deutschland, sagte ich ihm, wie ich meistens auf diese Frage antworte, und dass ich Sinteza sei. »Macht ja nix, das sind auch Menschen«, sagt mir der Mann darauf, zwar auf Freundlichkeit bedacht, aber doch aus einer uns Sinti gegenüber hochmütigen Haltung heraus. Auch wenn ich solche Aussagen schon öfters gehört hatte, tun sie mir doch jedes Mal wieder weh. Sprachlos ging ich zu meinem Buick Century zurück, packte die Einkaufstasche ins Auto und fuhr zu David, um meinen Frust loszuwerden. Der tröstete mich: »Der ›Straßenfeger‹-Verkäufer«, sagte er mir, »hat diese Zigeuner-Stereotypen vielleicht auch nur von zu Hause mitbekommen und nie mit der Realität verglichen. Wir sollten uns nicht über so etwas aufregen, dazu denken zu viele Leute so. Lass uns unsere Energie für Gespräche aufheben, wenn Leute wirklich über ihre Vorurteile reden wollen, und für unsere Musik. Es bringt nichts, wenn wir in Opferpose verzweifeln und darauf warten, bis sich die anderen von selbst für unsere Kultur interessieren.« Nach diesem Rat fühlte ich mich besser – letztlich glaube ich auch, dass unsere Generation gute Chancen hat, durch Aufklärung und Begegnungen untereinander mit solchen Vorurteilen aufzuräumen. Es gibt bereits große Fortschritte in diese Richtung. Das merkte ich unlängst, als ich im Festsaal des Abgeordnetenhauses von Berlin saß, ein paar Reihen hinter Romani Rose, dem Vorsitzenden des Zentralrats Deutscher Sinti und Roma, gleichzeitig Onkel meines Mannes. Auf der Bühne las die Schauspielerin Iris Berben aus einem Jugendbuch über ein Sinti-Mädchen, das Auschwitz überlebte, die Vorrede hielt der ehemalige Berliner Bürgermeister Walter Momper, jetzt der Präsident des Hauses, im Publikum saßen Prominente, Schulkinder, Journalisten und Holocaust-Überlebende. Da hatte ich das Gefühl, dass wir unsere Geschichte nicht mehr verleugnen müssen, sondern in der Mitte der deutschen Gesellschaft angekommen sind mit unserem Anliegen, in unserer Würde und mit unserer Geschichte genauso ernst genommen zu werden wie alle anderen Menschen in diesem Lande.

Dass das so ist, verdanken wir unter anderem Leuten wie Romani Rose. Er war zusammen mit ein paar anderen Sinti 1980 auf dem Gelände des ehemaligen KZ in Dachau in einen Hungerstreik getreten, um das Bayerische Innenministerium zu zwingen, die Akten der »Landfahrerzentrale« herauszugeben bzw. zu vernichten. Diese Unterlagen waren von der sogenannten »Zigeunerzentrale«, einer Polizeibehörde in der Nazizeit, angelegt worden, um Daten für die Ermordung und Verschleppung von Sinti und Roma zu erfassen. Das Bayerische Landeskriminalamt benutzte diese Akten verfassungswidrig bis zu jenem Hungerstreik, um in alter NS-Manier Sinti lückenlos zu erfassen und ihre Bewegungsfreiheit einzuschränken. Die bayerischen Beamten benutzten die Daten sogar dazu, Wiedergutmachungsansprüche von Naziopfern abzuweisen. Man stelle sich vor: Bis Anfang der siebziger Jahre verwendeten Institutionen eines angeblich demokratischen Rechtsstaates Naziakten, um einst von eben diesen Nazis verfolgte Menschen zu bedrängen und sie um ihnen zustehende Mini-Geldbeträge zu prellen. Erst Anfang dieses Jahrhunderts stellte die bayerische Polizei die Erfassung von Sinti nach »ethnischen« Kriterien zumindest offiziell ein.

Die Bilder der im Konzentrationslager Dachau Ostern 1980 hungernden Sinti gingen damals um die Welt. Die deutsche Öffentlichkeit nahm zum ersten Mal wahr, dass auch 35 Jahre nach dem Ende der Naziherrschaft keine deutsche Regierung je den Völkermord an Sinti und Roma öffentlich eingestanden, dass dieses Volk bis dahin keine pauschalen Entschädigungen bekommen hatte, ja dass in vielen Fällen auch keine individuellen Wiedergutmachungen bezahlt worden waren. Ganz im Gegenteil: In Deutschland geborene Sinti mussten um Zuerkennung einer deutschen Staatsbürgerschaft kämpfen, weil ihnen ihre Papiere von den Nazibehörden abgenommen und von deren Nachfolgeämtern nie mehr wieder zurückgegeben worden waren. Die Behörden behandelten Sinti anstatt als rassisch Verfolgte als Kriminelle unter Berufung auf Akten aus der Nazizeit, die voller Lügen, falscher Anschuldigungen und verdrehter Tatsachen steckten.

Um die Aufdeckung all dieser Missstände ging es bei Romani Roses Hungerstreik – und auch um die Forderung nach Anerkennung der Sinti als ethnischer Minderheit mit eigener Sprache, Kultur und Tradition. Die Hungerstreikenden wollten keine Almosen, sie wollten dieselben Rechte, wie sie andere Minderheiten in Deutschland, etwa die Dänen in Schleswig-Holstein, längst besaßen.

Der Streik war ein Erfolg: Die Bayern schlossen ihre Naziakten, ein Jahr später beschloss der Deutsche Bundestag eine – mit höchstens 5000 Mark äußerst bescheidene – unverzügliche Pauschalentschädigung für noch nicht bedachte Opfer des Naziregimes, und zwei Jahre später empfing der damalige sozialdemokratische Bundeskanzler Helmut Schmidt eine Sinti-Delegation unter der Leitung von Romani Rose, um endlich anzuerkennen, dass die Nazis Sinti und Roma nicht als Verbrecher, sondern aus »rassischen« Gründen verfolgt und ermordet hatten. Außerdem konnte der von Romani Rose geleitete Zentralrat Deutscher Sinti und Roma im Namen vieler tausend Naziopfer nach jahrelangen Protesten individuelle Entschädigungszahlungen für im Dritten Reich erlittene Qualen durchsetzen.

Das alles sind auch die Verdienste von Romani Rose, der heute noch als Vorsitzender des Zentralrates für das öffentliche Erscheinungsbild meines Volkes zuständig ist, obwohl dieser Zentralrat keine demokratisch gewählte Institution ist wie eine Landesregierung oder der Vorstand eines Kaninchenzüchtervereins. So fühlen sich auch nicht alle Sinti von diesem Zentralrat vertreten, was schwierig zu erreichen wäre, denn wir Sinti mögen zwar gut im Diskutieren sein, aber wir sind sicher nicht so gut in Linientreue, in Gefolgschaftsdenken und auch nicht im Vertrauen auf bürokratische Institutionen. Mir geht es dabei ähnlich. So sehr ich Romani Roses Leistungen bewundere, so wenig kann ich mich mit seinen Äußerungen identifizieren, und für so überholt halte ich sein Denken für die heutige Zeit. Es kommt mir vor, als sei er in letzter Zeit nur mehr bestrebt, zu betonen, dass alle deutschen Sinti genauso seien wie alle anderen Deutschen auch: dass sie normalen Berufen nachgehen, dass sie studieren, dass sie öffentliche Ämter bekleiden, in Wohnungen wohnen und sich auch sonst durchschnittlich verhalten – und dass das immer schon so gewesen sei. Alle anderen Ansichten vom Volk der Sinti hält er für unzulässige Dämonisierung (»Zigeuner sind kriminell«) oder Romantisierung à la »Du schwarzer Zigeuner, du kennst meinen Schmerz, und wenn deine Geige weint, so weint auch mein Herz …«, ein Schlager von Vico Torriani aus den fünfziger Jahren.

Wer immer in der Business-Welt gelebt und gearbeitet hat, dem ist es nicht zu verdenken, dass er seine Herkunft möglichst im Hintergrund hält – wie viele Sinti aus der Kriegsgeneration oder auch aus der ersten oder zweiten Nachkriegsgeneration, die ihre Abstammung als Sinti in der Öffentlichkeit und selbst im privaten Freundeskreis stets erfolgreich verschwiegen oder zumindest nie an die große Glocke hängten. Auch meine oder Davids Eltern waren immer bestrebt, gegenüber Deutschen nicht aufzufallen und sich nie wie Sinti zu verhalten – wie immer so ein Verhalten auszusehen hätte. Ein Bestreben, das zur Verunsicherung einer ganzen oder besser gesagt mehrerer Sinti-Generationen führen musste und das auch tat.

Doch die junge Generation der Sinti, der ich angehöre, die zweite Nachkriegsgeneration, sieht die Sache anders. Ich kenne den Holocaust nur aus Erzählungen. Wir jungen Sinti können uns daher ein selbstbewussteres Auftreten leisten. Wie viele meiner Altersgenossen würde ich nie mit meiner Volkszugehörigkeit hinter dem Berg halten. Ich bin auch nicht bereit, mich oder meine kulturelle Identität zu verbiegen, um möglichen Vorurteilen, die bei anderen Leuten entstehen könnten, zuvorzukommen.

Weil dem so ist, bin ich nicht mehr wie die Generationen vor mir von dem Bestreben getrieben, möglichst unauffällig zu leben. So angepasst wie möglich, so deutsch wie möglich. So ist es für mich keine »Zigeunerromantik«, wenn ich von einem eigenen Wohnmobil träume, um im Sommer unabhängig von stickigen Hotels und überfüllten Zügen unterwegs sein zu können. Natürlich weiß ich, dass viele Generationen meiner Vorfahren dazu gezwungen waren, ohne festen Wohnsitz zu leben. Dass ihnen nichts anderes übrig blieb, als immer auf der Flucht, immer unterwegs und immer auf der Hut zu sein – doch das hindert mich nicht daran, mir einen kleinen Rest dieser nicht sesshaften Lebensweise zu bewahren und mich dafür nicht zu schämen.

Ich betrachte es nicht als Romantisierung meines Volkes, auf Romanes gefühlvolle Lieder zu singen. Ich will zwar nicht als das buntberockte, singendes »Zigeunermädchen« auf der Bühne stehen, aber ich will meine Muttersprache benutzen, um mein Innerstes auszudrücken, und ich will das vor niemandem rechtfertigen müssen. Ich will die Freiheit haben, mal einen langen, geblümten Rock zu tragen oder mit Freunden und Verwandten an einem Lagerfeuer zu sitzen, ohne gleich in Verdacht zu geraten, dadurch eventuell ein Klischee zu bedienen.

Die Menschen sollen mich kennenlernen, wie ich wirklich bin, um sich ihr eigenes Bild machen zu können. Ich glaube, wir Sinti haben uns viel zu lange in Schablonen hineingezwängt, wie auch immer die aussahen. Viele von uns fühlten sich nicht nur für sich selbst verantwortlich, sondern immer auch dafür, was andere Menschen, was Gadsche über sie denken. Wie sie uns finden, ob wir ihnen gefallen, ob wir sie nur ja nicht stören.

Damit muss meiner Ansicht nach Schluss sein! Wir sind hier so verwurzelt und in vielen Dingen den Deutschen so ähnlich geworden, dass wir uns für die paar Eigenheiten, in denen wir uns noch von ihnen unterscheiden, nicht schämen brauchen. Sinti und Roma haben sich immer schon an die Gebräuche und an die Lebensumstände der Völker, mit denen sie zusammen lebten, angepasst. Doch das darf nicht zur kulturellen Selbstaufgabe führen, die zu verhindern ich mir auf meine musikalischen Fahnen geschrieben habe.

Eine große Gefahr für uns Sinti besteht heute meiner Ansicht nach nicht nur in der Diskriminierung durch Gadsche. Zwar kommt es immer wieder zu rechtsradikaler Gewalt, auch von prügelnden Nazi-Horden oder rassistischen Anwürfen, aber das sind glücklicherweise Einzelfälle, die schrecklich genug, aber nicht alltäglich sind. Eine Gefahr für uns Sinti sind aber auch wir selbst. Diese besteht in dem vorauseilenden Gehorsam, den wir gegenüber den Deutschen an den Tag legen. Wir merken oft, dass sie uns gegenüber verschlossen sind, misstrauisch und vielleicht ein bisschen ängstlich, dass viele uns gegenüber ein schlechtes Gewissen haben, wegen des Holocaust und wegen des Rassismus der Nachkriegszeit.

Doch wir stellen uns diesen Gefühlen nicht, wir thematisieren sie nicht, sondern versuchen krampfhaft, unsere Umwelt nicht weiter zu beunruhigen. Wir versuchen, gefällig zu sein und nicht aufzufallen. Wir sprechen Deutsch, damit keiner hört, dass wir eine andere Sprache haben, wir rufen uns mit deutschen Namen, die wir unseren Kindern nur gegeben haben, damit sie in ihren Akten keine Sonderlinge sind.

Immer schon haben wir versucht, uns anzupassen, doch genutzt hat es uns noch nie. Also finde ich es besser, gleich so zu sein, wie wir sind, und als normale, freie Menschen auf unserem Recht zu bestehen, das nicht größer und auch nicht kleiner sein soll als das von allen anderen Menschen auch. Ich spreche mit allen meinen Leuten Romanes – nicht, um Deutsche auszuschließen, sondern um unsere Sprache lebendig zu erhalten. Dass dann, wenn Deutsche mit am Tisch sitzen, Deutsch gesprochen wird, ist selbstverständlich.

Ich bin aber dagegen, dass Deutsche Romanes lernen – was ohnehin so gut wie nie vorkommt. Doch es gab Bestrebungen von Forschern oder Universitätsinstituten, Romanes-Kurse anzubieten, Romanes zu verschriftlichen, eine allgemein verbindliche Grammatik des Romanes zu schreiben oder auch Wörterbücher herauszubringen, die unsere Sprache in das Deutsche, das Englische und auch in andere Sprachen übersetzen – ein österreichischer Sinto hat bereits ein solches Wörterbuch verfasst.

Ich finde es okay, wenn ein Gadscho »Ladscho dives« oder so etwas sagen kann, das heißt »Guten Tag« auf Romanes, aber ich bin nicht dafür, dass Gadsche unsere Sprache von Grund auf lernen, und ich bin mit dieser Meinung nicht alleine. Ich weiß, dass die meisten Sinti genauso denken wie ich: Wir haben kein eigenes Land auf dieser Erde, keinen eigenen Staat, keine eigene Regierung. Wir haben nichts als unsere Kultur und unsere Sprache, die uns zusammenhält, auf die wir uns berufen und mit der wir uns auch abgrenzen können. Unsere Sprache ist das einzige Terrain, auf dem wir uns frei und ungehindert, unbeobachtet und diskret bewegen können. Sie ist unser Rückzugsgebiet, unser über die Jahrhunderte gehüteter Schatz. Zuletzt hatten in der Nazizeit selbst ernannte »Zigeunerforscher« wie die mörderische »Kriminalbiologin« Eva Justin unsere Sprache systematisch erlernt und sich damit das Vertrauen unserer Leute erschlichen.

Das war eine bittere, aber auch eine unvergessliche Erfahrung für die deutschen Sinti – wohin es führen kann, wenn Gadsche Romanes sprechen. Eine Mühe, der sich auch aus praktischen Erwägungen kein Deutscher unterziehen muss, schließlich kann man sich mit jedem deutschen Sinto und jeder Sinteza auf Deutsch unterhalten. Im Übrigen weiß ich, wie problematisch Übersetzungen aus dem Romanes sind – es gibt so viele regional unterschiedliche Ausformungen, Dialekte und Besonderheiten, so viele verschiedene Ausspracheformen und Nuancen, dass es nicht möglich ist, eine einheitliche, verbindliche Übersetzung eines Romanes-Textes herzustellen – von der Übersetzung vom Deutschen in unsere Sprache ganz zu schweigen. Selbst die simple Transkription eines Textes unserer Sprache bringt bei unseren Leuten immer wieder Lacherfolge hervor, da sich jeder Sinto ein gesprochenes Wort anders geschrieben vorstellt als der nächste Sinto. Das führt so weit, dass ein Sinto die Transkription eines anderen kaum entziffern kann. Romanes ist eben keine Schriftsprache, was ich nicht als Makel sehe, sondern als dessen hervorstechendste Eigenschaft, als Qualitätsmerkmal. Eine Verschriftlichung würde dieser Sprache das Leben nehmen. Es braucht deshalb keine Bücher, sondern es braucht Menschen, um diese Sprache weiterzugeben, von Generation zu Generation, wie wir das immer schon getan haben. Es braucht Sprecher, Geschichtenerzähler. Leute, die diese Sprache so gut beherrschen, dass sie in Romanes denken, träumen und phantasieren. Dann ist diese Sprache lebendig, dann wird sie nicht aussterben, und dafür setze ich mich ein.

Singing the Gospel

Leider läuft mein Berliner Leben nicht so ab, wie ich mir das in meinen Träumen immer vorgestellt habe. Meine Familie lebt Hunderte Kilometer weiter im Süden, hier habe ich nur David. Also lebe ich mein Leben im Exil, so gut das geht. Ich probe mit meinen Musikern, ich trete in Jazzclubs auf, ich nehme Stunden bei meinem Gesangslehrer. Ich begleite meinen Mann zu seinen Auftritten hier in der Stadt, ob das das große Konzerthaus am Gendarmenmarkt ist oder das »White Trash Fast Food« auf der Schönhauser Allee, mitten im Szenebezirk Prenzlauer Berg. Das Lokal ist ein ehemaliges Irish Pub, in dem ein paar goldene Löwen und rote Laternchen montiert sind, denn die Betreiber hatten ihren Laden zuvor in einem ausgedienten China-Restaurant untergebracht. Die Gäste essen riesige Hamburger oder Steaks, die Bedienung setzt sich aus Transvestiten sowie aus über und über tätowierten Mädchen in halsbrecherischen Highheels und mit extra tiefen Ausschnitten zusammen, das Publikum ist nicht viel gewöhnlicher. Bier, Wodka und Schweiß fließen in Strömen. Die Bands auf der winzigen Bühne spielen etwas zwischen Punkrock, Heavy Metal und kreischender Elektronik. Nur sonntagsabends gibt es Swing, weil Dreißiger- und Vierziger-Jahre-Musik in Berlin zur Zeit sehr populär ist. Dann schieben zwischen all den gepiercten und tätowierten und grellen Szenemenschen junge Männer in schwarzen Anzügen und Hemden mit weißen Stehkragen ihre Damen in Spaghettiträger-Hängekleidchen über die Tanzfläche, trinken Absinth und rauchen filterlose Zigaretten mit Spitze. In all diesem Durcheinander steht David auf der winzigen Bühne und singt seine Swing-Standards, bis die Leute ausflippen.

Ich dagegen habe es gerne ruhiger, beschaulicher. Mir ist ein Jazzkonzert, in dem alle konzentriert auf ihren Plätzen sitzen, lieber als ein Hexenkessel wie das White Trash, auch wenn ich jedes Mal wieder gerne dort bin, schon alleine wegen des frisch gezapften Guinness. Mich stört zwar weniger die Menge an Menschen, aber ich habe im White Trash doch immer das Gefühl, als liege dort ein bisschen Voodoo in der Luft. Immerhin musste ich mich schon früh in großen Menschenmengen bewegen, denn meine ersten Konzerterfahrungen, egal, ob als Zuhörerin oder als Sängerin, sammelte ich bei den Wallfahrten der Zeltmission, die mein Onkel Stromeli organisierte.

Alles begann, als zwei kleine Brüder meiner Tante Boba an Krebs erkrankten. Die beiden Jüngsten aus der Familie sollten mitten aus dem Leben gerissen werden, die Ärzte hatten sie schon aufgegeben und zum Sterben nach Hause geschickt. Boba, ihre Eltern und ihr Mann Stromeli beteten für die zwei Jungs. Sie beteten nicht nur sonntags in der Kirche, sondern sie beteten ständig, vor ihrem kleinen Hausaltar mit der Mutter Gottes, in ihrem Wohnwagen, wenn sie über die Straße gingen, wenn sie aßen. Sie beteten flehentlich, von ganzem Herzen. Der eine der Brüder starb, doch der andere überlebte. Moro wurde sogar wieder gesund und ist das bis heute. Dieses Kind, darüber waren sich alle in der Familie einig, hatte Gott persönlich gerettet.

Das war vor 34 Jahren, und damals beschloss mein Onkel, sein Leben als Dank für die wundersame Heilung Moros Gott zu widmen. Er wurde Prediger einer freikirchlichen Gemeinde, weil das seinem Verständnis von Christentum am nächsten kam. Stromeli wollte nichts mit der Hierarchie einer Amtskirche zu tun haben, er interessierte sich nicht für den Papst und andere Würdenträger, für Zeremonien, Dogmen und Regeln. Stromeli wollte einfach das Evangelium predigen, er wollte beten, und er wollte Gott zusammen mit unseren Leuten erleben, mit den Sinti. Er wollte ihnen Gott näherbringen und so viele bekehren, wie es ihm möglich war. Doch damals war Religion vor allem unter den jungen deutschen Sinti nicht angesagt. Die siebziger Jahre hatten eben begonnen, unsere Jugend interessierte sich genauso wie die deutschen Jugendlichen mehr für das, was die neuen Freiheiten mit sich brachten, als für Kirche und Religion. Stromeli kümmerte sich aber nicht um die Zeichen der Zeit, sondern setzte seine eigenen. Er überwarf sich nicht nur mit vielen älteren Sinti, die strikt katholisch erzogen waren und von dem »neumodischen Predigerkram« nichts wissen wollten, sondern er zog sich auch das Unverständnis vieler seiner gleichaltrigen Freunde zu – nur Stromelis unmittelbare Familie bekannte sich anfangs zu dem neuen Christenglauben.

Auch mein Großvater war damals genauso wie seine gesamte engere Familie noch streng katholisch. So wurden meine Mutter und ihre Geschwister direkt nach der Geburt in einer katholischen Kirche in Ravensburg getauft. Etwas anderes wäre für meine Großeltern nicht in Frage gekommen, denn Sinti sind tendenziell – und das nicht nur in Glaubensfragen – eher konservativ. Außerdem liegt es ihnen auch nahe, sich an die religiösen Gepflogenheiten der Länder, in denen sie leben, anzupassen, wenn ihnen das gestattet wird. Als die ersten Sinti in das Gebiet des heutigen Deutschland kamen, wussten sie nicht nur nichts vom Christentum, sondern sie wurden von der katholischen und später auch von der protestantischen Kirche aufs Schärfste verfolgt: Papst Pius V. ließ Roma als Galeerensklaven ausheben, um sie 1571 in der Schlacht von Lepanto gegen die Türken zu verheizen, und ein Pastor befand gegen Ende des 18. Jahrhunderts, »Zigeuner« seien »in einem wohlgeordneten Staat wie Ungeziefer auf dem Körper eines Tieres«. Ein Glück, dass meine Vorfahren wenigstens während der Inquisition verschont blieben – das aber nicht aus Milde der Kirche, sondern weil der Klerus Roma als zu minderwertig ansah, um sie verfolgen zu müssen. Erst im 19. Jahrhundert erbarmte sich die Kirche der damals meist mittellos, vogelfrei und ohne festen Wohnsitz lebenden Sinti und gründete die ersten Missionen, die sich mit der Christianisierung des bis dahin verfemten Volkes befassen sollten. Von da an verbreiteten die christlichen Kirchen ihren Glauben unter Sinti so rasch wie wohl unter kaum einem Volk auf der Welt.

Doch jetzt sollte alles wieder anders werden, jetzt sollten die ehrwürdigen katholischen Priester durch Prediger in Anzug und Krawatte abgelöst werden? Das konnte und wollte mein Großvater nicht einsehen. Also reagierte er unwirsch, als eines Tages Missionare vor der Baracke meiner Großeltern standen. Als ein paar dieser Evangelisten meinen Puro-Dada darum baten, auf dem großen Platz neben seinem Häuschen ihr Zelt aufschlagen zu dürfen, um dort ihre Gottesdienste abzuhalten, zu predigen und zu taufen, wollte sich mein Großvater zuerst nicht darauf einlassen. Doch als er merkte, dass sich die Prediger für eine gute Sache einsetzten, willigte er letzten Endes doch ein. Also stellten die frommen Männer ihre Wagen neben unser Haus und begannen mit dem Aufbau ihres Zeltes. Dieser Tag war für das weitere Leben meines Großvaters ausschlaggebend – nur wenige Monate später stand der ehemals strenggläubige Katholik selbst als Prediger auf einer Kanzel der evangelischen Missionare.

Sein Interesse an der neuen Lehre entfachte sich augenblicklich. Sofort, als das Zelt stand, ging meine Familie trotz aller Vorbehalte hinein, natürlich mit uns Kindern im Schlepptau. Alle, die auf diesem Platz lagerten, saßen auf den hastig aufgestellten Stühlen, denn jetzt wollte jeder sehen, was passieren würde, und niemand sollte enttäuscht werden. Ich erinnere mich nicht mehr genau an den Prediger, ich weiß nur noch, dass er uns alle begeisterte. Er erzählte von

Jesus, als sei das sein bester, persönlicher Bekannter, ein guter Freund oder Verwandter. Er malte das Paradies in den buntesten Farben, er machte uns allen Hoffnung auf die große Liebe, die von Jesus ausgehen würde. Ein anderer auf der Bühne spielte Gitarre, alle sangen ein paar fromme Lieder, und als wir das Zelt verließen, waren wir voller Glück und Freude und Inbrunst.

Mein Onkel Stromeli, der damals längst selbst Prediger war, hatte meinen Großvater und uns alle sehr in unserer Wandlung bestärkt. Stromeli ist ein überzeugender Charakter. Er predigt nicht nur auf der Bühne, sondern ununterbrochen, im täglichen Gespräch. Wenn wir mit ihm im Wohnwagen sitzen, berichtet er nicht wie andere Männer seines Alters von seinen letzten Geschäften – die er natürlich weiterhin betreibt, denn mit dem Predigen verdient er nichts –, sondern er spricht von Jesus und von dessen Gnade und von der Erleuchtung, die wir alle bekommen können. Er erzählt nicht von seiner letzten Angeltour oder vom neuen Auto, das er sich gekauft hat, sondern von einer Bibelstelle, die er unlängst gelesen, oder von einer Rede eines anderen Predigers, die er vor kurzem gehört hat.

Stromeli steht unserer Familie verwandtschaftlich sehr nah. Seine Mutter und meine Großmutter sind Cousinen, deshalb sind Stromeli und meine Mutter Cousin und Cousine zweiten Grades. Aber auch mein Vater ist ein Cousin zweiten Grades von Stromeli, weil meine Eltern nicht nur miteinander verheiratet, sondern auch zueinander Cousin und Cousine sind – also halten uns doppelte verwandtschaftliche Bande zusammen.

Ich weiß, dass das schwierig zu erklären ist, aber es lässt sich auch so beschreiben: Meine Oma Gali, die Mutter meiner Mutter, und meine Oma Ruth, die Mutter meines Vaters, sind Schwestern, denn sie sind beide die Töchter Bernhard Heinrich Pfisterers, meines Urgroßvaters. Eine für heutige Verhältnisse ungewöhnliche Konstellation, die sich mit dem Sicherheitsbedürfnis erklären lässt, das meine Leute früher hatten. Sinti-Familien lebten immer in Angst vor Fremden, sie waren misstrauisch gegenüber allen, nicht nur gegenüber Gadsche, sondern auch gegenüber Leuten aus ihrem eigenen Volk, die sie nicht kannten. Also war es für damalige Verhältnisse normal, dass man mit seinen Beziehungen und Eheschließungen, so gut es ging, in der Familie blieb.

Die Familie meines Großvaters wurde durch Stromeli und die anderen Prediger immer mehr an die neue Glaubensgemeinschaft herangeführt und letztendlich in sie integriert. Vom Moment unserer Bekehrung an waren wir die Sommer über nicht einfach mehr von Lagerplatz zu Lagerplatz unterwegs, an den Orten, an denen sich mein Vater Geschäftsbeziehungen für seinen Geigenhandel erhoffte, sondern wir reisten möglichst so, dass wir bei einem Zelt der Mission standen. Manches Jahr waren wir wochenlang zusammen mit der Mission unterwegs, die alle paar Tage ihren Standort wechselte, um möglichst viele Menschen erreichen zu können. So waren wir nicht nur mit Onkel Stromeli unterwegs, sondern auch mit meinem Großvater Benedikt, dem Vater meiner Mutter, der ebenfalls Prediger geworden war. Meinen Eltern blieb wohl über lange Strecken nichts anderes übrig, als mit der Mission zu reisen, weil Opa es so wünschte. Wie viele Sinti wollte auch er immer von möglichst vielen Familienmitgliedern umgeben sein, und mir scheint, je älter meine Leute werden, desto nötiger haben sie es – und desto unmöglicher ist es für jüngere Familienangehörige, sich dem zu entziehen, denn das Alter genießt bei uns unbedingten Respekt. Wenn ein Großvater einen Wunsch äußert, können den Kinder oder Kindeskinder kaum ausschlagen – zumindest in unserer Familie war und ist das immer noch so.

Für mich waren diese Reisen die beste Zeit des Jahres. Es gab keine Schule, keinen Sportunterricht, keinen Fasching und auch keine Nachbarskinder, die mir auf die Nerven fielen. Es gab nur die Familie und viele Kinder dieser Familie, mit denen ich spielen konnte. Es gab Wiesen, auf denen wir mit den Wohnwagen standen, rundherum Felder und Wälder, manchmal ein Teich oder ein Flüsschen. Es gab Abende am Feuer, große Runden von Erwachsenen, neben denen man wunderbar in eine Decke gekuschelt einschlafen konnte – und es gab die Musik. Auf diesen Missionsreisen kam ich zum ersten Mal mit dem in Verbindung, was sich am stärksten auf mein späteres Leben auswirken sollte.

Schon bei den ersten Predigten waren mir mehr als die frommen Texte die Gitarristen aufgefallen, die für die musikalische Untermalung sorgen sollten. Besonders liebte ich es, wenn jemand auf die Bühne kam, um zur Gitarre zu singen – dann drängte ich mich immer nach vorne, um keinen Ton zu versäumen. Bald schon konnte ich bei einigen der Lieder mitsingen. Das entging meinem Großvater nicht. Bei Gelegenheit nahm er mich zur Seite, übte mit mir, sang mir die Lieder so lange vor, bis ich sie fehlerlos nachsingen konnte. Bald kam der große Tag – ich war noch keine fünf Jahre alt, als ich zum ersten Mal vor versammelter Gemeinde singen durfte.

Die Vorbereitungen begannen am Vorabend. Meine Mutter arbeitete an meiner Frisur, bügelte mein schönstes Kleid und putzte meine weißen Lackschuhe auf Hochglanz. Heute noch wundert mich, dass ich vor meinem ersten großen Auftritt beim Sonntagsgottesdienst so unaufgeregt war, zumal ich lange auf meinen Einsatz warten musste. Erst kam eine Einleitung, zur musikalischen Einführung sangen alle zusammen ein Lied. Dann folgte der langwierigste Teil der Veranstaltung, bei dem Gläubige davon erzählten, wie sie zu ihrem neuen Glauben gekommen waren, wie sie zu Gott gefunden hatten oder wie sie ihre Sünden hinter sich lassen konnten, dieser Teil hieß Zeugnisse. Darauf hielt jemand eine Predigt – meistens mein Großvater – und dann war endlich ich an der Reihe. Zu diesem Zeitpunkt war ich immer noch nicht aufgeregt, aber ich brannte darauf, loslegen zu können.

Ich weiß noch, wie mein Opa einen Stuhl für mich zurechtrückte, weil ich nicht groß genug für das Mikrofon war – und weil sonst die Hälfte der knapp 200 Anwesenden nicht gesehen hätte, wer vorne singt. Der durch Gottes Hilfe geheilte Moro, der damals zwölf oder 13 Jahre alt war, sollte mich auf der Gitarre begleiten. Auch Titi Winterstein war mit seiner Geige dabei. Damals kam er mir sehr alt vor, obwohl er erst Anfang 20 war und am Anfang seiner glänzenden Karriere als Jazzgeiger stand.

Unser Lied hieß so ähnlich wie »Das Kind muss beten«, ein trauriges Lied, das von einem Kind handelt, das im Gebet am Sterbebett seines Vaters ausharrt. Mein Großvater war in diesem Fall nicht nur der Produzent, sondern auch Komponist und Moderator. Je näher ich dem Mikrofon kam, desto ruhiger wurde ich – und auch umso freudiger. Ich war fein gemacht, ich gefiel mir in meinem bunten Kleidchen und den glänzenden Schuhen. Ich wusste, dass ich den Text auswendig konnte, ich spürte die Melodie des Liedes durch und durch – und alles klappte wunderbar. Danach applaudierten die Gläubigen, was nicht üblich war bei der Zeltmission. Ich kann mich heute noch an jedes Wort und jeden Ton dieses Liedes erinnern, auch wenn ich es zum letzten Mal mit sieben Jahren bei der Beerdigung meines Großvaters gesungen habe.

Nach diesem Auftritt in der Zeltmission wusste ich, was ich von nun an immer machen wollte: vor den Leuten stehen und ihnen etwas Schönes vorsingen. Das Singen hatte für mich etwas Befreiendes. Ich hatte damit meine eigene Sprache und meine eigene Art zu kommunizieren gefunden. Nur hätte ich damals nicht gedacht, dass sich dieser Traum erfüllen sollte – immerhin habe ich mittlerweile fast 30 Jahre nichts anderes gemacht, als vor den Leuten zu stehen und zu singen.

Die Spannung des Vortrages, das Arbeiten mit den Musikern, die Bühne, der Blick zu den vielen Menschen, all das war meine Welt. Ich sah das aber nicht so egoistisch, wie das heute vielleicht klingt – mir war schon klar, dass ich in einem Gottesdienst sang und in keiner Show. Ich verstand den Grundgedanken der gesamten Mission nicht ganz, aber ich spürte, dass das etwas Gutes ist, für das es sich einzutreten lohnt – etwas anderes konnte es ohnehin nicht sein, wo sich doch so viele meiner Verwandten mit dieser Sache beschäftigten, viel Zeit in sie investierten und mit ihrem Herzblut dran hingen.

Die Sache mit der Mission wurde für unsere Familie immer mehr zur Lebensaufgabe – zumindest während der Sommer. Wir waren jetzt nicht mehr einfach mit dem Wohnwagen unterwegs, sondern zusammen mit einem Zelt, in das ein paar hundert Menschen passten. Das brachte eine Menge Trubel mit sich – das Auf- und Abbauen, das Stühleaufstellen und -stapeln, das Verlegen aller Leitungen, das Bauen der Bühne, das Aufstellen der Lautsprecherboxen. Dabei wussten wir vorher nie, ob wir das Zelt überhaupt aufstellen durften. Die ehrenamtlich arbeitenden Prediger schrieben die Rathäuser oder die Bürgermeister wegen der Erlaubnis für das Zelt und die Veranstaltungen an, aber oft kamen keine Antworten oder sie trafen nicht rechtzeitig ein oder waren nicht in allen Punkten klar. Einerseits wollte man uns nirgends so recht, andererseits war es den Ämtern peinlich, eine christliche Angelegenheit wie unsere Mission zurückzuweisen. Was sollten sie also sagen? – Manchmal hieß es, die sanitären Anlagen seien nicht ausreichend, ein anderes Mal ging es um Lärmschutz, aber nie wurde als Grund angegeben, dass wir Sinti oder »Zigeuner« waren. Solche Wörter tauchten in den Antworten nie auf, auch wenn es Absagen an unsere Sache waren.

Wir Kinder bekamen diese Widrigkeiten lediglich am Rande mit. Wir wussten nur, dass unser Bleiben erst dann sicher war, wenn die Erwachsenen begannen, das Zelt aufzustellen. Oft saßen alle nach der Ankunft noch stundenlang diskutierend herum, niemand rührte etwas an, alle schienen auf etwas zu warten. Was für eine Erlösung das Zeichen für den Aufbau war! Dann durften wir endlich unsere Gummistiefel anziehen und hinaus in den Matsch, der auf den feuchten Wiesen bald entstand, wenn mit den schweren Stangen und Zeltplanen hantiert wurde, und so tun, als könnten wir den Großen bei ihren Arbeiten helfen. Wie stolz wir darauf waren, wenn wir auch nur ein paar Kabeltrommeln über den Platz trugen! Diese sommerlichen Missionsreisen waren die bessere Schule für mein Leben, als es die Grundschule in Wetzisreute gewesen ist. Schade, dass ich die Anteile von Schule und Mission am Jahresablauf nicht austauschen konnte. Zehn Monate Schule und zwei Monate Mission, das war für mich das falsche Verhältnis – wie gerne hätte ich es umgekehrt gehabt!

Baubles, Bangles and Beads

Meine ersten Lebensjahre verbrachte ich im Wohnwagen. Wenn meine Eltern nicht auf der Reise waren, um unseren Lebensunterhalt zu verdienen, parkte der Wagen im Garten meiner Großeltern, gleich neben deren Häuschen im Ravensburger Ummenwinkel. Es war ein kleiner Wohnwagen, wie man sie heute kaum mehr sieht, einer dieser eiförmigen Caravans von Tabbert, mit glatter weißer Außenhaut, wie ein Ei. Mit seinem gedrungenen, runden Heck hätte man ihn auch für ein Schneckenhaus auf Rädern halten können. Und so fühlte es sich dort drin auch an, eng und niedrig und heimelig, wie in einer flauschigen Höhle. Ich war noch klein und kann mich kaum mehr daran erinnern – oder sind die Bilder, die ich vor mir sehe, Resultate der Erzählungen meiner Eltern?

Meine erste Erinnerung, das weiß ich sicher, sind rosa Seifenblasen. Ich sehe diese Seifenblasen gerne als Symbol für meine Kindheit, denn sie kam mir so heiter und leicht vor wie Seifenblasen. Solch kleine, kindliche Spielereien waren in unserem Haushalt an der Tagesordnung. Mein Vater wollte es seinen Frauen nett machen, damals noch meiner Mutter und mir, später auch meiner Schwester, die dreieinhalb Jahre nach mir auf die Welt kam.

Wenn ich mir rückwirkend ein Wiegenlied wünschen könnte, dann wäre wohl »Baubles, Bangles and Beads« in der Version Frank Sinatras meine erste Wahl. Immer, wenn ich es mir anhöre, kommt mir diese früheste Kindheitserinnerung in den Sinn, als hätte ich sie erst gestern erlebt.

Baubles, bangles, hear how they jing, jinga-linga
Baubles, bangles, bright shiny beads
Sparkles, spangles, your heart will sing, singa-linga
Wearin' baubles, bangles and beads

Meine anderen Kindheitserinnerungen sind ein wenig profaner. Sie spielen zumeist in der späteren Wohnung meiner Eltern in Wetzisreute, in der sie heute noch leben. Wetzisreute gehört zur Gemeinde Schlier und liegt in der Nähe von Ravensburg. In dem beschaulichen Dorf leben, eingebettet zwischen Wiesen, Obstbäumen und Wäldern, wenige hundert Menschen. Meine Eltern hatten mitten unter alteingesessenen Einheimischen, zwischen Bauern und Ravensburg-Pendlern eine Einliegerwohnung in einem alten ehemaligen Bauernhof gefunden, mit Blick auf die Autos, die im Hof parken, und die dunklen Tannen, die die Sicht auf den Horizont verstellten. Die Wohnung gefiel meinen Eltern, doch die Besitzer des Bauernhofes wagten zuerst nicht, sie an Sinti zu vermieten. Nicht, weil sie selbst uns für schmutzig, kriminell oder gefährlich hielten, sondern weil sie Angst vor den Nachbarn hatten – was, wenn die sich aufregten? Wenn sie protestierten gegen »Zigeuner« im Dorf?

Meine Eltern waren damals in einer schwierigen Situation. Sie wollten nicht mehr das ganze Jahr über in dem winzigen Wohnwagen leben. Nicht nur, weil sie den eng und unbequem fanden, sondern auch, weil ich wegen der schlechten Heizung und der stickigen Luft fast immer krank war. Im Häuschen meiner Großmutter fand sich kein Platz für uns alle, weil dort schon etliche ihrer anderen Kinder wohnten, und in Ravensburg konnten meine Eltern keine Wohnung finden, weil die Mieten entweder zu hoch waren oder niemand an Sinti vermieten wollte. Die Tochter der Vermieter in Wetzisreute, eine Sozialarbeiterin, die meine Mutter kannte, wollte es nicht bei dieser Situation belassen. Sie ging aus eigener Initiative im ganzen Dorf von Haus zu Haus, um auf einer Liste Unterschriften von Leuten zu sammeln, die nichts dagegen hatten, dass wir bei ihren Eltern einziehen. Wie peinlich das für meine Eltern gewesen sein muss. Ein Dorf sollte darüber entscheiden, ob unbescholtene, rechtschaffene und selbst ihren Lebensunterhalt verdienende deutsche Staatsbürger in deren Gemeinschaft aufgenommen werden sollten oder nicht!

Die Sache lief jedoch schief. Etliche Dorfbewohner waren zwar für den Einzug meiner Eltern, andere jedoch dagegen. Es gab, wie konnte es anders sein, Streit, bis die Hausbesitzer auf eigene Faust entschieden – und meine Eltern einziehen ließen. Kein Wunder, dass sie, 30 Jahre später, immer noch wie Fremde in diesem Dorf leben. Man kennt und grüßt einander, man wechselt ein paar Worte, aber dabei bleibt es. Die Menschen im Dorf reden gut über meine Eltern, aber eine Einladung an meinen Vater für den Stammtisch oder zum Grillfest, ja selbst ein Tratsch mit meiner Mutter unter Frauen – alles ausgeschlossen. So nah ist man einander nun doch wieder nicht. »Wenn die im Dorf schwarze Köpf' gesehen haben, war Alarmstufe rot«, erzählte mir mein Vater später einmal. »Hier im Dorf ist jeder der, der er ist, für immer. Ich werde für die Leut' immer der Zigeuner sein, sonst nichts. Aber vielleicht ist das gut so. Jeder bleibt so in seinem Bereich.«

Doch gibt es auch Ausnahmen in Wetzisreute – so war unser Vermieter immer freundlich, ja fast großväterlich zu uns. Mit Hermann, so heißt er, treffe ich mich auch heute immer noch, wenn ich zu Besuch bei meinen Eltern bin. Wir plaudern über dies und das, bis ich ihm endlich über mein für ihn aufregendes Leben in der Großstadt Berlin erzählen muss.

Mein Vater ist über seine negativen Erfahrungen weniger verbittert als resigniert. Er hat sich in die Verhältnisse gefügt und macht für sich selbst das Beste draus. Seine Toleranz gegenüber dem Wort »Zigeuner« kann ich mir nur aus der Sicht seiner Generation heraus erklären. Er sagt immer, dass er das Wort sein Leben lang gehört habe, und deshalb sei für ihn nichts Schlechtes dran. Ich habe dieses Wort glücklicherweise nicht mein Leben lang gehört, deswegen denke ich anders darüber. Im Dorf freilich kann man den Leuten kaum einen Vorwurf machen, dass sie »Zigeuner« sagen – sie haben die Begriffe »Sinto« oder »Sinteza« noch nie gehört. Schade nur, dass sie in meinem Vater »nur« den »Zigeuner« sehen, und nicht den Menschen oder den Vater oder den Antiquitätenhändler, den Nachbarn, den Hundebesitzer, den Wirtshausbesucher – wen auch immer, unabhängig von seiner ethnischen Zugehörigkeit.

Als Kleinkind bekam ich von all dem nichts mit. Meine Eltern ließen sich nie etwas anmerken, wir lebten unser Leben, und das Dorf lebte seines. Ich hatte sogar zwei Leben – das in Wetzisreute bei meinen Eltern und das als Prinzessin im Haus meiner Oma in Ummenwinkel. Mein Doppelleben hatte viele Vorteile. Ich bekam nicht nur doppelt Kleider, Spielsachen und Süßigkeiten, sondern ich durfte auch Doppelgeburtstag, Doppelostern und Doppelweihnachten feiern. Das ist heute noch so. Wenn ich an meinem Geburtstag nach Ravensburg komme, dann richtet meine Großmutter einen Geburtstagstisch her, und bei meinen Eltern wartet ein zweiter auf mich. Ich glaube, ich war durch diese Sonderbehandlung ein verwöhntes Kind, das immer alles bekam, was es wollte. Sogar einen Hasen bekam ich von meinen Eltern geschenkt, für die Wohnung, obwohl es bei meiner Großmutter im Garten jede Menge Tiere gab. Diesen kleinen Hasen liebte ich so sehr, dass ich ihn mit in mein Bettchen nahm und ihn aus Versehen zerdrückte. Ich war damals entsetzlich traurig, aber das machte das kleine Fellknäuel nicht wieder lebendig. Später warf ich meiner

Mutter vor, warum sie das zugelassen hatte, aber sie wehrte ab: Mein Wille sei damals schon so ausgeprägt gewesen, dass es für sie einfacher war, ihm nachzugeben, mit allen Konsequenzen, als sich dagegenzustellen und danach tagelanges Geschrei und Geweine in Kauf zu nehmen.

Den Sommer über, wenn wir mit dem Wohnwagen über Land fuhren, war ich immer mit meinen Eltern zusammen. Ich erinnere mich noch deutlich an eine Standardsituation. Mein Vater sitzt am Steuer, meine Mutter daneben, und ich bin auf der Rückbank. Ich singe irgendetwas in der Art von »Ich habe Hunger, ich habe Durst« und wünsche mich nach hinten, in den Wohnwagen, an den Tisch, aber da durfte man während der Fahrt nicht sitzen. Stehen bleiben konnten wir oft auch nicht, weil uns niemand auf sein Grundstück ließ. Häufig passierte es, dass mein Vater am Straßenrand hielt, weil dort ein kleiner Parkplatz war oder ein leerer Holzlagerplatz oder eine Einfahrt in eine feuchte Wiese, und meine Mutter war noch nicht mit dem Kochen fertig, als schon jemand kam und sagte, ihr müsst weiterfahren, ihr könnt da nicht bleiben, die Leute wollen das nicht. So schön das Reisen war, so anstrengend war es manchmal, einen einfachen Platz für die Nacht zu finden. Um wie vieles dramatischer muss das zu früheren Zeiten gewesen sein, als unser Volk nicht mit Autogespannen, sondern mit Pferdewagen unterwegs war. Wenn die Pferde in solchen Situationen nicht mehr weiter konnten, weil sie schon zu viel gezogen hatten. Wenn unsere Leute nicht nur mit Worten, sondern mit Stöcken und Peitschen vertrieben wurden. Wenn sie nicht nur keinen Stellplatz, sondern auch kein Abendessen hatten.

Mich bewegten aber damals ganz andere Dinge. Wie gerne hätte ich beispielsweise einen kleinen Bruder gehabt! Die Babys kommen aus dem Krankenhaus, hatten mir meine Eltern erzählt, der Storch bringe die dahin, und wenn es wieder einmal soweit wäre, rufe das Krankenhaus schon an. Dann müsse man dorthin fahren und das neu gelieferte Baby bezahlen, um es endlich nach Hause mitnehmen zu können. Diese Geschichte war eine bei uns Sinti-Familien übliche Kinderlegende, denn über das Geschlechtliche zu sprechen war und ist für uns besonders gegenüber Kindern tabu. Die Aufklärung wird, oft genug gegen den Willen der Eltern, in der Schule geliefert, entweder von den Lehrern oder von den besser informierten Mitschülern.

Zu dieser Zeit ging meine Mutter mit Textilien von Haus zu Haus. Sie kaufte bei den zahlreichen Fabriken, die es damals in unserer Gegend noch gab, Tischtücher, Bettzeug oder Handtücher, und verkaufte diese Ware an der Haustür, meistens an Stammkundinnen, die schon oft bei ihr gekauft hatten. Manchmal durfte ich mitkommen, was sich meistens gut auf die Geschäfte ausgewirkt haben dürfte, weil ich ein niedliches Mädchen war. Ich war zudem hoch motiviert, denn meine Mutter hatte mir erzählt, wir müssten öfter verkaufen gehen, um das Geld für einen kleinen Bruder zu sammeln. Mir war das nur recht, denn alleine wollte ich nicht zu Hause bleiben, und Freundinnen im Ort hatte ich keine. Ich hielt mich von den anderen Dorfkindern so fern, wie die sich von mir fernhielten, im Kindergarten war ich nie gewesen, und meine Eltern fanden das vermutlich besser so, aus Sorge, mir könnte etwas zustoßen.

Tatsächlich war es bald soweit: Der Storch hatte geliefert, und meine Eltern konnten in das Krankenhaus fahren, um den Bruder zu kaufen. Zu meiner großen Enttäuschung stellte sich bei ihrer Rückkehr heraus, dass es kein Bruder, sondern eine Schwester war. Ich nannte sie Sissi, da ich den Film »Sissi – Schicksalsjahre einer Kaiserin« gesehen hatte und mir die Kleider der österreichischen Regentin so gut gefielen. Meine Eltern gaben ihr »Nathalie« als amtlichen Namen. Enttäuschend war für mich auch der Anblick dieses Babys, das hilflos in seinem Körbchen lag. »Das sieht aus wie ein Affe, so verschrumpelt«, war mein Kommentar zu meinem neuen Schwesterchen. Ich konnte keinen Zusammenhang zwischen dem von mir georderten Baby-Bruder und diesem Kind herstellen – der Bruder hätte sobald wie möglich Gitarre spielen und mich beim Singen begleiten sollen, doch mit diesem Baby konnte man nicht einmal richtig spielen oder sprechen, und von gemeinsamem Musik machen schien es noch Lichtjahre entfernt zu sein.

Love and Marriage

»Love and marriage«, sang Frank Sinatra, »love and marriage, they go together like a horse and carriage« – »Liebe und Heirat, die passen zusammen wie Pferd und Wagen.« Seit David und ich verheiratet sind, haben wir beide dieses Lied als Klingelton auf unsere Handys geladen. Nicht nur, weil wir es für einen guten Song halten, sondern auch, weil wir inhaltlich dazu stehen. Mit Heirat meinen wir aber nicht die Zeremonien vor dem Standesamt oder in der Kirche – die haben wir weder absolviert noch für die nähere Zukunft eingeplant –, wir meinen damit unsere Art von Hochzeit, die »Flucht«, wie sie in der Welt der Sinti verwurzelt ist, doch davon will ich später erzählen.

Bei meinen Eltern sah es lange nicht so aus, als könnten sie ein Paar werden, so groß ihre Liebe zueinander auch war. Dreimal hatten sie versucht, zusammenzukommen, dreimal hatte die Mutter meiner Mutter nein zu ihrer Verbindung gesagt, weil meine Eltern nicht nur ein Liebespaar waren, sondern auch Cousin und Cousine. Dass war damals zwar nicht unüblich, aber es war nicht gern gesehen. Meine Eltern hielten sich auch an ihr Verbot, allerdings nur offiziell. Jahrelang kamen sie dennoch heimlich zusammen. Erst als ich unterwegs war, gab meine Großmutter nach und willigte in ihre Verbindung ein.

Meine Eltern heirateten nie offiziell. Sie verzichteten auf Standesamt oder Kirche nicht aus Rücksicht auf Verwandte, sondern weil sie eine Heirat nicht als offiziellen Anlass sehen, sondern als Herzensangelegenheit. Natürlich betrachten sie sich trotzdem als verheiratet. Sie sehen sich als Mann und Frau – aus der Tatsache heraus, dass sie zusammen sind, dass ihre Eltern dieser Verbindung letztlich zugestimmt hatten und weil sie miteinander Kinder haben. Mehr Bestätigung brauchen sie nicht. Keine Ringe, keine Trauurkunden, keine Hochzeitsfotos. Das ist Zeichen echter Verbundenheit jenseits gesellschaftlicher Konventionen, und es ist ein Zeichen von Freiheit.

Meinen Urgroßeltern Bernhard Heinrich Pfisterer und seiner Frau Martina, eine geborene Reinhardt, also den Großeltern sowohl meines Vaters als auch meiner Mutter, war dies noch nicht vergönnt. Auch ihnen hätte es gereicht, nach unserem Ritus, der in nichts anderem als im Vollzug der Ehe besteht, verheiratet zu sein. Doch sie und ihr Mann gingen vor das Standesamt in Passau, weil mein Urgroßvater als Soldat des deutschen Kaisers in den Ersten Weltkrieg ziehen musste. Zu Beginn des 20. Jahrhunderts war es für einen deutschen Soldaten zwar in Ordnung, für das Vaterland zu sterben, aber es war für ihn nicht schicklich, Vater unehelicher Kinder zu sein.

Mein Vater wurde 1947 geboren, zwei Jahre nach Ende des Zweiten Weltkrieges. Er wuchs beim Dörfchen Wolpertswende bei meinen Urgroßeltern auf, am Rande eines großen Waldes auf dem Faltenberg, damals ein paar Stunden Fußmarsch, heute mit dem Auto eine gute Viertelstunde von Ravensburg entfernt. In dem Bauern- und Obstgartendorf hatte ihn seine Mutter bei ihren Eltern abgegeben, denn sie hätte das Kind, alleine, wie sie war, nicht durchbringen können, und die Vorbehalte der Menschen gegen alleinerziehende Mütter waren damals noch zu groß. Der Mann meiner Großmutter hatte sie schon früh verlassen. Er war angeblich ein Offizier, doch wie er hieß und wo sie ihn kennengelernt hatte, dieses Geheimnis hatte Gaggela ihr Leben lang gehütet. Mein Vater wuchs trotzdem normal auf – er wusste lange Zeit nicht, dass seine Großeltern nicht seine richtigen Eltern waren.

Sie lebten in sehr einfachen Verhältnissen. Von seiner schmalen Wiedergutmachung nach dem Krieg hatte Dadas Großvater ein Häuschen gekauft, um endlich sesshaft sein zu können. Auf Reisen musste er trotzdem gehen, denn er lebte vom Handel mit Geigen. Doch weder er noch seine Frau hatten einen Führerschein – sie hätten sich ohnehin kein Auto leisten können –, und so erledigten sie ihre Touren mit der Eisenbahn und zu Fuß. Ihr Anmarschweg zum nächsten Bahnhof betrug gute drei Kilometer.

Es war eine harte Zeit nach dem Zweiten Weltkrieg – Wirtschaftswunderzeit für die Deutschen, aber nicht für mein Volk. Von den trotzdem aufkeimenden, allerersten Anzeichen winzigen Wohlstands zeugt eine Geschichte, die mein Vater uns heute noch alljährlich erzählt. Sie handelt von den Weihnachtsgänsen, die sein Großvater oft unter großen Opfern zum Fest besorgt hatte. Wenn kein Geld im Haus war, musste er eine von den teuren Geigen verkaufen, schnell, manchmal deutlich unter ihrem Wert, aber Weihnachten ließ sich nicht verschieben. Oder er ging zu einem Bauern, um ein Instrument direkt gegen eine Gans einzutauschen. Für Geschenke war fast nie Geld da, oder wenn, dann nur für sehr kleine, aber die Gans durfte nicht fehlen, um keinen Preis.

Als endlich Essenszeit war, versammelte sich die Familie um den Tisch, Großeltern, Kinder, Enkelkinder. Jeder bekam seine Portion Gänsebraten mit Sauerkraut. Gierig stürzten sich die Kinder auf ihre Teller, genüsslich griffen die Erwachsenen nach dem Braten – alle bis auf einen: Großvater hielt sich zurück. Still sah er aus dem Hintergrund zu, wie die anderen aßen, wie sie immer satter und immer stiller wurden. Erst als alle genug hatten, griff er zu seiner Emailschüssel, um sich seine Portion zu nehmen, ein schönes Stück Fleisch, einen vollen Schöpflöffel Sauerkraut. Dann setzte er sich alleine in ein Eck und aß. In solchen Momenten hätte eine Bombe explodieren können, und er hätte nicht aufgehört zu essen.

Das war seine Art einer Antwort auf die schlechte Zeit, auf die Not, die er gesehen hatte. Mein Vater tat es ihm gleich und tut das bis heute. Er muss keine Geige mehr verkaufen, damit wir uns eine Gans leisten können, aber eine andere Speise auf unserem weihnachtlich gedeckten Tisch ist nicht vorstellbar. Nur Sauerkraut gibt es nicht am Weihnachtstag, sondern immer nur Blaukraut. Das Sauerkraut gibt es erst am zweiten Feiertag, mit den Resten der Gans, und das wird immer mit dem ausgelassenen Gänsefett zubereitet. Das ist keine Schlankheitskost, aber ein Geschmacksfest eigener Art, weil damit soviel Erinnerungen verbunden sind. So viele Erinnerungen, dass mein Vater dieses Sauerkraut immer selbst zubereitet, und niemand weiß, was er dabei denkt, jedes Jahr zu Weihnachten.

Als mein Vater noch klein war, ging er zu Fuß in die Schule. Doch unangenehmer als der Schulweg war für ihn der Unterricht. Schläge mit dem Rohrstock standen auf der Tagesordnung, und der Lehrer versäumte keine Gelegenheit, um sich über das »Zigeunerpack« in seiner Klasse auszulassen. Die anderen Kinder schimpften in den Pausen nach Kräften mit, und während des Unterrichts hätte sich ein Gadscho niemals mit einem unserer Kinder in eine Bank gesetzt. Wenn es meinem Vater zuviel wurde, rannte er zusammen mit den anderen Sinti-Kindern aus der Schule fort. Dabei wollte er lernen, denn er war sich der Chance, die ihm ein Schulabschluss bieten könnte, bewusst – die meisten anderen Kinder aus seiner Großfamilie besuchten kaum eine Schule, weil sie mit ihren Eltern unterwegs sein mussten, um ihren Lebensunterhalt zu verdienen. Doch wegen all der Schikanen hielt es mein Vater nur drei Jahre an der Grundschule aus und besuchte dann eine kaufmännische Berufsschule. Vieles von dem, was er für sein Leben brauchte, brachte sich mein Vater selbst bei, etwa sein Wissen über Musik und Musikinstrumente. Das konnten oder wollten ihm die Lehrer in seiner kurzen Volksschulzeit nicht vermitteln. Wenn mein Vater früher aus seiner Kindheit erzählt hat, wusste ich nie so genau, ob damals der Krieg schon aus war oder noch nicht, denn alles, woran er sich erinnern konnte, klang immer nach Verfolgung, Hass, Vorurteilen, Prügeln und ständiger Bedrohung. Sollte das der von vielen so lange ersehnte Frieden gewesen sein? Manchmal konnte ich mir das nicht richtig vorstellen.

Meine Mutter war schon mehr Teil einer Übergangsgeneration. Sie kam nur sieben Jahre später in die Schule als mein Dada, aber sie kann sich nicht daran erinnern, jemals geschlagen worden zu sein, und das dürfte nicht nur damit zusammenhängen, dass sie ein Mädchen war. Immerhin hatte ein Lehrer einmal versucht, ihr eine Ohrfeige zu verpassen, doch der wurde rechtzeitig gestoppt und der Schule verwiesen. Wenn andere Kinder böse Bemerkungen über meine Mutter machten, wenn sie einfältige Aussagen ihrer Eltern nachplapperten, dass »Zigeuner« schmutzig seien oder stänken, dann wurden sie von einem Lehrer zurechtgewiesen, mussten sich entschuldigen und zur Strafe nachsitzen.

Angst hatte sie trotzdem. Jeden Morgen, wenn der Lehrer nur die Tür des Klassenzimmers schloss, um mit seinem Unterricht zu beginnen, hatte meine Mama Angst. Sie dachte, die schließen sie ein, und sie kann nicht mehr raus, nach Hause, zu ihrer Familie. So ging das jede Stunde, den ganzen Vormittag, Tag für Tag, die ganze Woche, eine Angst ohne Ende. Mama kannte doch die Geschichte ihrer Familie. Sie wusste, dass die Deutschen ihre Leute früher in Lager eingesperrt hatten. Sie hatte kein Vertrauen in ihre Lehrer, auch wenn sie nett waren. Doch was, wenn die plötzlich umschalten, sich gegen sie wenden und sie verschleppen? Hätte sie eine Chance, lebendig zu entkommen? Sie war das einzige Sinti-Kind in der Klasse, und sie war das Älteste ihrer Geschwister, von denen noch keines in die Schule ging. Deshalb war sie für den Überblick verantwortlich. Wie könnte sie die anderen warnen, wenn sie selbst festgesetzt war? Fragen, über die sie sich Stunde für Stunde den Kopf zerbrechen musste.

Dabei hätte sie es nötig gehabt, sich auf den Unterricht zu konzentrieren. Immerhin war sie nie im Kindergarten gewesen und hatte zu Hause nur Romanes gesprochen. Sie konnte nur wenig Deutsch, worauf niemand in der Schule Rücksicht nahm – sie musste sich eine ganze Sprache selbst zusammenreimen. Davor scheute meine Mama nicht zurück, denn sie wollte einen Beruf lernen, was damals für Sinti-Frauen alles andere als selbstverständlich war. Sie wollte hinaus in die Welt, obwohl unsere Mädchen damals so gut wie immer nur mit ihren Familien unterwegs waren.

Ihre Ausbildung hätte trotz aller Widerstände vorangehen können, wenn nicht die Angst gewesen wäre. Wie Mehltau auf befallene Blätter legte sich die Angst über alles, was mit der Schule zu tun hatte. Als eine Lehrerin den Kindern erklärte, dass ihre Hefte immer sauber sein müssen, hatte meine Mama Angst, schlimm bestraft zu werden, sollte nur ein Fettfleck darauf kommen. Wenn eines ihrer kleinen Geschwister mit klebrigen Händen an ihre Hefte ging, fiel sie fast in Ohnmacht. Auf dem Schulweg war ihr bang ums Herz, beim Betreten der Klasse wagte sie nicht aufzusehen. Wusste die Lehrerin schon von den Flecken? Welche Strafe würde sie erwarten? – Ihre Angst war größer als die Strafe, genauso wie der Andrang der Geschwister zu ihren Heften stärker als ihre Möglichkeiten war, ihr Schulzeug vor den vielen Kinderhänden zu schützen, die nur nachblättern wollten, was die Schwester heute draußen in der großen weiten Welt gemacht hatte. Ein eigenes Zimmer, um ihre Hausaufgaben zu machen, besaß sie nicht – alles passierte in der Küche, zwischen Kochen und Essen, und der nächste Fleck war vorprogrammiert.

Doch was sollte Mama dagegen tun? – Sie zog sich vorsichtshalber noch ein Stück weiter zurück, als sie es ohnehin schon getan hatte. Eine Freundin konnte sie so nicht bekommen, was auch an der Zurückhaltung der anderen Mädchen lag. Zu einer »Zigeunerin«, wie man damals sagte, hatte man Abstand zu halten. So spielte meine Mutter mit niemandem aus der Klasse, sondern nur mit ihren Geschwistern. Sie wurde auf keine Geburtstagsfeier eingeladen, und zu ihren Geburtstagsfesten kamen nur die Mitglieder ihrer Familie. Wenn die Mädchen sich für den Nachmittag verabredeten, stand sie daneben und litt, hätte aber nie gewagt, andere Mädchen zu sich nach Hause einzuladen. Dort hätte es ohnehin keinen Platz zum Spielen gegeben. Was hätten die anderen nur zu ihrem bescheidenen Häuschen gesagt? Was hätte sie ihnen anbieten können?

Gali, meine Großmutter, hatte ihre Tochter schon vorbereitet: »Sei vorsichtig mit Gadsche«, hatte sie gesagt, »lass dich nicht ein.« Trotzdem gab sie ihrer Tochter oft einen Blumenstrauß mit. Auch die anderen Kinder hatten Blumen für die Lehrerin mit, das war damals so üblich auf dem Land. Sie gingen auf die Wiese, pflückten einen kleinen Strauß zusammen und übergaben ihn voller Stolz der Lehrerin. Aber Gali reichte es nicht, oft Blumen mitzuschicken, sie musste es täglich tun. Ihr reichten auch die Wiesenblumen nicht, deshalb ging sie in die Blumenhandlung, um Orchideen zu kaufen, für die Lehrerin, obwohl sie kaum genug zu essen kaufen konnte für die zehnköpfige Schar ihrer Kinder. Jeden Tag andere Schnittblumen. Manchmal war der Strauß so schwer, dass ihn meine Mutter kaum tragen konnte. Die Blumen waren die Angst meiner Großmutter um ihre Tochter. Die Angst vor der Lehrerin, vor Gadsche, vor dem System Schule, obwohl Oma sogar ein bisschen Vertrauen hatte in die Lehrerin, weil sie eine Tschechin war. Wenn schon Gadsche, dann wenigstens keine Deutsche. »Pass auf meine Tochter auf«, wisperte sie ihr immer wieder zu, wenn sie sie traf. »Ihr soll nichts passieren.«

Birgela, das ist der Sinti-Name meiner Mutter, tat ihr das nach Kräften und mit ihren Mitteln nach. Die Orchideen brachte sie von ihrer Mutter mit, doch sie selbst verschenkte ihre Pausenbrote an ihre Mitschülerinnen, auch wenn sie selbst Hunger hatte. Nicht, dass die anderen ihr das abverlangten, Birgela tat das von selbst, im vorauseilenden Gehorsam. Nur keine Schwierigkeiten aufkommen lassen, keinen Streit und keine schlechten Gefühle. Alles aus dem Weg räumen, was schaden könnte, und wenn es sich nur um eine entfernte Ahnung eines Schadens handelte.

So biss sich meine Mutter in der Schule durch und begann voller Tatendrang eine Kaufmannslehre bei Edeka. Doch dann wurde ihre Mutter krank, und das Lernen und Weiterkommen fand ein abruptes Ende. »Tu das nicht«, beschwor Gali sie, »mach deine Ausbildung weiter, lern etwas!« Aber Mama konnte nicht. Sie konnte nicht mit ansehen, wie ihre kleinen Geschwister unversorgt zu Hause saßen, sie sah den Kreis ihrer älteren Verwandten vor sich, mit deren Fragen: »Wer soll die Kleinen morgens für die Schule fertig machen? Wer kocht ihnen Mittagessen, wer schickt sie nachmittags raus, wer sammelt sie wieder ein, wer macht Abendbrot, wer wäscht die Wäsche?« Alles Arbeiten, die meine kranke Oma nicht geschafft hätte, und mein Opa konnte ihr im Haus kaum helfen, denn er musste oft unterwegs sein, um das Auskommen seiner großen Familie zu sichern. Damit war die Sache klar – nur meine Mutter kam als Helferin in Frage. Das war nicht nur praktisch gedacht, sondern entsprach unseren Traditionen.

Bei uns ist nämlich nicht nur die Mutterliebe stark ausgeprägt, sondern auch die Liebe der Kinder zur Mutter. Wie es bei uns immer noch ungewöhnlich ist, dass eine Mutter, um arbeiten zu gehen, ihre kleinen Kinder in den Kindergarten oder in die Krippe gibt, so ist es noch ungewöhnlicher, wenn Kinder ihre hilfebedürftigen Eltern zu einer Pflegerin oder in ein Altersheim schicken. Niemals würde ich zulassen, dass meinen Eltern so etwas passiert. Wenn sie sich eines Tages nicht mehr selbst versorgen können, ist es für mich und auch für meine Schwester klar, dass wir ihnen helfen. Sie oder ich oder wir beide werden dann in das Dorf unserer Kindheit zurückkehren oder dorthin, wo wir unsere Eltern bei uns haben, und ihnen alles an Liebe, was sie uns immer gegeben haben, ein Leben lang zurückgeben, so gut wir das vermögen.

Genauso dachte meine Mutter, als sie ihre Lehre mit einem weinenden Auge aufgab. Niemals hätte sie ihre Mutter in dieser Notsituation im Stich lassen können, nie wäre sie mit ihrem Job oder ihrer vermeintlichen Freiheit glücklich geworden. Die Verantwortung füreinander ist uns wichtig – nicht nur formal mit Rentenkassen, Lebensversicherungen und Generationenverträgen, sondern direkt, von Mensch zu Mensch.

Trotzdem gehört meine Mutter zur ersten Generation von Sinti, die merkten, dass sich etwas änderte im starren Wertekanon ihres Volkes. Nicht, dass die Generationenbande nachließen, das nicht. Aber meine Mutter stammt bereits aus der ersten Generation von Sintezas, die auch Hosen trug und nicht nur Röcke. Das freilich nur privat, nicht öffentlich und nicht vor ihren eigenen Eltern – das wäre damals noch zu weit gegangen. Auch ich trug Hosen, aber nur zu Hause, nicht draußen, und schon gar nicht, wenn meine Eltern dabei waren. Das tat ich nur als kleines Mädchen. Wenn mich mein Vater als junge oder auch erwachsene Frau in Hosen gesehen hätte, vor anderen Leuten, so hätte er sich für mich in Grund und Boden geschämt. So etwas geht heute nach wie vor nicht, zumindest nicht vor der älteren Generation. Wir sind ein kleines Völkchen, bei uns kennt jeder jeden, und niemand will sich vor den anderen eine Blöße geben.

Als meine Mutter meinen Vater kennenlernte, hatte sie einen heftigen Kampf mit ihrer Mutter auszufechten, hier lagen auch alte und neue Zeiten in Streit miteinander. Früher hätten es meine Eltern vermutlich nicht gewagt, so lange gegen den Willen ihrer Eltern zusammen zu sein. Sie hätten auch keine drei Anläufe genommen, um meine Großmutter umzustimmen, sondern hätten entweder aufgegeben oder sich auf lange Zeit heillos mit der gesamten Familie verkracht, und das ist so ziemlich das Schlimmste, was einem Sinto passieren kann – dass er sich bei seinen eigenen Leuten nicht mehr blicken lassen darf.

Zwar haben sich die Regeln meines Volkes für das Zusammenleben von Mann und Frau etwas gelockert, doch sie sind nach wie vor von großer Bedeutung. Wenn Sinti ihren erwachsenen Kindern das Einverständnis zu einer Heirat geben, gehen sie davon aus, dass sich beide Partner der Tragweite dieser Entscheidung und der Pflichten, die eine Ehe mit sich bringt, bewusst sind. Ich kann mich noch daran erinnern, dass mein Vater David damals fragte, wie lange er denn vorhabe, mit mir zusammenzubleiben. Und ich weiß auch noch, wie David darauf antwortete, wenn das ginge, würde er gerne für immer mit mir zusammen sein. Diese Antwort gefiel meinem Vater natürlich sehr gut, und das ließ er David auch unverzüglich wissen. Damit wollte er deutlich machen, dass eine Ehe mehr sein sollte als eine kurze Phase.

Aber nicht nur eine beabsichtigte Eheschließung, sondern auch eine Scheidung kann zu einem sehr schwierigen Vorsprechen bei den Schwiegereltern führen, denn der Gegenwind der Eltern ist vorprogrammiert – welcher Vater und welche Mutter möchte schon, dass das Kind den vermeintlichen Partner fürs Leben verliert? Am Ende entwickelt es sich aber heute meistens doch so, dass jeder für sich selbst entscheidet, ob er verheiratet bleiben will oder nicht. Niemand muss mit einem Partner zusammenleben. Den Eltern bleibt in solchen Fällen nichts anderes übrig, als die Entscheidung ihrer Kinder zu verstehen und zu akzeptieren.

Natürlich werden die meisten Sinti-Eltern nicht lange mit ansehen, wenn ihre Töchter oder Söhne von ihren Partnern schlecht behandelt werden. Meine Eltern würden so etwas jedenfalls sofort versuchen zu unterbinden. Sie gaben sowohl mir als auch meiner Schwester immer das Gefühl, Prinzessinnen zu sein, für die negative Erfahrungen in Beziehungen nie in Frage kämen. Wir hatten nie auch nur eine Ohrfeige von Dada bekommen, geschweige denn, dass wir einen geringeren Stellenwert als Jungs gehabt hätten.

Unsere Eltern haben uns eine große Portion Selbstwertgefühl mit auf den Weg gegeben, und das machen andere Sinti-Eltern mit ihren Kindern bestimmt genauso. Doch es gibt bei uns auch weniger selbstbewusste Frauen, die sich schlagen und betrügen lassen und nach außen hin so tun, als sei alles in bester Ordnung.

Down Here on the Ground

Auch ich war anfangs das einzige Kind mit dunklen Haaren in der ganzen Grundschule. Erst nach zwei Jahren hatte ich ein zweites schwarzhaariges Mädchen an meiner Seite – meine Schwester Sissi. Ausländer gab es keine, erst in der Hauptschule kam ein Kroate dazu, und den empfand sogar ich als exotisch. Heute ist das nicht mehr so, jetzt gibt es sogar bei uns im tiefsten Schwaben mitten auf dem Dorf ein paar Ausländer, und vielleicht würde es mir jetzt dort anders ergehen. Damals aber stand ich wie meine Mutter immer abseits, obwohl zwischen ihrer und meiner Schulzeit 20 Jahre lagen. Auch ich wurde von den anderen Mädchen nicht zu Geburtstagen eingeladen, und ich konnte das nicht als Erste tun, weil die Vorbehalte meiner Eltern gegenüber den unnahbaren Dorfbewohnern noch zu groß waren – außerdem wäre vermutlich niemand meiner Einladung gefolgt, um nicht vor den anderen Kindern sein Gesicht zu verlieren.

Auch ich konnte zum Schulbeginn nur schlecht Deutsch sprechen, denn in der Familie redeten wir ausschließlich Romanes und außerhalb der Sippe hatten wir nur wenige Kontakte. Auf Deutsch hatten mir die Eltern nicht viel mehr als den Satz »Ich heiße Dotschy« beigebracht und die genaue Beschreibung unserer Adresse. Das taten sie, weil sie Angst hatten, dass ich verlorengehen und nicht mehr nach Hause finden könnte.

Mir war es peinlich, nur so schlecht Deutsch zu können, aber in der Schule lernte ich es schnell. Das war nicht das Verdienst meiner Lehrerin, die sich wegen meiner Sprachkenntnisse keine Gedanken machte, sondern das der anderen Kinder. Sie sprachen mich zwar nicht immer freundlich, aber auf Deutsch an, und wenn mir deren Ansagen auch nicht immer angenehm waren, so lernte ich doch immer besser verstehen und sprechen. Meiner Schwester fiel das leichter, weil sie im Kindergarten Deutsch gelernt hatte. Dorthin hätte ich – sehr untypisch für eine Sinti-Familie – auch gehen sollen, doch ich hatte mich mit Händen und Füßen so dagegen gewehrt, dass es meine Mutter aufgab und mich zu meiner Großmutter brachte, wenn sie wegen ihrer Arbeit keine Zeit für mich hatte.

Auch während meiner ersten Zeit in der Schule wehrte ich mich gegen dieses System, so gut ich konnte. Ich sah nicht ein, wozu ich Tag für Tag meine schöne Wohnung verlassen musste, mein wunderbares Zimmer, meine geliebten Eltern, die von mir verehrte Puri, um mit mir unbekannten und oft nicht wohl gesonnenen Kindern in einem stickigen Raum zu sitzen und mir von einer fremden Frau Dinge erzählen zu lassen, die ich nur zur Hälfte verstand. Ich sah zwar ein, dass diesmal – im Gegensatz zum Kindergarten – Widerstand zwecklos war, doch ich erreichte Zugeständnisse. So musste meine Mutter die ersten beiden Wochen vor dem Klassenzimmer auf dem Gang sitzen bleiben, um für mich bereit zu sein, falls mir etwas Schreckliches zustoßen sollte. Ich hatte dieselben Ängste wie meine Mutter als Kind, wenn auch nicht so konkrete, mit der Nazizeit verbundene. Meine Großmutter durfte aber im Unterschied zu meiner Mutter nicht vor dem Klassenzimmer ihres Kindes warten, weil das die Lehrer damals nicht gestattet hätten. Soviel Fürsorge wäre ihr auch nicht möglich gewesen, denn wer hätte in der verwarteten Zeit ihre anderen neun Kinder versorgt?

Später fand ich die Vorstellung einer Mutter, die tagaus, tagein vor dem Klassenzimmer ihrer Tochter Wache hält, merkwürdig. Richtig amüsieren konnte mich dieses Bild erst, als ich hörte, dass es bei meinem Mann ähnlich verlaufen ist, wenn auch aus anderen Gründen: Bei David saßen dessen Eltern nicht nur vor, sondern sogar im Klassenzimmer – weniger, um ihren Sohn vor den anderen Kindern zu schützen, als vielmehr, um ihn vor den Mächten des Bösen zu bewahren, die den allzu phantasiebegabten Hollywoodfan nicht nur auf der Mattscheibe, sondern auch im wirklichen Leben verfolgten. Ich hatte in diesem Alter noch keine Ahnung von solchen Leinwandmonstern – die spannendsten Filme, die ich bis dahin gesehen hatte, waren Filme wie »Zuckermann's Farm« über das Schweinchen Wilbur und Zeichentrickserien aus dem Kinderprogramm des Österreichischen Fernsehens.

Meine Mutter erzählt heute noch, dass sie regelmäßig unter Schweißausbrüchen litt, wenn sie zu Elternabenden in die Schule musste. Auch wegen ihrer eigenen Schulangst, vor allem aber wegen dem, was sie regelmäßig über mich zu hören bekam: »Ihre Tochter«, hieß es immer, »ist eigensinnig und dickköpfig. Wenn die nicht will, dann will sie nicht, es ist zum Verzweifeln.« Meine Schwester, die in der Schule nur Nathalie hieß, hatte dagegen keine Schwierigkeiten, bei ihr war alles immer in bester Ordnung. Sie brauchte nur zu Hause Sonderbehandlung, weil sie ausschließlich Fleisch aß, was wir alle anderen zwar auch, aber nicht nur taten. Wie aufopferungsvoll meine Mutter reagierte – für sie war es selbstverständlich, nur für Sissi täglich etwas Fleischliches ohne jede vegetarische Zutat zu kochen.

Für mich bestand die größte Umstellung bei Schulanfang darin, so früh aufstehen zu müssen. Das machte mir solchen Druck, dass ich abends nicht einschlafen konnte – aus dem Gefühl heraus, schnell einschlafen zu müssen, weil es nur mehr wenige Stunden bis zum Aufstehen waren. Das ist ein Gefühl, das mir bis heute erhalten geblieben ist. Ich habe Einschlafstörungen, wenn ich weiß, dass ich am nächsten Morgen allzu zeitig aufstehen muss.

Meine Widerborstigkeit im Umgang mit den Lehrern lag vor allem daran, dass es für mich schwierig war, mich in der Schule zu integrieren. Einerseits wäre ich gerne in den Kreis der anderen Mädchen aufgenommen worden, andererseits störte mich an denen auch schon zu viel, als dass ich einfach in deren Strom mitschwimmen konnte. So wollte ich zwar immer Barbiepuppen haben, genauso wie alle anderen, aber als ich dann von meinem Vater, der mir nie etwas abschlagen konnte, eine bekommen hatte, merkte ich schnell, dass ich damit nichts anfangen konnte.

Meine Mutter tat alles, um mich meine Isolation nicht spüren zu lassen. Als sie nicht mehr vor dem Klassenzimmer sitzen musste, kam sie in der großen Pause in die Schule gefahren, um mir mein frisch gemachtes Pausenbrot zu überreichen: eine warme Leberkässemmel, eine Milchschnitte und ein Päckchen Capri Sonne. Dieses Set brachte mir meine Mutter täglich auf den Schulhof und blieb auch bis zum Ende der Großen Pause bei mir, damit ich nicht allein auf der kleinen Bank vor dem Brunnen sitzen musste. Durch die Extra-Betreuung meiner Mutter wurde es für mich noch schwieriger, mich einzuleben, bis sie den Service etwas zurückschraubte: Ab dem zweiten Schuljahr fand ich das frisch gepackte Pausensäckchen an meinem Kleiderhaken im Flur vor.

Meine Mutter hatte den Drang, mich vor allem und jedem beschützen zu wollen. Deshalb brachte sie mich täglich mit dem Auto in die Schule und holte mich auch wieder von dort ab. Es gab zwar einen Schulbus, doch den durfte ich erst ab der fünften Klasse benutzen. Mir war ihr Service nur recht – vor allem in der Anfangszeit meiner Schulkarriere. Erst mit den Jahren bekam ich mit, wie mich diese Sonderbehandlung innerhalb der Klasse immer mehr zur Außenseiterin machte, wodurch mir das Ganze mehr und mehr peinlich wurde. Ich hätte es aber niemals gewagt, meine Mutter darauf hinzuweisen. Ein Glück, dass sie mir die Fahrt mit dem Schulbus endlich zutraute, sobald ich über zehn Jahre alt war.

In der Zwischenzeit musste ich mit anderen Mitteln um die Anerkennung meiner Schulkameraden ringen. Ich spielte den Lehrern Streiche, indem ich ihren Stuhl nass machte oder mit Kreide einschmierte. Das brachte mir zwar Achtung seitens meiner Klassenkameraden ein, trug aber wenig zur Gemeinsamkeit mit den anderen Kindern bei. Besser für mein Image wäre es gewesen, wenn ich gute sportliche Leistungen gebracht hätte, doch das ging nicht, weil Sport für mich das von mir am meisten gehasste Unterrichtsfach war. Schon die Turngeräte kamen mir wie Folterwerkzeuge vor. Ich fand das Benoten, Bewerten und Abstoppen schrecklich, und es fiel mir schwer, mit den anderen mitzuhalten, weil ich körperliche Strapazen nicht gewohnt war. Meine Eltern hatten mich nicht mit Sport und Bewegung großgezogen, sondern waren im Gegenteil darauf bedacht, es mir so bequem und gemütlich wie nur möglich zu machen. Spaß machten mir die gemeinschaftlichen Ballspiele, doch weil ich so unsportlich war, wollte mich niemand in seiner Mannschaft haben, weshalb mich die Lehrerin immer als Letzte von allen Kindern der jeweils kleineren Mannschaft zuordnen musste – eine sportliche Schmach, die mir bis heute in den Knochen sitzt. Noch schlimmer war nur der Schwimmunterricht, während dem ich ständig unter der Angst litt, zu ertrinken.

Eines Tages beschloss ich, dass es ein Ende mit meiner Ausgeschlossenheit aus der Gemeinschaft haben muss. Ich wollte nicht mehr nur zusehen, wie sich die Welt, wie ich sie kannte, ohne mich drehte. Ich wollte Anteil haben an den Wetzisreutern, auch wenn sie nicht zu meiner Familie gehörten. Ich wollte Teil dieser mir fremden Gemeinschaft werden. Doch wie sollte das geschehen? Ich beschloss, mit dem zu protzen, was ich hatte, und das war die unendlich große Liebe und Fürsorge meiner Eltern, die sich in Form der großzügig bemessenen Brotzeiten, die ich täglich mit in die Schule bekam, zeigte. So begann ich, meine Leberkässemmeln, Kakaotüten, Capri-Sonne-Getränkepäckchen, Milchschnitten und Schokoriegel unter meine Klassenkameraden zu verteilen, die sich bald als neue Freunde erwiesen – eine Taktik, die, wie ich später erfuhr, schon meine Mutter zu ihren Schulzeiten erfolgreich praktiziert hatte. Meine Eltern ahnten jedoch nichts davon. Sie müssen sich gewundert haben, welche Mengen an Nahrungsmitteln ich an einem Schultag verdrücken konnte, aber sie waren zufrieden damit, hatte ich doch jahrelang als schwache Esserin gegolten. Ich weiß nicht, ob sie sich gewundert haben, dass ich zu Hause sogar mittags noch kräftig zulangte, doch ich war glücklich, denn von nun an hatte ich während der Pausen das Gefühl, ein paar Freunde um mich scharen zu können. Ob ich mir Freundschaften erkauft habe? Das fände ich zu hart ausgedrückt. Ich würde sagen, ich setzte das ein, was mir zur Verfügung stand. Noch viel lieber hätte ich die Kinder in meine Welt mitgenommen, in der es um Musik ging, um die Tiere meiner Großmutter und um die Geschichten, die ich zu Hause hörte, doch das war eine Welt, für die sich meine neuen Freundinnen nicht zu interessieren schienen.

Dann kam die Zeit, in der die Kinder meiner Klasse zur Erstkommunion gingen. Die Mädchen verteilten sich in weißen Kleidern auf die eine Seite des Kirchenschiffs, die Buben füllten in ihren festlichen dunklen Anzügen die andere Seite des Kirchengestühls. Die Bauern und Handwerker und kleinen Angestellten unseres Dorfes saßen in ihren Sonntagskleidern etwas unbeholfen auf den Kirchenbänken, und die Mütter fieberten an diesem ersten strahlenden Sonntag im Mai dem großen Auftritt ihrer Kinder entgegen. Ich kannte das alles nur aus der Zuschauerperspektive, aber ich wollte auch in einem weißen Kleid eine weiße Kerze in weißbehandschuhten Händen tragen. Und ich wollte die kleine Oblate kosten, von der es hieß, sie sei der Leib Jesu. Ich spürte, dass diese Geste eine große Kraft hat, und ich ahnte, dass sie ein großes Erlebnis des Dazugehörens auslösen könnte. Ein Dazugehören, das mir neue Möglichkeiten des Zusammenseins mit meinen Freundinnen eröffnen würde. Ich spürte, dass das Verabreichen der kleinen weißen

Oblaten in seiner Konsequenz weit über die Verteilung von Milchschnitten hinausging.

Ich war jedoch nicht getauft – eine unerlässliche Voraussetzung für den Empfang der Kommunion. Meine Eltern hatten mich als Baby nicht taufen lassen, weil sie dachten, ich könnte später, wenn ich groß wäre, selbst darüber entscheiden, ob ich die Taufe haben wolle oder nicht. Ein Moment, der nun viel früher gekommen war, als sie sich das gedacht hatten, nämlich mit elf Jahren. Mein Religionslehrer und Pfarrer war sofort Feuer und Flamme, als er von meinen Absichten hörte – für ihn war diese späte Taufe eine willkommene Gelegenheit, den anderen Kindern Sinn und Bedeutung des Sakraments zu erklären. Auf sein Geheiß legten meine Klassenkameraden Geld zusammen, um mir eine Bibel zu schenken. Darüber freute ich mich sehr, ich konnte diese ungewohnte Herzlichkeit kaum fassen.

Bei meiner Taufe saßen nicht nur meine Familie und die Taufpaten, sondern auch alle Kinder aus meiner Schulklasse, viele sogar mit ihren Eltern, in der Kirche. Ich glaube, an diesem Tag strahlte ich heller als mein weißer Hosenanzug und das weiße Pelzimitat-Mäntelchen, und diese Kleidungsstücke waren schon ziemlich hell. Der Direktor meiner Schule spielte Orgel, und ich genoss meine Taufe in vollen Zügen. Für diese kurze Zeit fühlte ich mich in einer wunderbaren Gemeinschaft integriert, die sich im Namen des Guten im Menschen zusammengefunden hatte. Als wir aus der dunklen Kirche ins gleißende Sonnenlicht traten, sollte das Glück immer noch nicht aufhören. Mama hatte das Nebenzimmer im »Grünen Baum« reserviert, es gab Dutzende Hähnchen und Kartoffelsalat für alle. Ein Kassettenrekorder sorgte für die musikalische Untermalung, und ich durfte meine Taufgeschenke auspacken. Von meinen Taufpaten bekam ich einen wunderschönen, goldenen Ring mit einer gefassten Koralle. Froschla hatte mir einen Rosenkranz geschenkt, ihr Sohn Hannes ein Paar Ohrringe und meine Puri ein großes Stück

Schwarzwälder Speck. Eine seltsame Kombination, ich weiß, aber ich fand alle Geschenke toll, und sie waren mir lieber als das schönste Spielzeug, das ich mir hätte vorstellen können.

Schon ein paar Wochen nach der Taufe durfte ich die Erstkommunion erhalten – ein Leben im Zeitraffer, liegen doch normaler Weise acht oder neun Jahre zwischen den beiden Ereignissen. Dabei sollte ich ein weißes, maßgeschneidertes Kleid aus feinster Spitze tragen, bei dessen Anproben ich stundenlang still stehen musste, bis ich fast umgefallen wäre. Am Vorabend der Feier war ich fiebrig vor Aufregung – wegen der Kommunion und weil nach der Messe eine riesige Feier mit Musik und Tanz und allem, was dazu gehört, geplant war. Ich hatte keine Ahnung, wie ich diese Nacht herumkriegen sollte, an Schlaf war nicht zu denken. Meine damals schon langen Haare waren, nachdem meine Mutter sie mit Zuckerwasser befeuchtet hatte, auf harten Lockenwicklern aufgerollt. Diese mussten die ganze Nacht dranbleiben, damit die Locken auch bei nassem Wetter halten, denn die Wettervorhersage hatte Regen prophezeit.

Am Tag meiner Erstkommunion sah ich aus wie die kleine Shirley Temple, der größte kleine Star aller Zeiten. Mein Großonkel Heinrich war extra wegen meiner Kommunion Tage vorher aus Rastatt angereist und wohnte in dieser Zeit bei uns. Für mich war er ein beruhigender Faktor – ich liebte Heinrichs Erzählungen über seine Lieblingsthemen Musik, Tiere und Essen, die auch meine liebsten Themen waren.

Wie in Trance schritt ich durch die brechend volle Kirche, zwischen all den Kerzen hindurch, mit meiner eigenen, riesigen Kommunionskerze in der Hand. Als die lange ersehnten Hostien endlich ausgeteilt waren, hatte ich eines der großen Geheimnisse meiner Kindheit gelöst – die Frage, warum beim Abendmahl in der Kirche niemand kaut. Ich wusste nun, dass die Oblate sich im Mund sofort durchfeuchtet und am Gaumen kleben bleibt. Ich musste sogar aufpassen, deshalb nicht unruhig zu werden, und mich darauf konzentrieren, so lange zu warten, bis das Teigblättchen geschmolzen war. Erst dann konnte ich das Heilige Abendmahl mit der Zunge wieder von dort loslösen, aber zu diesem Zeitpunkt war weit und breit nichts mehr zum Kauen da.

Die Erstkommunion wurde trotz aller Aufregung – oder vielleicht gerade deswegen – ein für mein ganzes Leben unvergessliches Ereignis. Was musste ich übrigens lachen, als ich als erwachsene Frau erfuhr, dass mein Mann David auch solche Probleme mit der Oblate hatte. Er litt sogar unter so etwas wie einer Oblatenphobie, befand sich aber gleichzeitig in der glücklichen Position, einen sehr geduldigen Pfarrer zu haben. Der verabreichte ihm schon vor der ersten Kommunion Stück für Stück eine ganze Tüte des heiligen Gebäcks, natürlich ungesegnet, damit David sich an den Umgang mit der klebrigen Masse gewöhnen konnte und für seine Erstkommunion entsprechend vorbereitet war.

Ich empfand meine Erstkommunion nicht nur als spirituelle Bereicherung, ich fühlte mich Gott und meinen Mitmenschen damals sehr nahe. Von dem Fest, das bis in die frühen Morgenstunden des nächsten Tages reichte, spricht meine Familie heute noch. Mir verging diese Nacht wie im Traum, aus dem die schönsten Szenen wie Eisberge über das Polarmeer ragen: der festlich gedeckte Tisch, die riesige Sahnetorte und mein Auftritt als kleine Sängerin, bei dem mich mein Onkel Letscho auf der Gitarre begleitete.

Doch nicht alle Schüler waren nach ihrer Erstkommunion automatisch näher bei Gott. Oder warum konnten sie auf einmal »dreckige Zigeunerin« zu mir sagen, nachdem sie jahrelang zusammen mit mir die Schulbank gedrückt hatten? Waren sie blind? Sahen sie nicht, dass ich mindestens genauso sauber war wie sie, wenn nicht, bedingt durch meinen Reinlichkeitsfimmel, noch viel sauberer? Oder plapperten sie nur nach, was sie von ihren Eltern gehört hatten? – Ich ließ mir solche Beschimpfungen jedenfalls nicht gefallen, sondern stritt mit den Jungs. Ich schrie sie an, ich schlug auf sie ein, und die ließen sich nicht lumpen und schlugen zurück, bis ich in eine richtige Rauferei verwickelt war. Meine Eltern waren entsetzt. All ihre Befürchtungen, die sie über die Jahre mühsam unterdrückt und weggeschoben hatten, waren plötzlich wieder da. War es für ihre Tochter doch zu gefährlich in der Schule? Werden Gadsche wieder schlecht? Ich musste sie beruhigen, ich musste ihnen erklären, dass es sich um Einzelfälle handelte.

Das hielt meine Mutter nicht davon ab, zur Lehrerin und zum Schuldirektor zu gehen, um sich dort zu beschweren. Der Direktor informierte die Eltern, und die entschuldigten sich halbherzig. Ihr Sohn, hieß es, habe schlechten Umgang gehabt, anders könnten sie sich das nicht erklären. Sie versprachen, sich darum zu kümmern, und die Beschimpfungen kamen nicht wieder vor. Ich glaube aber nicht, dass das mit einem veränderten Umgang der Kinder zu tun hatte, sondern eher mit der Peinlichkeit, die für die Betroffenen durch die Beschwerde beim Direktor entstanden war.

Dabei war dem Direktor der Schulfortschritt von mir und meiner Schwester prinzipiell egal. Er gab sich zwar freundlich, aber das war eine vordergründige Freundlichkeit. Eine Von-oben-herab-Güte, auf die ich gerne verzichtet hätte. Dass diese Nettigkeit nur Fassade war, merkte ich, als ich nach einer Krankheit wieder an die Schule zurückkehrte. Danach erzählten mir andere Schüler, der Direktor habe zu ihnen gemeint, ich habe »wohl wieder mal die Zigeunergrippe«. Viele meiner Lehrer waren jedoch anders. Sie suchten das Gespräch mit mir und bemühten sich, dass auch ich gute Noten bekommen konnte.

In der Hauptschule verbesserte sich meine Situation etwas, weil die Sprachbarriere zwischen den anderen Kindern und mir nicht mehr bestand und ich meine Mitschüler schon länger kannte. Den Abschluss habe ich dort trotzdem nicht gemacht. Vielleicht war ich zu oft nicht da, weil wir als Familie unterwegs waren, aber sicher habe ich mindestens die Hälfte des Unterrichts nicht begriffen, weil ich zu müde war. Ich konnte einfach nicht schon um acht Uhr morgens die kompliziertesten Sachverhalte aufnehmen, weil ich abends lange auf war, Musik hörte, Musik machte oder mit den Erwachsenen am Tisch saß. Ich führte damals schon einen Lebensstil, der nicht zu dem einer guten Schülerin passen wollte. Meinen Hauptschul- und Realschulabschluss habe ich trotzdem geschafft, mit Privatunterricht, den ich durch meine Arbeit in einem Plattengeschäft finanzierte – nur ein paar Jahre später, als das in der Schule vorgesehen war.

Wenn ich heute an meine Schulzeit zurückdenke, kann ich mich aber auch an schöne Momente erinnern. An die Erfolgserlebnisse nach guten Noten, an die ersten Versuche im Chemielabor, an den Geruch frisch angespitzter Buntstifte, und natürlich auch an die eine oder andere Fast-Freundschaft mit einem gleichaltrigen Mädchen. Doch im Grunde hatte ich mir von der Schule immer mehr erwartet, als sie mir bieten konnte. Ich hatte mir mehr Verständnis und Toleranz für meine Herkunft und meine Sprache erhofft. Mehr Freiraum, um eigene Ideen zu entwickeln, auch wenn das nicht im Lehrplan stand. Mehr Akzeptanz für meinen größten Wunsch, Sängerin zu werden.

Ich fühlte mich wie in dem Song »Down Here On The Ground«. Ein Lied, das ich damals schon heiß liebte und nicht oft genug hören konnte. Ein Lied, das auch mein Gitarren-Held Wes Montgomery spielte, der sich in seiner Technik viel von Django Reinhardt abgeschaut hatte, und natürlich der unvergessliche Lou Rawls, der erst unlängst leider verstorbene dunkelhäutige Soul-Sänger. Ich fühlte mich wie der Erzähler dieses Lieds. So tief unten am Boden noch, und doch mit so hochfliegenden Träumen und Ambitionen:

> *Down here on the ground*
> *There is no place for living*
> *Down here on the ground*

Watching sparrows fly high
I watch the bird how
The're spread their wings,

Flying solid free, how I wish it were me
But I'm down here on the ground
And I'm wanting something better
Down here on the ground
Wanting something more …

Ich glaube, wenn ich nicht schon damals von dieser Sehnsucht nach dem Fliegen, aber gleichzeitig auch von dieser Hoffnung, bald fliegen zu können, beseelt gewesen wäre, dann hätte ich die Zurückweisungen und Beschimpfungen durch andere Kinder nicht so gut weggesteckt. Ich war zwar traurig über die Feindseligkeiten, aber ich erinnere mich nicht, dass ich verzweifelt gewesen wäre. Ich fühlte mich als Außenseiterin, aber ich war damals bereits woanders – ich war schon eine kleine Erwachsene. Das einzige Kind, zu dem ich intensiven Kontakt hatte, war meine Schwester, sonst stammten meine Bezugspersonen alle aus der Welt der Großen: Eltern, Großeltern, Onkeln und Tanten und deren Eltern. Ich war das Mädchen, das bei den Großen am Tisch saß und zuhörte. Das Mädchen, das die Musik der Großen begierig in sich einsog und das von den Großen auch gerne bewundert werden wollte, wie groß und vernünftig es selbst schon war. Mit gleichaltrigen Freundinnen wäre das schwieriger gewesen, aber ich war ohnehin eine faule Freundin. Ich blieb nicht dicht genug dran an den gleichaltrigen Mädchen, die mich leiden konnten – so wenige das auch gewesen sein mochten. Auf die Frage, wer denn meine beste Freundin wäre, antwortete ich stets mit »Sissi«, meine kleine Schwester.

Fly Me to the Moon

Meine Schwester und ich durften nicht viel fernsehen. Unsere Eltern dachten, uns tut Fernsehen nicht gut. Aus heutiger Sicht ist das sehr vorausblickend, denn inzwischen weiß jeder, dass unmäßiges Fernsehen Kinder dümmer, dicker und passiver macht. Doch wie harmlos dieses Kindersendungen damals waren! Keine Talkshows um die Mittagszeit, keine Horrorfilme, keine Mangas, sondern Barbapapa, Lassie und die Schlümpfe. Ab und zu gaben uns die Eltern ein Video zu sehen, das war alles. Es klingt vielleicht etwas altbacken: Wir wuchsen nicht mit Unterhaltungselektronik, sondern mit Gesprächen in der Familie auf, mit den Tieren meiner Großeltern, mit den Liedern der zahlreichen Musiker in unserer Familie und mit Filmmusik, die mich stark beeinflussen sollte.

Da wir kaum fernsehen durften, bekam ich die meisten Filme nur als Hörspiele mit, hinter der angelehnten Tür meines Zimmers. Als Türöffner setzte ich regelmäßig den Mulo, unseren gefährlichen Totengeist ein. Sobald ich mich auf meine Angst vor ihm berief, durfte die Tür diesen Spaltbreit offen bleiben, den ich brauchte, um beim Fernsehen mithören zu können. Also lag ich meist mit offenen Augen unter der Decke, starrte an die Wand und lauschte gespannt auf die Dialoge über Liebe, Hass und Hingabe, denn meine Mutter bevorzugte melodramatische bis unterhaltsame Liebesfilme. Wenn in den allzu aufregenden Szenen die Geigen anschwollen, die Bläsersätze auf freudige Erwartung hindeuteten oder jemand wie

Sarah Vaughan, Frank Sinatra oder Marilyn Monroe sang, war es um mich geschehen. Dann konnte ich nicht anders, als aus dem Bett zu krabbeln und auf Zehenspitzen über den Flur zu tapsen, um den besten Hörplatz direkt hinter der Wohnzimmertür einzunehmen. Den Platz, der sogar eine passable Aussicht auf den Fernseher bot – ich bekam von dort bloß das nicht mit, was auf dem rechten Drittel der Mattscheibe spielte. Manchmal ertappten mich meine Eltern bei diesen nächtlichen Ausflügen, was aber keine ernsten Folgen für mich hatte. Sie drängten nur deshalb darauf, dass ich früh schlafen ging, weil es mir schwer genug fiel, mich morgens aus dem Bett zu quälen – dass ich mich für Musik interessierte, damit waren sie einverstanden.

Meine musikalischen Ambitionen förderten sie von Anfang an auf ihre Weise. Ich war knapp vier Jahre alt, als wir zum ersten Mal alle zusammen während des Sommers hinüber in das bayrische Allgäu fuhren, nach Memmingen, immer mit unserem Wohnwagen im Schlepptau. Das waren für mich Ausflüge auf einen anderen Stern, raus aus unserem piefigen Dörfchen in die große weite Welt, die gleichzeitig die Welt meiner Familie war, die wir dort draußen besuchten. Das waren andere Ausflüge als die zu meiner Großmutter nach Ummenwinkel, weil die Reise nach Memmingen so lange dauerte. Tagelang, wie mir vorkam, auch wenn es nur zwei oder drei Autostunden waren – was mich nicht davon abhielt, meine Eltern immer wieder zu fragen, ob wir nicht bald auf dem Mond angekommen wären.

In der Tat sah Memmingen auf den ersten Blick so aus wie eine riesige Schotterfläche, grau und verkrustet und voller Krater wie die Oberfläche des Mondes. Das war der Messplatz der Stadt mit dem für mich geheimnisvollen Namen Pulvermühle. Auf diesem Platz durfte damals jeder mit seinem Wohnwagengespann stehen bleiben, weshalb sich unsere Familien dort trafen. Bald nachdem wir angekommen waren, tauchten auch schon unsere Verwandten auf – die beiden Geschwister Letscho und Kitty. Letscho ist ein sehr guter Gitarrist, Kitty eine bekannte Sängerin, und natürlich Froschla, die Schwester meiner beiden Großmütter, die wie gesagt auch zueinander Schwestern waren.

Jedes Mal erwartete uns ein Umarmen und Herzen und Lachen. Dada stellte den Gartentisch und die Stühle raus. Er spannte das Vorzelt über unseren Sitzplatz und baute den Grill auf, während Mama den ersten Kaffee kochte, den auch ich kosten durfte, natürlich mit viel Milch. Es dauerte keine zehn Minuten, und wir saßen gemütlich zusammen wie zu Hause im Garten, als ob wir schon Jahre dort sitzen würden. Wer oft schnell abreisen musste, besitzt meistens die Gabe, schnell ankommen zu können.

Sobald der Abend über den Platz sank, gingen irgendwo Laternen an, doch die waren zu weit weg, um ihr Licht bis zu unserem Standplatz hin zu spenden. Gottseidank waren die weit weg, dachte ich, denn ich liebte die Dunkelheit, sobald das Feuer loderte, das mein Vater entzündete. Dann griff Letscho in die Saiten seiner Gitarre. Er beherrschte jede Menge Frank-Sinatra-Songs, weil er alles spielen kann, was er jemals gehört hatte, und ich sang dazu.

Fly me to the moon
Let me play among the stars
Let me see what spring is like
On a Jupiter and Mars
In other words, hold my hand
In other words, baby, kiss me …

Mein Tagesablauf in Memmingen bestand darin, mit Sissi zu spielen und meiner Mutter sowie Kitty das Leben zur Hölle zu machen. Kitty zog ich an den Haaren, zu meiner Mutter wurde ich frecher und frecher – zumindest, wenn ich nichts anderes mehr mit mir anzufangen wusste. Viele Attraktionen gab es nicht auf diesem Platz:

keine Wiese, kein Bach, kein Bad, kaum Bäume – abgesehen von meinen Verwandten natürlich, großartige Musiker wie Letscho, Lancy, Bobby und nicht zuletzt meine zur Operettensängerin ausgebildete Großtante Froschla. Sie alle trugen einen großen Teil zu meiner musikalischen Entwicklung bei. Mein Onkel Bobby erzählte mir zusätzlich noch viel über die Geschichte des Jazz. Ich glaube nicht, dass man an einer Musikhochschule dieses Wissen so lebendig und auf so organische Art beigebracht bekommt.

Letscho saß oft mit mir im Auto und spielte mir auf dem Radio Aufnahmen vor. Danach versuchte er, mir das eine oder andere Lied beizubringen, etwa die stimmliche Halsbrecherei »Spain« von Chick Corea, George Bensons Version von »Moodies Mood« oder auch Stücke von Elis Regina, Jack Jones oder Gino Vannelli – alles, was damals »hot« war. An manche Stücke kann ich mich nicht mehr erinnern, doch Letscho erzählte mir viele Jahre später, dass ich mich damals schon geweigert hatte, Stücke zu lernen, die mir nicht gefielen. Das war bei einer Party in Memmingen, ich war schon Mitte 20, als ein bekanntes Stück von »Weather Report« lief, das jedem im Raum gefiel außer mir. Das sagte ich auch zu Letscho, und er meinte nur: »Das hat dir schon als kleines Mädchen nicht gefallen. Ich wollte es dir damals beibringen, und du wolltest nicht.« Dieser Methode, meine Songs auszuwählen, bin ich bis heute treu geblieben. Was mir nicht gefällt, singe ich nicht – ich singe nur die Titel, in denen ich leben kann.

Schule des Lebens

Meine ersten Lehrer, die ich ernst nahm, hießen Letscho, Kitty und Froschla, mein wichtigstes Unterrichtsfach war die Musik. Kitty Winter war damals schon eine berühmte Sängerin, die sogar in den USA aufgetreten war.

Ich bewunderte Kitty grenzenlos. Sie war schön, hatte lange schwarze Locken und sang wunderbar. Wenn ich heute wieder einmal ihre alten Platten höre, finde ich meine damalige Einstellung nur bestätigt. Was mir noch gefiel – Kitty kannte die Welt. Sie lehrte mich das Wort »Spaghetti«, bei ihr aß ich das erste Mal »rote Nudeln«. Mit Staunen verfolgte ich, wie sie in einer Pfanne Zwiebeln mit Knoblauch anbriet, Tomatenmark dazu leerte und das Ganze über eine Schüssel voller Nudeln kippte. Das kannte ich von zu Hause nicht, dort gab es Schnitzel mit Kartoffelsalat oder Schweinebraten mit Kraut und Knödeln, das deutsche Programm eben. Kitty ist zwar genauso alt wie mein Vater, aber sie hatte ihre Rezepte aus Italien, ihre Musik aus New York, ihre Kleider aus Paris und ihre Kosmetik aus München mitgebracht – so kam mir das jedenfalls vor. Also saß ich bei ihr am Tisch, aß rote Nudeln und hatte das Gefühl, dass ein Leben, das sich auszahlt, genauso funktioniert, wie Kitty das machte. Später musste ich erkennen, dass sich Kitty immer mehr von dem Bild entfernte, das ich von ihr hatte. Heute sehe ich das als mein Glück, denn nur so konnte ich meinen Weg finden und aus meinen eigenen Fehlern lernen.

Wichtig für meine musikalische Bildung waren auch meine Onkel mütterlicherseits, die alle Gitarre spielen konnten. Die spielten zwar nicht ganz so virtuos, aber sie förderten mich durch ihre Begleitung während meines Gesanges – in den Gottesdiensten und vor allem in den eigenen vier Wänden. Sie komponierten auch für die Zeltmission. Sie schrieben Lieder, zu denen ich die Texte beisteuern sollte – das war meine erste Schulung in Sachen Komposition und Textdichtung. Am meisten war ich dabei mit meinem Onkel Falco beisammen. Er war nur neun Jahre älter als ich, spielte jedoch nicht nur Gitarre, sondern auch das Harmonium, das bei meinen Großeltern im Wohnzimmer stand. Bei diesen Sessions brachte er mir bei, wie man damit umgeht. Ich konnte mir die Reihenfolge der Tasten nicht auf Anhieb merken, weil mich das Treten der Pedale zu sehr ablenkte. Also schnappte ich mir den pinkfarbenen Nagellack meiner Tante Forella, um die Tasten mit Nummern zu versehen. Leider kam jeder Versuch meiner Tanten und Onkel, diesen Lack vom schwarzen Ebenholz der Tasten sanft zu entfernen zu spät. Also klappte ich das Harmonium schnell zu – in der Hoffnung, mein Großvater merke es nicht, schließlich gehörte das Instrument ihm. Aber da ich bei meinen Großeltern Narrenfreiheit besaß, sprachen sie mich nie darauf an. Jeder tat so, als wäre der Nagellack immer schon auf den Tasten gewesen.

Ein wichtiger musikalischer Kontakt war für mich auch mein Großonkel Rudolf, der Bruder meiner Großmütter. Er hieß Pfisterer, wie meine Oma väterlicherseits und wie mein Vater auch. Rudolf wurde vor allem dann wichtig für mich, als ich schon zur Schule ging – damals schenkte er mir ein Buch. Das war eine Sensation, weil noch niemand zu mir gekommen war, um mir ein Buch zu schenken, doch Rudolf schenkte mir gleich als erstes ein Buch, das heute noch zu meinen Lieblingen gehört – »Der kleine Prinz« von Antoine de Saint-Exupéry, ein Märchen für Erwachsene. Bald danach brachte mir mein Großonkel auch ein Bändchen mit Goethe-Gedichten mit, also wollte er mich testen, wie weit er gehen könnte mit seinen Lesevorschlägen. Damit war er bei mir an die Richtige gekommen – begierig sog ich auf, was er mir brachte. Ich liebte es, mit ihm über das Gelesene zu sprechen, was sonst mit kaum jemandem in meiner Verwandtschaft möglich war. Dabei hatte Rudolf keine große Bildung – zu seinem Leidwesen durfte er nie eine Schule besuchen und musste sich Lesen, Schreiben und Rechnen selbst beibringen.

Rudolf hatte sich auch das Gitarrenspiel selbst beigebracht, aber er spielte nicht beruflich – sein Geld verdiente er mit Antiquitätenhandel. Doch er kannte sich gut aus mit Musik. Er machte mich als Erster auf Baden Powell aufmerksam, den brasilianischen Gitarristen, der für meine musikalische Laufbahn extrem wichtig werden sollte. Rudolf beeindruckte mich mit der Einheit, in der er alles lebte. Er redete über interessante Themen, er hörte gute Musik und er schätzte gutes Essen. Wenn wir bei ihm zu Gast waren, gab es mehrere Gänge, es stand Wein auf dem Tisch und wir hatten Stoffservietten. Das kannte ich alles von zu Hause nicht, meine Eltern sind in dieser Hinsicht eher bodenständig.

Meine Großtante Froschla hatte eine sehr schwere Last zu tragen – ihre Vergangenheit. Im Krieg musste sie ihre Familie vor der SS retten, denn ihr Vater und ihr Bruder saßen damals in einem Lager der Nazis. Sie durfte in dieses Gefängnis hinein, um die beiden zu besuchen, weil ihr Bruder schwer erkrankt war. Froschla schaffte es irgendwie, dass sowohl ihr Bruder als auch ihr Vater nach ihrem Besuch im Lager wieder freigelassen wurden. Die Nazis sperrten sie später zur Zwangsarbeit ein, verschonten aber ihre Leben. Froschla blieb trotzdem ohne Bitterkeit, ohne Hass auf die Deutschen, im Gegenteil: Sie heiratete einen Deutschen und setzte mit ihm ein gemeinsames Kind in die Welt, Hannes, der heute als erfolgreicher Geschäftsmann in der ganzen Weltgeschichte unterwegs ist.

Froschla ermutigte mich immer zu singen. Wenn ich es tat, lobte sie mich über alle Maßen und nannte mich ihre Nachtigall. Ich glaube, viel von meinem Selbstvertrauen als Sängerin kommt von ihr. Sie gab mir das Gefühl, dass ich den Menschen Freude bringe, wenn ich singe. An eine eigene Karriere als Sängerin war in der Hitlerzeit nicht zu denken, obwohl Froschla eine klassische Gesangsausbildung absolvierte und ein Theaterproduzent sie engagieren wollte. Das mochte ihr Vater nicht zulassen, weil sie deswegen in eine andere Stadt hätte ziehen müssen, weit weg von ihrer Familie. Also sang sie nur, weil sie ihre Familie durchbringen musste. Zusammen mit ihrem Vater wanderte sie von einer Gaststätte in die andere, und wenn der Wirt es zuließ, sang sie zur Geigenbegleitung ihres Dadas. Das taten die beiden nicht nur vor dem Krieg, sondern auch während der Nazizeit, als es kein Vergnügen war, als Sinti von Wirtshaus zu Wirtshaus zu ziehen, abhängig von der Gunst der Gäste und der Wirte.

Froschla schöpfte ihre Kraft immer aus ihrem starken Glauben. Schon bald nach dem Krieg pilgerte sie zu den Heiligen Stätten nach Jerusalem, was für Menschen aus unseren Kreisen ungewöhnlich war. Kaum jemand konnte sich damals eine solche Reise leisten und kaum jemand hätte es gewagt, nach all den Jahren der Gewalt und Verfolgung freiwillig in eine Gegend zu reisen, die von Gewalt und Unfrieden gezeichnet ist – noch dazu alleine, als Frau. Als ich schon erwachsen war, mit Anfang 20, wollte ich ihr das nachmachen, zusammen mit meiner Großmutter Gali, doch mein Vater war so strikt dagegen, dass wir den Plan bald fallen ließen. Er fand es viel zu gefährlich für uns in dieser Krisenregion zu reisen, und selbst wäre er niemals freiwillig in ein Flugzeug gestiegen. Doch das in Jerusalem gesegnete Kreuz, das Froschla ihm von dort mitgebracht hatte, trägt er heute noch Tag und Nacht um den Hals.

Froschla war nicht nur die am weitesten gereiste Pilgerin, sondern auch in unserer Familie die erste Frau auf einem Ökotrip. Sie machte meiner Mutter Vorhaltungen, weil sie pasteurisierte Tütenmilch kaufte. Sie selbst ging jeden Tag zum Bauern, um Milch zu kaufen. Diese kochte sie ab und gab sie mir. Auch die ersten Feigen meines Lebens bekam ich von ihr. Vorher dachte ich, dass Feigen schon getrocknet am Baum hängen. Sie gab mir täglich Lebertran mit Apfelmus, damit ich kräftig und nicht krank werde. Meine Mutter ließ das zu, trotz meiner Proteste. Ich fand das Zeug grässlich, aber ich musste durch, das war klar, denn Froschla zu verärgern oder gar zu kränken wäre für mich nicht in Frage gekommen. Froschla starb im Sommer 2005, einen Tag vor ihrer Schwester Anna.

An dem Tag, für den die beiden Beerdigungen angesetzt waren, sollte ich in Birmingham auftreten – zum ersten Mal in England, für mich damals eine große Sache. Ich hatte erst knapp vor der geplanten Abreise von dem Begräbnistermin erfahren und schob die Entscheidung, was ich tun sollte, stundenlang panisch vor mir her. Schließlich rief ich meine Mutter an und fragte sie um Rat. Sie fragte Hannes, wie er darüber denke. Er ließ mir ausrichten, ich solle fliegen. »Froschla hätte dasselbe gesagt«, bestärkte mich meine Mutter.

So saß ich ein paar Stunden später im Flieger, heulte mir die Seele aus dem Leib und murmelte mir immer wieder vor, »sie hätte es auch gewollt«. Das Konzert noch am selben Abend wurde sehr speziell. Es gab eine Terrorwarnung für Birmingham, die ganze Innenstadt war evakuiert, wovon wir Musiker aber kaum etwas mitbekamen, weil wir in einem kleinen Ort in der Nähe der Stadt untergebracht waren – wir wunderten uns bloß, wie wenig Leute zu dem Sinti-Festival kamen, auf dem ich singen sollte.

Als ich endlich auf der Bühne stand, fühlte ich mich Froschla ganz nah. »Sie hätte es gewollt«, dachte ich noch einmal, bevor ich den ersten Song anstimmte, und in diesem Moment wusste ich sicher, dass sie für diesen Auftritt gewesen wäre – schließlich hatte sie meinen Gesang von Anfang an unterstützt, und das, so fühlte ich es, tat sie jetzt noch, nach ihrem irdischen Ende. Es wurde ein wunderbares, intimes Konzert an diesem Abend, weil ich merkte, dass die Musik eine Macht war, die mich nicht nur mit meinen Zuhörern verband, sondern auch mit einer großen Sphäre von Leuten, die Anteil an dieser Musik haben, und dazu gehörten Menschen, die nicht mehr auf der Erde weilten. Dazu gehörte Froschla. An Schlaf war nicht zu denken in dieser Nacht. Alle Musiker spürten die intensive Stimmung, waren aufgekratzt und natürlich auch in Sorge wegen der für den nächsten Tag geplanten Rückflüge, immerhin waren in der Stadt Sprengstoffattrappen gefunden worden, und Flughäfen sind bekanntlich die Lieblingsziele von Terroristen und Bombenwerfern. Selbst meine Schwester hatte von den Anschlagsdrohungen erfahren und rief aufgeregt an, ob ich denn in Sicherheit sei. Wir saßen bis zum Morgengrauen zusammen, jammten, machten Musik und tranken reichlich, denn alle Getränke, mit Ausnahme von Mineralwasser, waren vom Veranstalter bezahlt, und eine solch prächtige Gelegenheit für einen Vollrausch ließen sich einige der Musiker nicht entgehen.

Little Korea

Memmingen war für meine Familie neben Ravensburg so etwas wie eine zweite Heimat. Hier lebten Letscho, Froschla und Bobby, Kitty mit ihrem Vater und auch noch viele andere Verwandte, die ich heute nur mehr mit Schwierigkeiten aufzählen könnte. Selbst meine Uroma Martina Pfisterer erlebte ich noch, auch wenn sie damals schon Mitte achtzig war und nicht mehr alles mitbekam, was um sie herum vor sich ging.

Als ich sie kennenlernte, litt sie bereits deutlich unter ihrer Alzheimer-Erkrankung. Manchmal erkannte sie mich, manchmal wusste sie nicht, wen sie vor sich hatte, wenn ich zu ihr kam. Sie bekam jedoch immer mit, dass ich ihr wohlgesinnt war, weshalb sie mich regelmäßig umarmte, küsste und sogar biss, vor lauter Liebe.

Bei diesen Treffen unterhielten wir uns prächtig. Sie erzählte ihre Geschichten aus der Vergangenheit, und ich erzählte ihr von meinen Tieren, von Puri Gali oder auch nur von den Spielen in meinem Kinderzimmer. Sie verwechselte mich oft mit jemandem anderen, und zwar umso eher, je eindringlicher ich ihr meinen Namen vorsagte und ihr vorbetete, von welchen Eltern ich abstammte. Also sagte ich ihr meistens, dass ich die Tochter von irgendwelchen anderen Verwandten sei, nicht die vom Buß, wie mein Vater unter den Sinti genannt wird. Da sie mich ohnehin immer für eine andere hielt als für die, als die ich mich ihr vorstellte, kam sie so erstaunlicherweise eher darauf, dass ich Dotschy war, die ich ihr gegenüber auch sein wollte.

Wie froh sie jedes Mal war, wenn sie auf meinen Namen kam! Dann machte sie mir Komplimente ohne Ende. Urgroßmutter mochte mich sicher auch, weil ich großes Interesse für die Geschichten zeigte, die sie so gerne erzählte. Ich glaube, diese Geschichten waren neben meiner Hingezogenheit zur Musik und zu Tieren mein größtes Hobby, ihnen gehörte meine Leidenschaft. Und Martina wusste die allerbesten, die meistens von ihren Vorfahren handelten.

Meine Memminger Verwandten hatten genauso wie die auf dem Falkenberg in Wolpertswende früher fast alle noch in einem Ortsteil Memmingens gewohnt, den man in der sonst so properen Kleinstadt leicht abfällig »Little Korea« nannte, weil dessen Hütten und Holzhäuser den alteingesessenen Memmingern wohl etwas »asiatisch« vorkamen. Das Viertel hatte den Beigeschmack eines Slums, wenn auch eines Slums nach deutschem Muster. Hier lagen keine Toten oder Schwerkranken im Rinnsal, hier türmten sich keine Müllberge zwischen den Häusern. Hier wurde nicht mit Drogen gehandelt, und hier machten keine Gangs die nur notdürftig befestigten Straßen unsicher – wie auch die Kriminalitätsrate wohl kaum höher gewesen sein dürfte als in jeder anderen Ansiedlung Deutschlands.

Was Little Korea zum Ghetto machte, war die Ausgeschlossenheit vom Rest der Gesellschaft, die dessen Bewohner miteinander verband. Sie waren allein durch ihre Wohnadresse abgestempelt. Wer aus Little Korea kam, bekam keinen Job angeboten, keinen Autokredit und keinen Ausbildungsplatz, und wenn ein »Koreaner« zufällig in eine Polizeikontrolle geriet, dann sahen die Beamten sicherheitshalber schon mal im Kofferraum nach, ob sich dort verbotene Dinge verbargen. Little Koreas gab es noch in den siebziger und achtziger Jahren überall in Deutschland: Siedlungen, in deren armseligen Häuschen alle die Menschen wohnten, die in den staatlichen Wohnbauprogrammen keinen Platz hatten, weil sie nicht in das Muster einer Dreizimmerwohnung passten. Alle die Menschen, die auf dem privaten Vermietungsmarkt chancenlos waren, weil sie kein Vermieter bei sich aufnehmen wollte.

Als ich zum ersten Mal nach Memmingen kam, gab es Little Korea nur mehr als Gegend, nicht mehr als Wohnform. Damals standen die meisten Holzhütten, Gartenlauben und Baracken, die die Sinti noch kurz zuvor bewohnt hatten, bereits leer. Auch meine Verwandten waren schon in andere, besser gebaute Wohnungen gezogen. Doch es gibt auch heute noch etliche Little Koreas in Deutschland, wenn diese Ghettos auch anders heißen. All diese Little Koreas haben zwei Seiten, genauso wie die Siedlung Ummenwinkel in Ravensburg, in der meine andere Großmutter lebt. Sie sind einerseits Orte der Diskriminierung von Menschen aus Kulturen, von denen sich die Mehrheitsbevölkerung abheben will. Andererseits sind sie Stätten des Zusammenhaltes und der kulturellen Identität dieser Menschen, in denen sich meine Leute oft wohler fühlen als in anonymer Diaspora. Ich denke, Ämter und Behörden müssten es den Menschen selbst überlassen, für welche Lebensform sie sich entscheiden wollen – und sie müssten alles tun, um die Diffamierung von Lebensformen zu vermeiden, die anders aussehen als die der durchschnittlichen deutschen Familie.

Kitty und Letscho waren indes keine Ghettokids, die sich in der Isolation wohlfühlten. Die beiden Geschwister wünschten sich nichts sehnlicher, als ihr Korea auf schnellstem Wege zu verlassen – und zwar nicht Richtung Downtown Memmingen, sondern am liebsten nach New York, Chicago oder Las Vegas. Irgendwo dorthin, wo das Leben Glamour zu bieten hatte, coole Shows und Jazz, der die Verhältnisse swingen lassen könnte.

Doch Kittys und Letschos Realität sah anders aus. Sie saßen in den windschiefen Hütten ihrer Eltern und übten Tag und Nacht für ihren großen Traum – Letscho auf der Gitarre, Kitty mit ihrer Stimme. Die beiden hatten genauso wie ich auch bereits im Kindesalter gewusst, dass ihr Weg die Musik war. Sie wussten, dass die Musik für sie die einzige realistische Möglichkeit war, der Tristesse ihrer engen Verhältnisse zu entfliehen. Vielleicht lag es auch daran, dass die zwei so gut wurden in ihrer Musik – weil sie ihre Musik nicht als Hobby sahen, nicht als Zeitvertreib und auch nicht als Broterwerb, sondern als existentielle Aufgabe. Musik bedeutete für sie nicht weniger als ihr Leben, Punkt.

Als die beiden nicht mehr in Little Korea lebten, ja, als es dieses Viertel längst nicht mehr gab, nahmen Kitty und Letscho sogar einen Song über »Little Korea« auf. In dem reflektieren sie ihren gemeinsamen Traum:

> *Remember the days when we were kids*
> *Remember the place where we used to live*
> *Somewhere on the outside of town*
> *Village Ghettoland*

In diesem Lied singen sie über das Memminger Ghetto, über ihre Abgeschlossenheit vom Rest der Welt – und wie sie schließlich doch herausfanden:

> *Sometimes I wake up*
> *In the middle of the night*
> *There is a white door*
> *Leading from my room*
> *I try to step thru*
> *Now I don't need any key*

Go Tell it on the Mountain

Meine Eltern waren nicht nur wegen der Verwandtschaft so oft in Memmingen, sondern auch, weil die Stadt für meine Familie immer schon ein historisches Pflaster war. Dort hatten meine Großeltern gelebt, meine Urgroßeltern und möglicherweise auch mehrere Generationen meiner Familie vor ihnen, deren Spuren sich längst im Dunkel der Geschichte verloren haben. Einer Geschichte, die sich durch den fast vollständigen Ausschluss meiner Vorfahren von allen Bildungssystemen schon nach wenigen Generationen Rückblick im ungenauen Dunkel einer bloß mündlichen Überlieferung verliert.

Was weiß ich sicher über meine Memminger Vorfahren? – Zumindest, dass meine Ahnen direkt nach dem Krieg noch nicht in den dicht gedrängten Baracken Little Koreas lebten, auch noch nicht in Memmingen, sondern auf dem weithin sichtbaren Falkenberg.

Auf dieser bewaldeten Kuppe hatten noch meine Großeltern in drei kleinen Baracken gewohnt, die sich auf einer Lichtung tief drinnen in einem dunklen Tannenwald, wie vor einer feindlichen Umwelt Schutz suchend, aneinanderschmiegten. Der Blick meiner Vorfahren für die Schönheiten der Allgäuer Natur wurde durch den täglichen Überlebenskampf getrübt, der ihnen dazu keine Zeit ließ. Auf dem Platz, der ihnen nach dem Zweiten Weltkrieg zugewiesen worden war, gab es weder Wasserleitung, noch Kanalisation, elektrischen Strom oder gar Telefon. Es hieß, täglich Feuerholz zu sammeln und klein zu hacken und Wasser vom Brunnen zu holen. Nachrichten wurden mit der Post übermittelt, oder ein Familienmitglied ging hinunter in die Stadt, um im Postamt zu telefonieren. Erst Jahre später wurde fließendes Wasser auf den Platz geleitet, das zum Waschen noch lange danach auf dem Holzherd gewärmt werden musste.

Die wirtschaftliche Lage der Sinti hatte sich nach dem offiziellen Ende ihrer Verfolgung gegenüber ihrer Situation vor der Nazizeit nicht verbessert, sondern im Gegenteil verschlechtert – die wirtschaftliche und technische Entwicklung drängte ihre angestammten Tätigkeitsfelder wie Pferdehandel, Korbflechterei, Scherenschleiferei und Wahrsagerei zurück: Traktoren ersetzten die Pferde und Plastiktüten die Körbe. Ihre Messer schliffen die Bauern elektrisch und selbst, ihr Horoskop lasen sie in der Tageszeitung. Außerdem scheuten die Deutschen den Umgang mit den Sinti noch mehr als vor dem Krieg, denn das trotz aller Ungerechtigkeiten und Diskriminierungen Selbstverständliche ihres Nebeneinanderlebens war durch die schrecklichen Ereignisse des Holocaust verlorengegangen. Das Miteinander war der Last des schlechten Gewissens gewichen, die viele Menschen den Verfolgten des Naziregimes gegenüber empfanden, oder auch der Wut der Unverbesserlichen darüber, dass die von ihnen Verfemten immer noch da waren. Ihrem Ärger darüber, dass die »Untermenschen« selbst der härtesten Verfolgung und Vernichtung trotzen konnten und ihren Verfolgern allein durch ihre bloße Weiterexistenz einen Spiegel vorhielten, in dem sich kein Deutscher gern sehen wollte.

Also mussten meine Verwandten wie immer schon in ihrer langen Geschichte auf eigene Faust nach neuen Möglichkeiten des Broterwerbs Ausschau halten, da ihnen der Zugang zu den Segnungen des erstarkenden Wirtschaftswunderlandes Deutschland versperrt blieb. Kaum eine Firma stellte damals Sinti ein, auch wenn sie noch so händeringend nach Arbeitskräften suchte. Die Personalchefs holten lieber Gastarbeiter aus Italien oder der Türkei in ihre Betriebe, da Sinti immer noch als arbeitsscheu, unzuverlässig und diebisch galten.

Doch wie hart mussten meine Leute damals für ihr Brot arbeiten. Wie zuverlässig mussten sie Tag für Tag auf Geschäft gehen, um über die Runden zu kommen.

Dazu kam der Druck, den die Polizei immer noch auf sie ausübte. Oft ging es bei diesen Kontrollen um die Gewerbescheine, ohne die eine rechtmäßige Ausübung der Hausiererei verboten war. Wer keinen solchen Schein dabei hatte, weil er den Kontakt zu Behörden scheute oder als Analphabet im deutschen Behördendschungel nicht zurechtkam, musste sofort Strafen bezahlen oder wurde manchmal sogar festgenommen. So gingen meine Puri-Mama Ruth und ihre Geschwister jeden Tag aufs Neue los, mit unsicherer Aussicht darauf, ihre Kurzwaren zu verkaufen, mit denen sie sich selbst im Großhandel eingedeckt hatten. In ihrer Tasche trug meine Oma Zwirne und Nähnadeln, Knöpfe, Reißverschlüsse und Vorhangborten von Haustür zu Haustür – um größere und schwerere Produkte wie Bettwäsche, Vorhänge oder Handtücher zu schleppen fehlte es ihr an Kräften und auch an den Mitteln, mit denen sie die Waren vorfinanzieren hätte können. Diese Hausiererei oder, wie man es heute ausdrücken würde, diese »Haustürgeschäfte« waren eine Einkommensform, die ihren eigenen Niedergang schon in sich trug, denn mit dem rasch an Fahrt gewinnenden Wirtschaftswunder wurden auch auf dem Land neue Läden und Supermärkte eröffnet. Immer mehr Leute kauften Autos und wurden so mobil, dass sie nicht mehr auf Angebote an der Haustür angewiesen waren.

Es kam also meistens eher als wohltätige Geste der Hausleute an, nicht als ein wirkliches Geschäft, wenn sie meiner Großmutter etwas abkauften, und diese Gesten schienen mit zunehmendem Wohlstand eher weniger als mehr zu werden, doch meine Puri und meine Großtanten waren davon abhängig, um das Überleben ihrer Familie zu sichern. Immer häufiger passierte es aber, dass die Leute ihnen die Tür vor der Nase zuknallten oder erst gar nicht öffneten. Nicht selten musste sie sich Sprüche wie »Dich hat der Hitler wohl vergessen« oder »aus welchem KZ bist du denn entlaufen?« anhören, als sei das eine rechtmäßige Haft gewesen, aus der sich Sinti widerrechtlich entfernt hätten. Das waren bittere Momente für meine Großmutter gewesen – so kurz nach der Zeit, zu der nicht nur sie Zwangsarbeit für die Nazis hatte leisten, sondern in der so viele ihrer unschuldigen Verwandten ihr Leben im KZ hatten lassen müssen.

Meine Uroma unterstützte ihre Töchter bei ihren Handelstouren, so gut sie konnte, denn mein Urgroßvater, das damalige Familienoberhaupt, konnte sich lange nicht mehr so gut bewegen wie früher. Er war bereits damals krank, litt unter den Spätfolgen seiner diversen KZ-Aufenthalte und hatte alle Hände voll damit zu tun, die Wünsche seiner wenigen, verbliebenen Geigenkunden zu erfüllen. Er handelte mit alten Geigen, führte bei Bedarf Reparaturen an den Instrumenten durch und war in dieser Tätigkeit auf alte Kontakte angewiesen, die er durch zahlreiche Reisen aufrechterhalten musste. Jedenfalls reichten seine Einkünfte längst nicht mehr aus, um die ganze Familie zu ernähren.

Heute finde ich es schade, dass ich meinen Urgroßvater nicht mehr persönlich erleben durfte – er wäre mein Held geworden! Aber eigentlich glaube ich, dass er das ohnehin ist. Sein Leben verkörpert nämlich nicht nur die große Katastrophe, die im eben erst vergangenen Jahrhundert über unser Volk hereinbrach, sein Leben zeigt auch, mit welcher Gelassenheit und Unerschütterlichkeit einige unserer Leute diese Katastrophe überleben konnten, wie sie versuchten, das Beste aus ihrem übermenschlich großen Leid zu machen und für eine zumindest symbolische Wiedergutmachung des an ihnen begangenen Unrechts zu kämpfen.

Schwarze Augen

Der Ursprung meines Urgroßvaters liegt weit zurück im Dunkel einer Geschichtsschreibung, für die mein Volk kein Thema war, sondern nur mit Begriffen wie »Zigeunerplage« oder »Landfahrerunwesen« abgehandelt wurde. Das waren keine historischen Beschreibungen, sondern Abwehrreaktionen gegen das Unbekannte, pauschale Verurteilungen, die von Missgunst und Verfolgung gegenüber meinem Volk schon lange vor der Nazizeit zeugen.

Gegen Ende des 19. Jahrhunderts taucht aus diesem Dunkel zuerst mein Urgroßonkel Franz Reinhardt auf, den sie Mogele nannten. Er heiratete eine Deutsche, die um zwei Jahre ältere Katharina Reinhardt. Diese Frau war Gadschi, was zu diesen Zeiten äußerst ungewöhnlich war. Immerhin wissen wir, dass Mogele am 12. August 1895 geboren wurde, im »Zigeunerlager beim Großen Heck«, einer Lehmgrube an der Straße zwischen Heiligenbronn und Waldmössingen, genau zwischen Schwarzwald und Schwäbischer Alb. Während der Sommer waren die beiden mit ihren Pferden unterwegs, um Tiere zu verkaufen und auch neue zu kaufen. Die Winter verbrachte das Paar in einer winzigen Kate, die in Waldmössingen heute noch steht, unbewohnt, und im Volksmund »Zigeunerhäusle« heißt.

Niemand weiß mehr, ob Mogele immer mit seiner ganzen Familie unterwegs war oder nur mit seiner Frau. Sicher ist, dass seine

Schwester Martina 1917 zu Passau den 1892 in Pforzheim geborenen Sinto, Geigenbauer, Musiker und Korbwarenhändler Bernhard Heinrich Pfisterer heiratete, meinen Urgroßvater. Das muss ein lebensfroher, aktiver und attraktiver Mensch gewesen sein. Am 8. Januar 1915 wurde er in der Polizeidirektion Stuttgart, wie man heute sagen würde, »erkennungsdienstlich« behandelt. Auf den Fotos, die wie aus einer Verbrecherkartei entnommen aussehen, ist ein Mann mit dunklem Haarschopf und schneidigem Schnauzbart zu sehen, in einem abgewetzten Jackett, mit locker geknüpftem Halstuch und einem Blick, der dem Fotografen gezeigt haben muss, dass sich dieser damals 23 Jahre junge Mann von den Polizisten nicht allzu viel erzählen lassen würde.

Doch was Bernhard Heinrich Pfisterer zu dieser Zeit umtrieb, ist nicht mehr zu erfahren. In alten Chroniken und Lokalzeitungen ist nachzulesen, dass die Waldmössinger Sinti nur zu Weihnachten gerne im Dorf gesehen wurden, wo sie sich mit dem Singen und Geigen von Weihnachtsliedern ein paar Münzen verdienen durften. Sonst lebten die Familien zurückgezogen von der restlichen Bevölkerung im Wald. Vor allem während der Sommer waren sie in ihren von Pferden gezogenen Planwagen unterwegs, um sich mit Handel, Hilfsarbeiten und kleinen Dienstleistungen wie Hufbeschlag und Messerschleiferei ein karges Einkommen zu sichern.

Die ältesten erhaltenen und mir bekannten schriftlichen Aufzeichnungen über meinen Urgroßvater stammen aus den Jahren vor Beginn des Ersten Weltkrieges – aus der Zeit, zu der Sinti als dringend benötigte Soldaten des Deutschen Reiches erfasst wurden. Bernhard Heinrich Pfisterer diente von 1912 bis 1918 im großherzoglich-badischen Infanterie-Regiment 112, zuerst in Mühlhausen im Elsaß, dann in Karlsruhe. Das deutsche Kaiserreich benötigte seine »Zigeuner«, um im Weltkrieg gegen seine allzu zahlreichen Feinde zu kämpfen, gebrauchte aber gleichzeitig das gesamte Arsenal polizeilicher Mittel, um im Inneren des Reiches gegen die

Sinti vorzugehen. Es hagelte Vorschriften und Gesetze gegen Landstreicherei, Betteln und das »Reisen in Horden«. Die Erteilung von Wandergewerbescheinen, ohne die der Hausierhandel verboten war, erfolgte sehr restriktiv – paradoxerweise musste man gerade dafür einen festen Wohnsitz und regelmäßigen Schulbesuch der Kinder nachweisen. Dinge, die sich mit dem Leben auf Reisen schwer verbinden lassen. All diese Maßnahmen pendelten hilflos zwischen Versuchen der Sesshaftmachung und Maßnahmen zur Vertreibung der Sinti – und waren nur auf eine winzige Bevölkerungsgruppe zugeschnitten. Damals lebten im gesamten Deutschen Reich nach heutigen Schätzungen nicht mehr als 20 000 Sinti, das waren 0,03 Prozent der Gesamtbevölkerung, die kleinste ethnische Minderheit des Reiches.

Als der Erste Weltkrieg zu Ende war, kamen die überlebenden Sinti-Soldaten wie mein Urgroßvater aus der Fremde, aus einem Krieg, der nicht der ihre war, in ihre Heimat zurück, die genauso wenig die ihre war. Sie wurden in den Dörfern des Schwarzwaldes alles andere als mit offenen Armen empfangen. In der Weimarer Republik konnten sich meine Leute nur als Korbhändler, Stehgeiger in den lokalen Wirtschaften und auch als Erntehelfer in der Landwirtschaft mehr schlecht als recht durchschlagen, wobei sich ihre Lage stetig verschlechterte. Nicht nur, dass ihnen fortschreitende Industrialisierung den Verkauf ihrer Handwerksprodukte wie Besen und anderer Holzwaren streitig machte, auch die Hetze der aufstrebenden Nazipartei bestimmte immer stärker das Leben der Sinti.

So sah sich meine Familie durch immer neue Schikanen in ihrer wirtschaftlichen Existenz bedroht. Schon im Juni 1933, wenige Monate nach der nationalsozialistischen Machtübernahme, erließ das Bürgermeisteramt von Sulgen eine Verordnung: »Paragraph 1. Das Aufstellen von Wohnwagen von Zigeunern oder der nach Zigeunerart Umherziehenden ist verboten.« Gemeindeverwaltungen, Landräte, Polizei und Landjäger, eine spezielle Truppe der Gendarmerie, aber auch Nazischlägertrupps der SA und eifrige NSDAP-Mitglieder überwachten diese Verordnung unverzüglich und lückenlos, als hätten sämtliche Behördenvertreter genauso wie all die Hobbynazis nur auf den faschistischen Staatsstreich gewartet, um ihrem Rassismus nach jahrelangem Stau endlich freien Lauf zu lassen.

Der überschlug sich mit immer neuen Forderungen: Sicherheitsverwahrung für »unverbesserliche und gefährliche Zigeuner«, Verbot des Lenkens von Kraftfahrzeugen, Verbot des Lagerns auf öffentlichem Grund, Verbot der Wahrsagerei, Bettelverbot, Abnahme der Wandergewerbescheine, Festnahme von »arbeitsscheuen« Personen, Einteilung zu unbezahlter Zwangsarbeit.

Wendelin Haaga, der damalige Bürgermeister von Beffendorf, wo sich die Familie meines Urgroßvaters während des Winters 1938/39 aufhielt, erinnerte sich noch lange nach dem Krieg an die Besuche meines Urgroßvaters in seinem Gemeindeamt. Dieser bat ihn um einen überlebenswichtigen Wandergewerbeschein, den der ihm nicht ausstellen konnte oder durfte. Weil der Winter sehr streng war, die Familie aber im Freien campieren musste, ließ sie der Bürgermeister in eine leer stehende Wohnung des Gemeindehauses einziehen, was ihn bald seinen Bürgermeisterposten kosten sollte – sämtliche Angehörige des Gemeinderates waren Angehörige der NSDAP und konnten entsprechenden politischen Druck ausüben. Auch unmittelbar danach, erinnerte sich dieser trotz aller Hetze menschlich gebliebene Bürgermeister, kam die Familie meines Urgroßvaters immer wieder mal in der Gemeinde Beffendorf vorbei, wurde von seinem Nachfolger aber nicht mehr in den Ort gelassen. Bernhard Pfisterer durfte nur hin und wieder in Begleitung seiner Tochter in den Wirtschaften der Umgebung mit Geigen musizieren, was dem Mann lange in Erinnerung geblieben ist, weil dessen Tochter Maria »damals eine Zigeunerschönheit war und vielen verheirateten Männern der Gemeinde den Kopf verdrehte« – Maria, das war Froschla, die Schwester meiner Großmütter. Die spätere Sängerin, das leuchtende musikalische Vorbild meiner Kindheit!

Während dieser Zeit aufkommender Ausgrenzung betrieben die Nazis eine lückenlose Erfassung aller Sinti. Meinem Urgroßvater passierte diese Registrierung am dritten März 1938 – seine Karteikarte existiert noch, sie liegt im Berliner Bundesarchiv. Auf dieser Karte ist der Methode gewordene Wahnsinn der Nazis zu bestaunen – und deren Unverfrorenheit, im Namen objektiver Wissenschaft in rassistischer Weise verächtlich machende Kategorisierungen zu betreiben. Dass mein Uropa einen »angedeuteten zigeunerischen Eindruck« mache, kann der Leser aus dieser Karteikarte erfahren, dass er sich an Stammesgesetze halte und ein »Zigeuner« sein wolle. Er erfährt, dass er schlau sei, schlichte, aber weiche Haare und buschige Brauen habe, einen geraden Nasenrücken, aber stark geblähte Nasenflügel im rundlichen Gesicht unter einer mittelhohen, steilen Stirn, über einem geraden, aber runden Kinn und wulstigen Lippen. Auf den dazugehörenden Fotos ist ein eleganter Mann mit dichtem Schnauzbart zu sehen, in Schlips und Kragen, ein gegenüber dem ersten Fahndungsfoto von 1915 in Würde gealterter Geschäftsmann, dem diese Würde bald genommen werden sollte.

Doch zwischen all den Zahlen, Maßeinheiten und willkürlichen Kategorisierungen erfährt der Leser der Karteikarten nichts über den Menschen Bernhard Pfisterer – außer, dass er mit Geigen handle, keine Schule besucht habe, aber trotzdem Lesen, Schreiben und Rechnen könne und außerdem im Ersten Weltkrieg verwundet worden sei.

Dieser Einsatz für ein Vaterland, das nicht mehr sein Vaterland sein wollte, schützte meinen Urgroßvater nicht vor weiterer Verfolgung. Er wurde von Landjägern, einer bewaffneten Polizeieinheit, gezwungen, seinen Wohnwagen zurückzulassen und seine beiden Pferde zu verkaufen – um ein paar lumpige Reichsmark, die die Beamten höhnisch dafür anboten. Für ihren Wohnwagen erhielten die Pfisterers keinen Pfennig.

Doch das war nur der Anfang. Bernhard Heinrich Pfisterer wurde zusammen mit seinem Sohn Gotthilf im Zuge einer im September 1939 von der Kriminalpolizeistelle Stuttgart angeordneten Aktion in Ostrach verhaftet, wo er in der Nähe von Sigmaringen zusammen mit seiner Familie bei der Erbsen- und Kartoffelernte arbeitete. Später, nach dem Krieg, behaupteten die Ämter, in denen immer noch dieselben saßen wie während der nationalsozialistischen Herrschaft, sie hätten meinen Urgroßvater verhaftet, weil er »kriminell« und »arbeitsscheu« gewesen sei – paradox, da er doch direkt von der Arbeit, vom Feld weg verhaftet wurde.

Meine Urgroßmutter verhafteten die Nazis nicht sofort, wiesen sie jedoch bald zusammen mit ihren restlichen Kindern sowie ihren Eltern Sebastian und Ottilie Reinhardt und all ihrem verbliebenen Hab und Gut zwangsweise in ein baufälliges Haus in Heiligenbronn ein. Ein zuständiger Polizist erinnerte sich nach dem Krieg, dass diese Habe »aus einem alten Kinderwagen« bestand, »in welchem sich ein kleines Kind befand, sowie aus einem etwas größeren Kinderleiterwagen, auf welchem sich außer dem üblichen Zigeuner-Haushaltsgerät wie Kochtöpfe usw. auch einige Kleidungsstücke, Decken usw. befanden, und einige Kinder saßen auf diesem Leiterwagen« – viel hatten die Nazis meiner Familie nicht übrig gelassen. Ab nun mussten sie alle täglich zur Zwangsarbeit. Die meisten Sinti und auch Sintezas aus der Umgebung wurden zum Straßenbau eingeteilt, zum Beispiel bei der Verbreiterung der Landesstraße zwischen Schramberg und Lauterbach, oder sie wurden zur Mitarbeit in Betrieben der nahen Industriestadt Schramberg gezwungen. Meine Urgroßmutter mit ihren damals schon sehr alten Eltern sowie ihren insgesamt acht Kindern lebte in den

Zwangsarbeiterbaracken, auch wenn einige ihrer Kinder noch zu klein zum Arbeiten waren. Sie hatten das Glück, zu den wenigen Mitgliedern meiner Sippe zu gehören, die aus unbekannten Gründen nicht in Konzentrationslager verschleppt wurden, sondern »nur« bis Kriegsende Zwangsarbeit leisten mussten.

Meinem Urgroßvater blieb das Schlimmste jedoch nicht erspart – ihn deportierten die Nazis in verschiedene Konzentrationslager. Ihre eigenen Verbrechen hielten sie dabei mit bürokratischer Genauigkeit fest: Zuerst war Bernhard Heinrich Pfisterer im KZ Sachsenhausen in Oranienburg bei Berlin inhaftiert. Von dort wurde er am 5. März 1940 als Häftling Nummer 37 454, dann mit der Nummer 2356 in das KZ Dachau überstellt. Schon am 7. September 1940 brachten ihn die Nazis wieder nach Sachsenhausen. Dort arbeitete er zeitweise in dessen Außenkommando Neuengamme bei Hamburg. Am 6. November 1940 transportierten ihn seine Peiniger wieder einmal in das KZ Dachau, diesmal unter der Nummer 21167, Kategorie »PSV – D«, was soviel wie »Polizeiliche Sicherungsverwahrung – Deutscher« heißen sollte. Dass diese scheinbar so sachlichen Bezeichnungen so willkürlich waren wie die gesamte Haft, ist am nächsten KZ-Aufenthalt meines Urgroßvaters zu sehen: Am 10. März 1941 kommt er als Nummer 50034 unter der Kategorie »Zigeuner – Deutscher« ins niederösterreichische KZ Mauthausen – dann also nicht mehr als polizeilich inhaftierter »Krimineller«, sondern als offiziell rassisch Verfolgter »deutscher Zigeuner«.

Im nahen Nebenlager Gusen musste Bernhard Heinrich Pfisterer in einem Steinbruch des SS-Unternehmens »Deutsche Erd- und Steinwerke GmbH« unter Bedingungen arbeiten, denen die meisten seiner Mithäftlinge erlagen. Nach einem zwölfstündigen Appell, nur leicht bekleidet in der Kälte des Winters 1942/43 stehend, erkrankte er schwer und konnte nur mehr eingeschränkt arbeiten, was ihm brutale Misshandlungen eintrug. Im Juni 1943 brachen ihm betrunkene SS-Leute mit einem Montiereisen den linken Unterarm und verletzten ihn am Kopf und an einem Bein. Obwohl er fast bewusstlos war, schleppte er sich wieder zur Arbeit und meldete sich auch in der Folge nicht krank, um weiteren Misshandlungen oder seiner Ermordung auszuweichen. Ein mit ihm inhaftierter Arzt behandelte ihn im Geheimen und rettete meinem Urgroßvater dadurch das Leben.

Kurz vor Kriegsende, 1944, sollte es jedoch mit ihm zu Ende gehen. SS-Männer schickten ihn zusammen mit anderen Häftlingen in die Gaskammer. Sie verriegelten die Tür und ließen das Gas in den mit Menschen voll gepackten Raum strömen. Als die schon mit dem Tod rangen, riss ein SS-Oberscharführer nochmals die Tür auf, um Musiker unter den bereits benommenen Sinti und Roma aus der Gaskammer zu zerren – sie sollten die Musikkapelle des Lagers verstärken

Schwarze Augen, leidenschaftliche Augen,
brennende, schöne Augen –
wie ich euch liebe, wie ich euch fürchte!

Seit ich euch sah, habe ich keine gute Stunde mehr.
Ach, ihr seid nicht umsonst von so dunkler Tiefe!
Ich sehe in euch die Trauer über meine Seele,
ich sehe in euch das unbezwingbare Feuer,
auf dem mein armes Herz verbrennt.

Doch ich bin nicht traurig, nicht bedrückt,
glücklich erscheint mir mein Schicksal:
Alles, was Gott uns Gutes im Leben gegeben hat,
hab ich geopfert für diese feurigen Augen.

»Schwarze Augen«, die deutsche Übersetzung dieses alten Liedes russischer Roma, war eines der erklärten Lieblingslieder meines Urgroßvaters. Immer wenn ich es höre, muss ich an ihn denken – ob er es wohl auch im KZ gespielt hat, spielen musste, um sein Leben zu retten?

Bernhard Heinrich Pfisterer erlebte die Befreiung des Konzentrationslagers, wenn auch schwer verletzt und mit dauerhaften Schäden durch die Vergiftung, die er sich in der Gaskammer bereits zugezogen hatte – im Unterschied zu seinem Sohn Gotthilf, den die Nazis in das »Zigeunerghetto« von Lodz, zu deutsch Litzmannstadt, transportiert hatten und der dort starb. Insgesamt wurden allein aus seiner unmittelbaren Verwandtschaft zehn Menschen in Konzentrationslagern ermordet.

Bei mir bist du schön

In der Sprache der Roma gibt es einen eigenen Begriff für den nationalsozialistischen Völkermord an den Sinti und Roma – Porajmos. Das bedeutet auf Deutsch soviel wie »das Verschlingen« und ist die Entsprechung zum hebräischen Begriff »Shoa«, »die große Katastrophe«.

Doch ich bin keine Zeitzeugin des Porajmos und kenne kaum Zeitzeugen davon. Meine Eltern sind zu jung, selbst meine Großeltern haben die schreckliche Zeit nur als Kinder erlebt, und meine Urgroßeltern durfte ich so gut wie nicht mehr kennenlernen. Ich will also nicht nacherzählen, was andere besser erzählt haben, ich will nicht nachrechnen, ob während der Nazizeit 400 000, 500 000, oder doch 800 000 Sinti und Roma umkamen, worüber die Historiker streiten, weil das Größen sind, die ich mir als Zahlen geopferter Menschenleben nicht vorstellen kann. Zum Thema Holocaust oder Porajmos liegen mir drei Dinge am Herzen, die ich gerne zu Papier bringen würde –, und ein Lied, das ich immer wieder summen muss.

Der erste Gedanke ist, dass es mich immer wieder irritiert, wie der Hass auf mein Volk – genauso wie der Judenhass – oft als isoliertes Problem der Nazizeit dargestellt wird. Doch der Rassismus, der all diesem Hass zugrunde liegt, ist viel älter, und er hat weitreichende historische Wurzeln, auf die der Faschismus zuverlässig aufbauen konnte.

So las ich unlängst, dass Martin Luther, auf den sich die evangelische Kirche beruft, 1543 in seiner Schrift »Von den Juden und ihren Lügen« nicht nur forderte, alle Synagogen und jüdischen Schulen in Brand zu stecken, ihre Häuser zu zerstören, ihre Gebetbücher zu verbieten, ihnen ihr gesamtes Hab und Gut abzunehmen und junge Juden und Jüdinnen zwangsweise arbeiten zu lassen. Nein, der Religionsstifter empfahl auch, Rabbinern die Verbreitung ihrer Lehre zu untersagen und Juden als vogelfrei zu erklären. Die Forderungen des anhaltinischen Theologieprofessors entsprechen im Wesentlichen dem Maßnahmenkatalog, den der arbeits- und obdachlose oberösterreichische Kunstmaler Adolf Hitler in seinem Buch »Mein Kampf« fast 400 Jahre später vorschlug, um die »Judenfrage« zu lösen.

Als Gipfel seiner geplanten Angriffe auf Deutschlands Juden schlug Martin Luther vor, sie zusammen mit Deutschlands »Zigeunern« in einen Stall zu pferchen. Dieser Rat – er sollte von Luthers Landsleuten in Auschwitz befolgt werden – zeigt, dass die »Zigeuner« sich schon im 16. Jahrhundert auf der untersten gesellschaftlichen Stufe befanden.

Überhaupt ist der jüngere Antiziganismus, also der Rassismus gegenüber Roma und Sinti, offensichtlich ein Kind des älteren Antisemitismus, des Hasses auf die Juden. Zumindest in Deutschland gibt es den »Zigeunerhass« seit dem 15. Jahrhundert, den auf die Juden schon seit dem frühen Mittelalter. Die Vorwürfe gegen die so gehassten Völker gleichen einander auffällig. Die Juden sollten die Schuld am Tod Jesu Christi haben, die »Zigeuner« dagegen hätten im Verbund mit dem Teufel die Nägel für dessen Kreuzigung geschmiedet. Beiden Völkern wurde ihre Unangepasstheit vorgeworfen, beide wurden verdächtigt, die Kinder anderer Völker zu stehlen, und beiden wurden vorgehalten, auf Kosten aufrechter Christen zu leben, womit wohl deutschblütige Christen gemeint waren, denn viele Sinti bekannten sich schon damals zum Christentum.

Was mir bei den Holocaust-Debatten auch Schwierigkeiten bereitet, und darin besteht mein zweiter Gedanke zu diesem Thema, ist die Unterscheidung zwischen der Vernichtung der Juden und der der Sinti und Roma.

Als im Jahr 1999 beschlossen wurde, das zentrale Berliner Holocaust-Memorial ausschließlich den ermordeten Juden zu widmen, argumentierten die Politiker mit der »Einzigartigkeit« dieses Verbrechens – doch ist es weniger »einzigartig«, innerhalb weniger Jahre eine halbe Million »Zigeuner« planmäßig zu ermorden? Ist es nicht »einzigartig«, Millionen Polen, Russen, Ukrainer und auch Bürger all der anderen überfallenen Staaten zu töten? Ist es durchschnittlich, zigtausende Homosexuelle in KZs zu ermorden, zu kastrieren oder zu psychiatrisieren?

Wer im großen Internet-Lexikon Wikipedia die Artikel zu Themen wie »Holocaust« oder »Porajmos« nachsieht, der wird erstaunt feststellen, was dort heute noch für ein Kampf um die Deutungshoheit über den Holocaust tobt. Sind Sinti nun gleichberechtigte Opfer oder nicht? Kann man den Porajmos mit der Shoa vergleichen, auf eine Stufe stellen, oder nicht? Das ist eine Diskussion, die ich nicht verstehen kann: Ich gehe davon aus, dass alle Menschen gleich wertvoll, gleich wichtig, gleich schützenswert sind – alle lebenden Menschen. Was aber sollte es für einen Grund geben, dieses Gebot nicht auch auf alle toten Menschen, auf alle getöteten Menschen auszudehnen? Das ist eine Frage, auf die mir keine Antwort einfallen kann.

Meine dritte Überlegung zu diesem Thema gilt der deutschen Genauigkeit, der deutschen Dokumentationswut und auch der deutschen Wissenschaft. Vielleicht erklärt sich darin auch etwas die Zurückhaltung meiner Leute gegenüber genau dieser Wissenschaft, und auch ihre Verschlossenheit gegenüber der deutschen Bürokratie. Das soll hier nicht falsch verstanden werden: Ich bin heilfroh, in einem Land zu leben, in dem die Dinge funktionieren, in dem es wenig Korruption gibt, in dem die Beamten ihre Jobs erledigen, in dem ungefähr das passiert, was Politik und Verwaltung beschließen. Kurz, ich bin froh darüber, dass der Staatsapparat arbeitet.

Das tat er genauso in der Nazizeit, wenn auch mit anderen Vorzeichen. Wir dürfen nicht vergessen, dass Roma und Sinti wie Juden und alle anderen Opfergruppen nicht von Nazigrößen erfasst, aufgespürt, verhaftet, deportiert, misshandelt und zuletzt umgebracht wurden, sondern von Mitgliedern der Nazi-Organisationen SA und SS sowie von »ganz normalen« Wehrmachtssoldaten. Besonders in der ersten Zeit der Verfolgung haben »ganz normale« Gemeinderäte, Landräte, Bürgermeister, Polizisten, Lehrer, Krankenschwestern und Pfarrer bei der Erfassung, Denunzierung und Verhaftung der Menschen mitgemacht – weil sie überzeugte Antisemiten waren, weil sie »die Zigeuner« gehasst haben, oder einfach, weil sie ihre »Pflicht« taten, bloß ihren »Dienst« versahen, was in meinen Augen keine Entschuldigung darstellt, da alles zum selben Ergebnis führte: Unschuldige Menschen wurden in KZs deportiert und dort gequält und ermordet.

Für die angestrebte Vernichtung meines Volkes waren in diesem Zusammenhang vor allem die beiden Wissenschaftler Robert Ritter und Eva Justin bedeutsam, zwei Namen, die heute noch bei Sinti allzu bekannt sind. Der Oberarzt sowie Kinder- und Jugendpsychiater Ritter schrieb für das Berliner Reichsgesundheitsamt rassistische Aufsätze über die »biologischen Grundlagen von Asozialen, Obdachlosen und Zigeunern« – Aufsätze, die stets wissenschaftlich daherkamen und doch nichts anderes waren als Drehbücher zum nachfolgenden Massenmord. Im Auftrag seiner »Rassenhygienischen und Bevölkerungsbiologischen Forschungsstelle« im Reichsgesundheitsamt wurden sämtliche deutsche Sinti erfasst, vermessen und kategorisiert – auch das Karteiblatt über meinen Urgroßvater Bernhard Heinrich Pfisterer, aus dem ich weiter oben zitiert hatte, stammt aus diesem Bestand. Zuletzt wurden dort Akten von bis zu 30 000 Menschen gehortet – fast zu sämtlichen Sinti, die damals im Deutschen Reich lebten. In seinen »Forschungsergebnissen« kam Ritter zu dem Schluss, dass gerade »Zigeunermischlinge« noch gefährlicher für die »Reinheit« und »Gesundheit« des deutschen Volkes seien, weshalb er deren Vernichtung empfahl – die »reinrassigen Zigeuner« seien dagegen »leichter zu überwachen«, weil sie sich von Gadsche mehr abgrenzten als Mischlinge. Diese verhängnisvollen Aussagen hatten zur Folge, dass die Nazis gegenüber Sinti und Roma, aber auch gegen Jenische, »weiße« Fahrende ungeklärter Herkunft, nach noch wesentlich strengeren »rassischen« Kriterien vorgingen als gegenüber Juden. So blieben selbst Menschen, die nur »Mischlinge zweiten Grades« waren, nicht von der Verfolgung verschont – damit meinten die Nazis Menschen, von denen mindestens zwei der 16 Urgroßeltern »Zigeuner« waren und die ab 1943 nur aufgrund dieser Klassifikation in ein KZ verschleppt werden konnten.

Dass all das im Namen der Wissenschaft passierte, ist ein Skandal. Dass derselbe Dr. Robert Ritter direkt nach Kriegsende 1947 die »Fürsorgestelle für Gemüts- und Nervenkranke« und die Jugendpsychiatrie in Frankfurt am Main leiten durfte, ist ein mindestens genauso großer Skandal. In einem Prozess wegen seiner Beteiligung am Holocaust sagte Ritter aus, er habe mit seinen Arbeiten gerade die reinrassigen »Zigeuner« vor der Vernichtung bewahren wollen – obwohl er für sie Zwangsarbeit und Zwangssterilisation empfahl. Zwangsarbeit, die in den meisten Fällen in den von den Nazis absichtlich herbeigeführten Tod der Menschen mündete. Das Verfahren gegen Ritter wurde eingestellt, und der Massenmörder durfte bis zu seinem Tod 1951 als unbescholtener Mann, unbehelligt von Reue oder Rache, mitten im demokratischen Teil Deutschlands leben. Das ist einer der Gründe für das tiefe Misstrauen gegenüber den Behörden der Nachkriegszeit, in denen viele solcher Schwerverbrecher ihren Dienst versahen, als ob nichts passiert wäre.

Die andere Person, die dieses Misstrauen erst recht beflügelte, ist Eva Justin, eine Mitarbeiterin Ritters im Reichsgesundheitsamt. Sie war federführend bei der Erfassung der Sinti beteiligt, vor allem von Kindern, und erschlich sich bereits 1933 den Zugang zu einer Sinti-Siedlung, indem sie sich als Missionarin ausgab. Justin verfertigte persönlich unzählige Interviews, Körpervermessungen und Untersuchungen an Kindern, deren Vertrauen sie sich durch freundlichen Umgang, die Beherrschung des Romanes und das Verteilen von Süßigkeiten erwarb. Sogar mit einem Romanes-Namen ließ sie sich rufen – Loli Tschei, »rothaariges Mädchen«. Doch wie sie diese Kinder täuschte: Die meisten von ihnen wurden, nachdem Justin ihre »Untersuchungen« abgeschlossen hatte, deportiert und ermordet. In ihrer Dissertation »Lebensschicksale artfremd erzogener Zigeunerkinder und ihrer Nachkommen«, die sie in einem katholischen Kinderheim im idyllischen schwäbischen Mulfingen »untersuchte«, war sie zu dem Schluss gekommen, dass diese Kinder nicht erziehbar seien und nicht in die deutsche Gesellschaft »eingegliedert« gehörten. Also forderte sie in ihrer Arbeit, mit der sie sich 1944 ihren Doktortitel erschrieb, die Sterilisation oder Vernichtung auch dieser Kinder.

Nach dem Krieg stand Eva Justin vor Gericht und behauptete allen Ernstes, nicht gewusst zu haben, dass aufgrund ihrer »Forschungsergebnisse« Sinti ins KZ geschickt worden seien. Sie habe ihre Thematik bloß von Ritter übernommen und könne sich nun nicht mehr mit ihren Aussagen von damals identifizieren. Das reichte für ihren Freispruch. Ihr neues Amt als »Kriminalpsychologin« bei der Stadt Frankfurt am Main hatte sie zu diesem Zeitpunkt längst angetreten, denn ihr direkter Vorgesetzter war ihr bereits gut bekannt – Dr. Robert Ritter, ihr Ex-Chef aus dem Berliner Reichsgesundheitsministerium.

Im Berliner Bundesarchiv lagern bestimmt noch mehr Karteiblätter über Verwandte von mir, sicher auch über solche, die von den Nazis ermordet wurden. Lange habe ich mit mir gerungen, ob ich Einsicht in diese Akten nehmen sollte – ich hatte sogar schon dort angerufen und gefragt, wann ich in das Amt kommen könnte, um die Akten zu lesen. Letztlich schreckte ich aber doch vor einem Besuch in dem riesigen Archiv zurück, weil ich fast so etwas wie eine körperliche Abscheu vor diesen Dokumenten empfinde – diesen wie in Stein gemeißelten Lügen, die meinen Leuten soviel Unglück gebracht haben. Ich ging nicht in das Archiv, weil ich aus diesem grausamen Vermächtnis keinen Nutzen ziehen wollte, und sei es nur der, noch ein paar Informationen für dieses Buch zu sammeln – ich brachte es beim besten Willen nicht über mich.

Und da ist dann noch das Lied, das mir immer dann nicht aus dem Kopf gehen will, wenn ich an den Holocaust denke.

Das Lied heißt im jiddischen Original »Bei mir bist du shein«. Es stammt von dem Komponisten Sholom Secunda und dem Texter Jacob Jacobs und war ursprünglich für das jiddische Musical »Men ken lebn nor men lost nisht« geschrieben (auf Englisch: »I Would if I Could«), das bald nach seiner Premiere 1932 wegen Erfolglosigkeit abgesetzt wurde. Die Rechte an dem Lied verkauften die beiden für 30 Dollar. Nur fünf Jahre später wurde der Song ein großer Hit – in englischer Sprache, mit der pseudo-deutschen Titelzeile »Bei Mir Bist Du Schoen«, gesungen von den Andrew-Sisters, den drei Schwestern aus Minneapolis, die in den dreißiger und vierziger Jahren des letzten Jahrhunderts ihre großen Erfolge feierten – ausgehend von eben diesem Song:

Bei mir bist du schön, please let me explain
Bei mir bist du schön means you're grand
Bei mir bist du schön, again I'll explain
It means you're the fairest in the land

> *I could say »Bella, bella«, even say »Voonderbar«*
> *Each language only helps me tell you how grand you are*
>
> *I've tried to explain, bei mir bist du schön*
> *So kiss me and say you understand …*

An den Holocaust muss ich dabei nicht nur denken, weil die Autoren des Liedes Juden waren, die sich glücklicherweise noch rechtzeitig vor den Nazis nach Amerika in Sicherheit bringen konnten, sondern weil ich die Nummer auch mit Coco Schumann verbinde, dem legendären jüdischen Jazzgitarristen aus Berlin, einem guten Bekannten von mir. Coco hatte es nicht mehr ins Ausland geschafft, er wurde von den Nazis in die KZs Theresienstadt, Auschwitz und Dachau verschleppt. Im Ghetto »durfte« er an dem zu Propagandazwecken produzierten Dokumentarfilm »Theresienstadt – Ein Dokumentarfilm aus dem jüdischen Siedlungsgebiet« mitwirken, eine zweifelhafte Ehre, die ihm aber möglicherweise das Leben rettete. Einige Aufnahmen der »Ghetto Swingers«, die Band, in der Schumann als Schlagzeuger auftrat, sind erhalten, beispielsweise die Nummer »Bei mir bist du schön«. Jedes Mal, wenn ich Cocos CD höre, schnürt es mir bei genau diesem Lied das Herz zusammen. Ich denke dann an den damals gerade mal 20 Jahre jungen Coco, wie er, von Todesangst, aber auch von wildem Aufbegehren gegen einen allzu frühen Tod getrieben, diesen romantischen Song spielt, vor einer grausamen Kulisse, die die Nazis zusammenzimmern ließen, um die Weltöffentlichkeit über das Elend im KZ Theresienstadt hinwegzutäuschen. Eine Szene, die so irreal ist, dass ich mich schwertue, sie mir vorzustellen. Eine Szene, die für mich nicht realer wurde, nachdem mir Coco einmal erzählt hatte, wie viel er und seine Freunde gelacht hatten, damals, zu jener Zeit, am Eingang zur Gaskammer. Wie sie dort Judenwitze gemacht hatten, und wie sie in solch bitteren Sarkasmus flüchten mussten, um überhaupt zu überleben, um nicht verrückt zu werden.

Ich sehe dann auch meinen Urgroßvater Bernhard Heinrich Pfisterer vor mir, wie er in Mauthausen aus der Gaskammer gezerrt wurde. Sicher spielte er um sein Leben und gegen den Tod, und gewiss hat er in diesen Momenten den großen Vorrat an Musik angezapft, den wir Sinti immer schon in uns trugen. Den Vorrat, der schon viele meine Vorfahren vor dem Tod gerettet hatte, weil sie sich durch ihn in Notzeiten ein paar Geldstücke verdienen konnten – auch wenn die Not noch nie so groß gewesen war wie für diesen verzweifelten Musikanten vor den Gaskammern in Mauthausen, der mein Urgroßvater war.

Es steht ein Soldat am Wolgastrand

Seinen musikalischen Vorrat schöpfte mein Urgroßvater aber nicht nur aus den Quellen seines Volkes, sondern auch aus seiner eigenen Vergangenheit. Er hatte im Ersten Weltkrieg für das Deutsche Reich gekämpft, wurde dreimal verwundet und war einer feindlichen Gasattacke ausgesetzt gewesen. Doch von seiner Vergangenheit als Soldat blieb ihm nicht viel mehr als seine Erinnerungen, ein paar Narben und die Lieder, die er mit den Kameraden gesungen hatte, wie zum Beispiel das vom Wolgastrand:

> *Es steht ein Soldat am Wolgastrand,*
> *Hält Wache für sein Vaterland.*
> *In dunkler Nacht allein und fern,*
> *Es leuchtet ihm kein Mond, kein Stern.*
> *Regungslos die Steppe schweigt,*
> *Eine Träne ihm ins Auge steigt:*
> *Und er fühlt, wie's im Herzen frisst und nagt,*
> *Wenn ein Mensch verlassen ist, und er klagt,*
> *Und er fragt:*
>
> *Hast du dort oben vergessen auf mich?*
> *Es sehnt doch mein Herz auch nach Liebe sich.*
> *Du hast im Himmel viel Engel bei dir!*
> *Schick doch einen davon auch zu mir.*

Das Lied, das der österreichisch-ungarische Komponist Franz Lehár später für seine Operette »Der Zarewitsch« verwendete, war zu Zeiten meines Urgroßvaters so etwas wie ein romantischer Gassenhauer deutscher Soldaten, den auch er kannte und sang. Seine Soldatenlaufbahn hielten die Nazis zwar fein säuberlich in ihren Akten fest, doch das hinderte sie nicht daran, ihn wie alle anderen Sinti als Staatsfeind und Volksschädling darzustellen.

Doch auch nach der Nazizeit halfen die heroischen Jugendjahre meinem Urgroßvater nicht. Das Leben, in das er nach der Befreiung des KZs Mauthausen durch amerikanische Truppen entlassen wurde, entpuppte sich bald als eine Mischung aus Hunger, Armut, Hass und Vorurteilen. Er erhielt keine Entschädigung für Haft und Verschleppung, keine Rente oder Beihilfe. Zusammen mit seiner Frau und seinen Kindern bewohnte er eine ihm zugewiesene Hütte: drei mal vier Meter für elf Personen, ohne vernünftige Heizung, ohne sanitäre Einrichtungen. Dabei hatte er anfangs, offenbar noch von den Erlebnissen in den Konzentrationslagern völlig verschüchtert, nicht um Geld, sondern nur um Arbeit gebeten – doch niemand wollte nach dem Krieg einen kranken Sinto einstellen, denn die Liste seiner körperlichen Schäden war lang: Herzerweiterung infolge der Gasvergiftung, Versteifung der linken Hand nach einem schlecht ausgeheilten Bruch des linken Unterarms, Nierenleiden und Nierensteine aufgrund mangelnder Ernährung, chronischer Bronchialkatarrh durch die schweren, unbehandelt gebliebenen Erkältungen.

Vielen Beamten des neu entstehenden deutschen Staates war sogar dieses mehr als angeschlagene Überleben von Menschen wie meinem Urgroßvater zu viel des Guten, sie hatten ihre Planungen für eine »Endlösung der Zigeunerfrage« noch lange nicht ad acta gelegt. So gab das Landeskriminalamt Baden Württemberg noch 1948 einen »Leitfaden zur Bekämpfung des Zigeunerunwesens« heraus – dieser sollte den Beamten als vorläufige Hilfe dienen bis zur »endgültigen Lösung des Zigeunerproblems«, hieß es in dem Schreiben, das voller rassistischer, menschenverachtender Vorurteile steckte.

Es war dieser nach wie vor feindliche Umgang der Deutschen mit ihm, die Ignoranz der Ämter, die meinen Urgroßvater dazu trieb, eine Entschädigung für seine Zeit in den Konzentrationslagern zu fordern. Er wollte um keine Almosen bitten, doch er sah auch, dass er ohne solche Zahlungen kein Bein auf den Boden bekommen konnte, weil er in seinen wirtschaftlichen Möglichkeiten noch viel eingeschränkter war als vor dem Krieg. Der Wagen, die Pferde, die Geigensammlung, ein kleines Grundkapital, aber auch seine Gesundheit, Voraussetzung für ein entbehrungsreiches Leben als Handlungsreisender – alles war ihm verlorengegangen, er stand vor dem absoluten Nullpunkt.

Also stellte Bernhard Heinrich Pfisterer erst 1949, vier Jahre nach Kriegsende, seinen ersten Antrag auf Entschädigung. Dieser wurde erst mal abgewiesen, weil aus Sicht der Wiedergutmachungsbehörde nicht feststand, ob er zu dem Zeitpunkt, zu dem seine Verfolgung begann, auch wirklich in Württemberg-Hohenzollern, wie das Land damals hieß, gewohnt hatte.

Mein Urgroßvater legte Einspruch ein, verzweifelten Widerspruch gegen eine Behördenlogik, die sich nicht um die Menschen kümmerte, sondern nur um die eigenen Regeln – wie es zuerst aussah. Doch das sollte sich als bitterer Irrtum herausstellen, denn die Regeln dieser Behörde waren nicht ihre eigenen, sondern sie stammten aus längst vergangener Zeit. In seinem Brief an das Arbeitsministerium Tübingen legte Bernhard Heinrich Pfisterer dar, dass er sehr wohl in Hohenzollern gewohnt habe: »Daß ich mich z.Zt. in großer Notlage befinde, ist ebenfalls Wahrheit und kann amtlich bezeugt werden. Eine Sofort-Hilfe ist deshalb dringend notwendig und kann bestimmt nicht widerlegt werden«, schrieb mein Urgroßvater – oder ließ schreiben, denn unter seiner Unterschrift steht der Vermerk »kann nicht schreiben«. Da er keine positive Antwort erhielt, reichte er ein paar Monate später noch einen Brief nach: »Sollte ich keine Hilfe bekommen, so werde ich meinem Leben ein Ende machen. Ich werde schon 4 Jahre an der Nase herumgezogen und bis jetzt zwecklos. Es kann sich kein Mensch reinfühlen, was für ein bitteres Leben ich führe. Welches ich nicht gewohnt bin. 5 Jahre Volterung mit Hiebe und Beinbrüche, arbeitsunfähig durch Misshandlung, jetzt hilflos verlassen.«

Im Landesamt für Wiedergutmachung Württemberg-Hohenzollern hatte aber niemand Lust, sich in den Fall Pfisterer hineinzufühlen: »In dem KZ-Dachau ist er in der Kategorie der Gefangenen geführt, für die eine ›Polizeiliche Sicherheitsverwahrung‹ als erforderlich gehalten wurde«, schrieb die Behörde nach einjähriger Bearbeitungszeit, »daraus ist der Schluß zu ziehen, daß für die Verhaftung des Heinrich Pfisterer sen. allein sein unstetes Gewerbe, sein Umherziehen und sein asoziales Verhalten maßgebend waren«, heißt es in dem Schreiben, und dann schoben die Beamten ihre ungeheuerliche Schlussfolgerung nach: »Nach alledem ist festzustellen, daß der Antragsteller nicht aus rassischen Gründen, sondern als arbeitsscheuer Landstreicher inhaftiert und darum als solcher auch in den KZ-Personalverzeichnissen geführt ist.«

Die Beamten glaubten nicht dem fast zum Krüppel geschlagenen Antragsteller, sondern den Nazi-Akten. Ihrer Aussage liegen zwei Annahmen zugrunde: Es ist richtig, wenn Menschen wegen Landstreicherei inhaftiert und fast zu Tode geprügelt werden, und es ist richtig, wenn man den sorgfältigen Aufzeichnungen der Folterer mehr Glauben schenkt als den Aussagen der Gefolterten.

Wie muss diese Antwort meinen Urgroßvater niedergestreckt haben! Doch er ließ trotzdem nicht locker: »Sie nehmen es so einfach, wenn ein Mensch seine Gesundheit verloren hat, unter schwere Arbeit 5½ Jahre gelitten hat, weil man Zigeuner ist«, schrieb er, wie in einem politischen Aufruf: »Wir sind keine Massenmörder! Wie Hitlersche Partei. Wir kämpfen um die Wahrheit und Gerechtigkeit.«

Mein Urgroßvater ließ sich nicht unterkriegen und beauftragte einen Rechtsanwalt mit dem Verfassen eines weiteren Antwortschreibens. »Diese Entscheidung wird hiermit angefochten«, formulierte der Jurist, »sie beruht auf Irrtum. Der Kläger war nie ein ›arbeitsscheuer Landstreicher‹, ist auch nie als solcher bestraft worden. Er ging vielmehr von seinem festen Wohnsitz aus auf Handel mit Geigen und Körben und war im Besitz eines Umsatzsteuerheftes, das ihm letztmals am 12. 7. 39 vom Finanzamt Oberndorf ausgestellt worden war.« Es klingt zynisch – als würde es so eines Dokumentes bedürfen, um einen Menschen vor Folterung und Inhaftierung zu schützen! Doch was war dem Rechtsanwalt auch übrig geblieben, als sich in seiner Argumentation auf die Ebene der Folterknechte und ihrer Ausführungsgehilfen im sogenannten »Amt für Wiedergutmachung« zu stellen. Also schrieb er weiter: »Erst später, in Stuttgart, wurde ihm gesagt, seine Vorstrafen wären kein Anlaß gewesen, ihn in Sicherheitshaft zu nehmen, zumal er einen Gewerbeschein habe; er komme als Zigeuner ins KZ.« Es gab also auch Beamte in Deutschland, die nicht nahtlos die Diktion der SS übernahmen, doch die saßen offenbar nicht an den für meinen Urgroßvater entscheidenden Stellen. »Und was die übrigen Vorstrafen betrifft«, schrieb dessen Anwalt weiter, »so wäre vermutlich ein arischer Volksgenosse ihretwegen nicht ins KZ gekommen« – wovon auszugehen ist, da ein Deutscher nicht fortwährend von Polizisten kontrolliert worden wäre, ob er auch alle Papiere oder Gewerbescheine dabei hätte oder ob er sich nicht etwa widerrechtlich auf einer bestimmten Wiese oder einem Waldstück aufhalte.

Doch auch diese Eingabe des Rechtsanwaltes geriet an den Falschen, von denen in den Amtsstuben der jungen Bundesrepublik offenbar genügend saßen. »Es liegt nun im Wesen des Zigeuners, sich einer regelmäßigen Arbeit zu entziehen«, schreibt der »Vertreter des Landesinteresses« an den »Wiedergutmachungsausschuss« beim Amtsgericht Rottweil, und weiter: »Er liebt das unstete Umherziehen und ist demnach ungern in einem geregelten Arbeitsverhältnis tätig. Dieser Umstand führte in vielen Fällen zur Festhaltung in KZ-Lagern, die als solche zwar rechtswidrig war, aber nicht aus rassischen Gründen erfolgte.« Damit übernahm die Behörde die Nazi-Argumentation im Maßstab eins zu eins, nur mit dem kleinen, halbherzig dahingesagten Nachsatz der »Rechtswidrigkeit« versehen. Um dieses Einverständnis auch jedem Leser klarzumachen, steht es noch mal in aller Deutlichkeit da: »Die obersten Wiedergutmachungsbehörden von Bayern und Württemberg-Baden vertreten übrigens den Standpunkt, dass die Zigeuner in der überwiegenden Zahl der Fälle als Asoziale und nicht aus rassischen Gründen in KZ-Lagern festgehalten wurden.«

Selbst der deutsche Bundesgerichtshof bestätigte die lokalen Wiedergutmachungsbehörden 1956 in einem Grundsatzurteil. In dem hieß es, »bei der Deportation in die Konzentrationslager hat es sich nicht um eine Verfolgung aus rassischen Gründen gehandelt, sondern um eine kriminal-präventive Maßnahme« – womit von allen Opfergruppen freilich nur die »Zigeuner« gemeint waren.

Es dauerte noch ein Jahr, bis Bernhard Heinrich Pfisterer Recht bekommen sollte. Erst dann stellte der Wiedergutmachungsausschuss des Amtsgerichtes Rottweil fest, dass dessen völlig unbedeutende Vorstrafen kein Grund für die Unterbringung in einem KZ gewesen sein konnten. Das Gericht zog diesen messerscharfen Schluss auch aus der Tatsache, dass mein Urgroßvater zusammen mit seinem damals 17-jährigen Sohn verhaftet worden ist – der davor weder als asozial noch als kriminell noch aus sonst einem Grunde vorbestraft gewesen ist. War den Gerichten nicht schon Jahre zuvor bekannt gewesen, dass die Nazis auch Kinder und Kleinkinder, ja sogar Säuglinge in ihre Konzentrationslager verschleppt hatten? Alte Frauen, Kranke, Behinderte? Leute, denen nicht im Entferntesten Straftaten zur Last gelegt werden konnten?

Nachdem mein Urgroßvater zu seinem Recht gekommen war, brach in seiner Familie keinesfalls Jubel aus, denn das Ergebnis des Rechtsstreits war mehr als bescheiden. Ihm wurde eine Rente von 70 Mark monatlich zugesprochen, plus einer Zulage von zehn Mark für seine Frau und weiteren zehn Mark für jedes seiner Kinder unter sechzehn Jahren. Das reichte nicht zum Leben, und zum Sterben war es nur um wenige Mark zuviel. Für seine jahrelange Haft und Folterung erhielt er eine Entschädigung von 18 200 Mark, dazu noch eine Rentennachzahlung von 3302 Mark. Von einer Entschädigung für die Zwangsarbeit, die seine Frau und einige ihrer gemeinsamen Kinder zu verrichten hatten, wurde nicht gesprochen.

Dafür sprach man über die Entschädigung, die Bernhard Heinrich Pfisterer selbst erhalten hatte – »merkwürdigerweise als politisch Verfolgter«, wie im »Schwarzwälder Tagblatt« geschrieben stand, was bezeichnend für die Stimmung in weiten Teilen der Bevölkerung gewesen sein dürfte. Man sah nicht ein, warum »die Zigeuner« jetzt Geld für etwas bekommen sollten, was ihnen offensichtlich zu Recht passiert war – ihre Einweisung in eine Art Umerziehungslager. Insofern passen all die Begründungen für die Ablehnungen der Wiedergutmachungen, die mein Urgroßvater von den Ämtern zu hören und zu lesen bekam, gut zur allgemeinen Stimmungslage der Bevölkerung damals. Das macht diesen Skandal nicht besser, aber verständlicher – in den Amtsstuben saßen auch nur Menschen, wie sie in den Gasthäusern und Kirchen zu finden waren.

Über sieben Jahre hatte mein Urgroßvater auf einen bescheidenen finanziellen Ausgleich für das Erlittene warten müssen. Zur Ruhe kam seine Familie dadurch noch lange nicht. Bernhard Heinrich Pfisterer wollte zusammen mit seiner Frau und den Kindern den Schwarzwald verlassen, weil ihm die Ablehnung durch die dortige Bevölkerung zuviel wurde und er keine Möglichkeit sah, aus der baufälligen Baracke, die die Pfisterers immer noch bewohnten, in eine menschenwürdige Unterkunft zu wechseln.

Mein Urgroßvater wollte ins Allgäu ziehen, weil er sich da eine bessere Zukunft versprach, doch für Umzug und Hauskauf reichte das Geld hinten und vorne nicht. Die Stadt Schramberg versprach ihm Unterstützung, »falls man die Gewähr dafür habe, dadurch sämtliche Zigeuner von Schramberg wegzubringen«, wie es in den aufgezeichneten Beratungen des Gemeinderates nachzulesen ist – was die Nazis mit ihren KZs nicht geschafft hatten, wäre jetzt also vielleicht mithilfe von ein bisschen Geld möglich: Die Große Kreisstadt Schramberg »zigeunerfrei« zu machen!

Die Familie zog zuerst provisorisch nach Memmingen, behielt aber einen Wohnsitz im Schwarzwald, in Heiligenbronn. Die Schramberger rissen die von ihr bis dahin bewohnte Baracke unverzüglich ab, um eine Rückkehr unmöglich zu machen. Mein Urgroßvater suchte daraufhin eine neue Bleibe im Schwarzwald, die er benötigte, um dort seinen Geschäften, dem Geigenhandel, nachzugehen, denn schließlich hatte er in dieser Gegend immer noch die meisten Geschäftsbeziehungen. Er kontaktierte verschiedene Gemeinden, fragte wegen leer stehender Baracken nach – mit dem Resultat, dass Bürgerinitiativen gegründet, Bürgerversammlungen abgehalten und auch Unterschriftenlisten aufgelegt wurden, um eine Rückkehr oder auch nur zeitweise Anwesenheit meiner Familie zu verhindern. Ein Unternehmer, gleichzeitig SS-Angehöriger der ersten Stunde, drohte gar mit der Verlagerung seines Betriebes, sollten sich die Pfisterers in dessen Nähe niederlassen, eine Bürgerversammlung forderte den sofortigen Abriss neuer Baracken, um die Ansiedlung zu verhindern. Mein Urgroßvater und seine Leute mussten mit einem ehemaligen Munitions-Bunker vorliebnehmen. Das war der einzige Raum, für den die Schramberger keine andere Verwendung wussten.

Schließlich ließ die Stadt doch noch eine Baracke errichten, trotz zahlreicher Proteste der umliegenden Waldbesitzer, die den Diebstahl von Brennholz fürchteten. Am Ende ging die Familie meines Urgroßvaters in Schramberg nur mehr als Fastnachtsscherz durch: Mitglieder der Bürgervereinigung Falkenstein stellten ihr Leben in einem von einem Pferd gezogenen Wohnwagen nach, mit finsteren, bärtigen Gesichtern, ungepflegten Kleidern, unter speckigen Schlapphüten, als bedauernswerte Gestalten, zu denen die Mitglieder meiner Familie durch die nun schon bald jahrzehntelange Unterdrückung und Entrechtung geworden waren.

Nun verließ die Familie Pfisterer Schramberg endgültig, weil mein Urgroßvater sich ein für alle Male mit dem Gedanken abfinden musste, dass für sie hier kein Platz war. Wieder ließ die Gemeinde die Baracke, in der sie gewohnt hatte, unverzüglich abreißen, um eine Rückkehr zu verhindern, doch daran dachte Bernhard Heinrich Pfisterer ohnehin nicht, denn jetzt hatte er ein kleines Häuschen in Memmingen gefunden, das er mit seiner Haftentschädigung kaufen konnte.

An dieses »kleine Häusle«, wie er es nennt, kann sich mein Vater heute noch erinnern – dort verbrachte er die ersten Jahre seines Lebens. Von dort aus ging er zur Schule, was in den fünfziger Jahren die Ausnahme war, da viele Sinti damals noch einen großen Teil des Jahres auf Reisen sein mussten, um ihr Auskommen zu finden.

Mein Vater hat diese Zeit als entbehrungsreiches, aber herzliches Zusammenleben in Erinnerung. Mein Urgroßvater starb 1958, mit nur 66 Jahren, bloß vier Jahre nach dem Umzug in sein eigenes Häuschen. Meine Urgroßmutter starb zwar erst 1985, sodass ich sie noch als kleines Mädchen ein paar Sommer erleben durfte, auf dem Memminger Messplatz oder bei meinen Großeltern in Ummenwinkel. Jeder in unserer Familie wusste damals, dass die beiden jahrelang nicht mehr miteinander gesprochen hatten, aber keiner hätte sich je getraut, sie danach zu fragen. Viel zu groß ist bei uns der Respekt vor den Alten. Wir lieben ihre Erzählungen, aber wir würden nie versuchen, ihnen etwas zu entlocken. Wenn sie schweigen, dann schweigen sie, und das wird seine Gründe haben. Mehr als die Hälfte der Reinhardts wurden im Dritten Reich ermordet. Ob es für meine Urgroßeltern deshalb nichts mehr zu sagen gab?

Mein Urgroßvater erlebte nicht mehr, wie der deutsche Bundesgerichtshof seinen Schandspruch von 1956 zurücknahm und 1963 endlich einräumte, dass es im Dritten Reich Verfolgung von »Zigeunern« gegeben hatte. Nicht als Verbrechensbekämpfung, sondern aus rassischen Gründen, und das auch bereits vor 1943, als die großen Deportationen in die KZs begannen.

Es sollte noch mal mehr als 30 Jahre dauern, bis es einen Gedenktag zur Erinnerung an die Verfolgung der Sinti und Roma in der Nazizeit geben konnte – dieser wurde am 16. Dezember 1994 zum ersten Mal begangen, fast 60 Jahre nach dem Ende der faschistischen Diktatur.

Wer hängt, kann nicht ersaufen

Es liegt mir fern, hier eine Familienchronik der letzten Jahrhunderte auszubreiten – die ich ohnehin niemals durchgängig Generation für Generation aufzeichnen könnte, denn vollständig sind die mir zur Verfügung stehenden Aufzeichnungen nicht. Ich möchte aber ein paar historische Figuren aus meiner Familie hervorheben, wobei eine direkte Verwandtschaft nicht belegt ist.

Vielleicht fing ja alles Unheil damit an, dass mein Volk im dritten Jahrhundert vor Christus zu wandern beginnen musste, als es aus seinem bisherigen Siedlungsraum in Zentralindien in den Nordwesten des Subkontinents vertrieben wurde. Im neunten und zehnten Jahrhundert machten sich Roma und Sinti nach und nach weiter Richtung Westen auf – auf der Flucht vor feindlich gesinnten Stämmen, aber auch als Gefangene der Araber. Diese verschleppten viele tausend Sinti bis auf den Balkan, wo sie in Griechenland, Rumänien, Serbien sowie in Transsylvanien und in der Walachei als Sklaven arbeiten mussten. Auf der Flucht vor den schlechten Lebensbedingungen gelangten die ersten Sinti im 14. Jahrhundert in das damalige Heilige Römische Reich deutscher Nation – die erste schriftliche Erwähnung von Sinti stammt aus dem Städtchen Hildesheim des Jahres 1407.

Es dauerte nicht lange, und die für europäische Verhältnisse ungewöhnlich dunkelhäutigen Menschen wurden zu Zielscheiben rassistisch motivierter Angriffe. Sie waren das personifizierte

Fremde, Andersartige. Die ungeheuerlichen Dunklen, die sich für die damalige Bevölkerung keinem Landstrich, keiner Heimat zuordnen ließen und daher automatisch als Rivalen empfunden wurden – was, wenn sie einfach hier blieben? Ihre breit gestreute Verfolgung begann, als die deutschen Fürsten 1498 beschlossen, dass jeder Untertan Sinti nach Belieben töten oder berauben könnte – von damals an war mein Volk vogelfrei, und daran sollte sich bis zum Ende der Nazi-Zeit nicht allzu viel ändern.

Auch die ersten schriftlichen Aufzeichnungen über die Ankunft der Sinti im Schwabenland sind entsprechend feindlich. Im Jahr 1600 verfügte die Stadt Rottweil die Ausweisung aller Sinti aus ihrem Gebiet, im nahen Seedorf durfte eine Gruppe von Sinti dagegen bleiben – allerdings nur für drei Tage. Um deren Wiedereinreise zu verhindern, stellten die Bürger an allen wichtigen Zufahrtsstraßen Tafeln auf, deren Text Sinti bei einem Grenzübertritt schwere Strafen in Aussicht stellte. Sollten meine mittelalterlichen Vorfahren bereits schriftkundig gewesen sein?

Nichtsdestotrotz dauerte es nicht lange, bis meine Familienangehörigen auf den Plan traten – oder, vielmehr, bis sich das zum ersten Mal in schwäbischen Amtsstuben schriftlich niederschlug, denn die Reinhardts waren schon um einiges früher im Schwarzwald ansässig. Für den 10. Oktober 1697 ist die Geburt eines Joannes amtlich verbrieft – auf dem Sulgen, heute Teil der Schwarzwaldstadt Schramberg. Das Ereignis wurde im Kirchbuch der Pfarrei festgehalten, als Eltern der Sinto Johann Reinhard und die Sinteza Anna Maria Rosenbergin notiert. Reinhardt damals noch ohne »dt« am Wortende, was heute sehr untypisch für den Sinti-Namen Reinhardt ist.

In der Folge tauchten auch Familienmitglieder mit »t« auf, so etwa Christophorus Reinhart als Vater der am 2. April 1717 geborenen Tochter Franzisca. Rechtschreibung oder Namenstreue waren zu dieser Zeit noch kein Thema, jeder Ratsschreiber führte sein

Taufregister so, wie es ihm richtig vorkam. Die meisten meiner Leute konnten aber ohnehin – genauso wie die Mehrzahl der einfachen Menschen überhaupt – noch nicht lesen und hatten daher keine Chance, die Genauigkeit der Einträge zu überprüfen.

Jedenfalls gaben meine Familienangehörigen damals schon bei den Ämtern an, von einer der ältesten Sinti-Sippen abzustammen. Ihre Vorfahren waren vermutlich in den Wirren des Pfälzischen Erbfolgekrieges, der von 1688 bis 1697 dauerte und deshalb auch Neunjähriger Krieg genannt wird, in den Schwarzwald gekommen – zusammen mit zahlreichen anderen Fremden und Vaganten aus allen Teilen des Reiches. Es waren unruhige, arme Zeiten, doch die Sinti unter diesen Kriegsflüchtlingen fanden ihr Auskommen – sie verdienten ihren Lebensunterhalt in ihren bereits »angestammten« Arbeitsbereichen Wahrsagerei, landwirtschaftliche Arbeiten, Heilkunde, Hausiererei, Pferdehandel und Musikantentätigkeit, aber auch durch den Militärdienst.

Doch nach dem Ende des Krieges wurden die Zeiten für meine Leute nicht besser – ganz im Gegenteil: »Überall werden sie von einer Landschaft in die andere verdrängt und nirgends können sie einen sichern Aufenthalt finden«, gab Johann Christian Hofmann, genannt »Bardelen«, beim »Oberamts und Malefiz Gericht Sulz« über die ihm bekannten Sinti zu Protokoll, »weil nun das Bettlen aller Orten verboten und die Armuth allzugros, die Verführung unter ihnen aber gemein seie, so seie er auf dergleichen Auswege geraten, um sich und die seinigen vom Hunger sterben zu erhalten.« Der diese pessimistische Darstellung von den Möglichkeiten der Sinti abgab, musste es wissen, denn er hatte selbst so einen Ausweg aus der Misere gefunden und sich einer Räuberbande angeschlossen, die unter der Verwendung von für damalige Zeiten modernen Jagdwaffen kleinere und größere Gaunereien verübte.

Diese Bande war damals weit über den Schwarzwald hinaus bekannt und ist es dort bis in die Gegenwart. Ihr Anführer war Jakob

Reinhardt, genannt Hannikel, eine immer noch beliebte Fastnachtsfigur.

Diesen Bandenführer muss man sich freilich nicht wie einen zeitgemäßen Mafiaboss vorstellen, sondern wie einen armen Schlucker, der sein Leben nicht in den Griff bekommen konnte und keine Ahnung hatte, wie er die hungrigen Mäuler seiner umfangreichen Kinder- und auch Frauenschar stopfen sollte. Überhaupt waren in den Augen der schwäbischen Öffentlichkeit die Übergänge zwischen Sinti, Räubern und Landstreichern fließend: »Das gottlose und verruchte Jauner- und Zigeuner-Volck sie seyen auf einer Missethat ergriffen oder sonst in andere Wege kundbar gemacht«, hieß es im »Kreispatent« des Schwäbischen Kreises. In diesem Gesetzeserlass empfahlen die Juristen zusammenfassend für Gauner und »Zigeuner«, dass die schon wegen kleinster Delikte sofort »zum Rad condemniret« werden sollten, also auf das Rad geflochten, eine grausame mittelalterliche Foltermethode. Damit nicht genug – Frauen, so meinte das schwäbische Rechtsprechergremium weiter, sollten gehängt und nur die Kinder in Zucht- oder Waisenhäuser weggesperrt werden.

Solche Androhungen machten die Gegenseite, die Sinti, nicht friedfertiger oder gesetzestreuer. Es passierte das, was immer passiert, wenn Menschen ins Eck gedrängt werden, wenn die Obrigkeit ihre Einnahmequellen verstopft und sie zu Hungerleidern degradiert: Die Not wird größer, die Menschen kämpfen um ihr Überleben, und sie können sich ihre Methoden nicht immer aussuchen. Oder sie suchen sich Methoden aus, die die anderen ihnen gegenüber angewandt hatten: Raub, Gewalt, Rücksichtslosigkeit. Sinti galten damals als Kindesentführer, türkische Spione, Räuber und Diebe. Kein Wunder, dass manche meiner Leute aus der Not heraus zumindest die letzten beiden Vorurteile wahrmachten, wenn sie schon für die Rollen als Kindesentführer oder Türkenspione denkbar schlecht geeignet waren.

Die Spuren der Ahnen Hannikels verlieren sich bei Johannes Reinhardt, genannt »Bittischa«, einem Tambour, also Trommler in der Armee des Landgrafen von Hessen-Darmstadt. In dessen Familie wuchs unter anderem Catharina Reinhardt, genannt »Geißin«, auf. Jene Geißin arbeitete später bei einem Müller von der Landstuhler Höhe bei Pirmasens, der aber nicht nur die haushälterischen Dienste seiner Arbeiterin beanspruchte. Die Sinteza brachte 1736 Johannes Jakob Reinhardt zur Welt, den sie »Geuder« nannte. Dieses Baby stellte die arme Frau vor eine unlösbare Aufgabe: Unter den Sinti war sie ein Schandfleck, weil sie mit einem Gadscho verkehrt hatte, unter den Deutschen lief sie als »Zigeunerin« sowieso unter dem Begriff Lumpengesindel, und ihr Kind verbesserte ihr Ansehen nicht, da der Müller nie daran gedacht hatte, sie zu heiraten. Also gab sie Geuder zu seinen Großeltern in Pflege und zog alleine weiter. Als Jugendlicher schloss sich der Sohn wieder der Mutter an, wurde kaiserlicher Soldat, später Hausierer für Bürsten und andere Haushaltsartikel.

Seine Mutter, Geißin, heiratete den Soldaten Friedrich Reinhardt, einen späteren Deserteur, und bekam 1742 noch ein Kind – Jakob Reinhardt. Auch dieses Kind gab sie, nach dem frühen Tod dessen Vaters, in der Nähe seines Geburtsortes bei Darmstadt in Pflege, diesmal aber nicht zur eigenen Familie, sondern zu einem Bauern, dem die billige Arbeitskraft sehr willkommen war. Doch schon mit zehn Jahren riss der kleine Jakob aus und begab sich auf die Suche nach seiner Mutter. Diese war zwischenzeitlich, wenn auch nur kurz, wieder verheiratet und Mutter noch eines Sohnes geworden, den sie Franz oder Wenzel nannte, und zog bald mit allen drei Kindern durch das Land, teils auf der Suche nach Gelegenheitsjobs, teils auf Almosen angewiesen, um zu überleben. Verbürgt ist, dass sie und ihre Söhne sich in Lützelstein, dem heutigen Le Petit-Pierre in den Nordvogesen, als Gänse- und Schweinehirten verdingten. Dort trafen sie auf eine andere Gruppe von Sinti, die aus Verwandten und Freunden ihres verstorbenen Mannes bestand. Alle Beteiligten beschlossen, von nun an zusammen weiterzureisen, und veranstalteten ein großes Fest. Erst an diesem Abend verliehen sie dem Jakob Reinhardt den Sinti-Namen »Hannikel«, was soviel wie »Ochse« hieß und als eine Anspielung auf dessen äußerst kräftige Statur gemeint war.

Als Hannikel 18 war, begann er im saarländischen Wolfersweiler als Jägergehilfe. Seine Aufgabe bestand vor allem in der Jagd auf Wilderer, die sich ihren Jägern aber wesentlich heftiger zur Wehr setzten als Rehe, Hasen und Fasane, weshalb Hannikel seinen Dienst nach drei Jahren wieder quittierte. Die Wilddiebe hatten ihm nach eigener Einschätzung zu oft nach dem Leben getrachtet – gerade für die gefährlichsten Aufgaben waren den Jagdpächtern junge, kräftige Sinti eben gut genug.

Es muss damals blutig zugegangen sein im deutschen Wald, denn Hannikel war niemand, der Auseinandersetzungen aus dem Weg ging. Das zeigte sich auch in seinem Umgang mit Frauen. Hannikel heiratete noch in seiner Zeit bei den Jägern seine erste Frau Christine, unter den Sinti »Gallimesch« genannt. Neun Jahre waren die beiden ein Paar, bis Gallimesch wegen Bettelns verhaftet wurde, ins Mannheimer Zuchthaus kam und dort ein Jahr später starb. Mit seiner zweiten Frau Fredricho war Hannikel nicht lange zusammen, weil ihm deren schroffe Umgangsweise mit den Kindern aus erster Ehe nicht gefiel. Die dritte Frau, Katharina Frank oder Frankenhannesen Käter, war fast zehn Jahre älter als Hannikel, aber um nichts weniger schneidig. Nach dem Tod ihres ersten Mannes durch den Strick zog sie mit ihren vier Kindern durch die Lande, bis sie an Hannikel geriet und mit ihm und einer anwachsenden Kinderschar, die damals schon nur durch gelegentliche Diebstähle vor dem Hungertod gerettet werden konnte, unterwegs war.

Hannikel war zu dieser Zeit noch kein richtiger Räuber, sondern schuftete in einer Glashütte im nördlichen Elsass. Das war harte, schmutzige und schlecht bezahlte Arbeit, denn er musste zusammen mit seinen Brüdern das Brennholz für die Glaserzeugung hacken, tief im Wald, wo man damals die Glashütten hingebaut hatte, weil dort alle Rohstoffe wie Holz, Holzasche, Sand und Wasser zur Stelle waren. Weil die Sinti ohnehin nirgends gerne gesehen wurden, wohnten die Arbeiter der Einfachheit halber gleich bei der Glashütte, in primitiven Unterkünften fernab jeden Dorfes. Doch dann passierte das, was immer wieder passierte, wenn meine Leute zu lange an einem Ort geblieben waren. In einem nahen Dorf wurde eine Bleiche überfallen, und natürlich wussten alle, dass »die Zigeuner« schuld waren, auch wenn das niemand beweisen konnte. Bald umstellten Landsknechte die Lager der ahnungslosen Sinti und wollten sie fangen und eventuell wohl auch lynchen – das war vermutlich nicht einmal ihnen selbst klar. Doch die Sinti waren gebrannte Kinder, die wussten, dass sie niemals mit einem fairen Prozess zu rechnen hatten, und setzten sich daher unverzüglich zur Wehr. Aus der Verhaftungsaktion wurde ein regelrechtes Gefecht, bei dem die selbsternannten Ordnungskräfte den Kürzeren zogen und wieder abziehen mussten – nicht ohne zwei Sintezas mitzunehmen. Für Hannikel und seine Leute hieß es danach, wie schon so oft, ihre Ranzen zu schnüren und sich schleunigst auf und davon zu machen, denn sie wussten, dass die Häscher bald mit Verstärkung zurückkehren würden.

Also ließ Hannikel zur Sicherheit nicht nur seine Wohnstatt, sondern gleich das gesamte Elsass hinter sich und schlug sich in die südwestliche Pfalz durch, nach Pirmasens. Auch dort arbeitete er wieder in verschiedenen Glashütten. Die Zeit dazu war günstig, denn der Landgraf Ludwig IX. von Hessen-Darmstadt wollte damals mit Macht die Bevölkerung seiner Grafschaft vergrößern und warb daher unter anderen auch Sinti an, die dort nicht nur in den Glashütten arbeiten, sondern sogar hausieren durften. Das tat Hannikel, indem er württembergisches Porzellan und böhmisches Glas feilbot. Diese Geschäfte führten ihn bald nach Württemberg, wo die Situation nicht so einfach war. Immer wieder musste er Jäger und andere Aufpasser in Wirtshäusern aushalten oder ihnen Waren schenken, um von ihnen in Ruhe gelassen zu werden oder sich dadurch den Schutz vor weiterer Verfolgung zu erkaufen.

Dabei dürften ihn die Forderungen seiner neuen kriminellen Geschäftspartner finanziell so in die Ecke gedrängt haben, dass er selbst zu kriminellen Methoden greifen musste. Hannikel verübte Diebstähle und Einbrüche, um sein Einkommen aufzubessern. Nur auf diesem Wege kam er zu genügend Waren, um sowohl die Wünsche seiner Kundschaft als auch die seiner »Schutzmannschaft« befriedigen zu können.

Der Wald wurde immer mehr zum Rückzugsgebiet von Hannikel und seinen Kumpanen, mit denen er sich zu einer Bande zusammengeschlossen hatte, die ihren Unterhalt von nun an mit Raubzügen verdiente. Dort lebten sie mit ihren Frauen, die während der Überfälle in dessen Tiefen verborgen blieben. Dort teilten sie ihre Beute auf, dort versteckten sie sich vor Verfolgern, dort feierten sie ihre Feste, dort wohnten sie unter primitiven Bedingungen in selbst gebauten Unterständen oder in den berühmten Räuberhöhlen, denn Wagen und Pferde besaßen Sinti damals noch keine. Es war vielleicht ein abenteuerliches, aber kein angenehmes Leben, das die Räuber fernab jeder Romantik führten.

Das hätte noch lange so weitergehen können, wenn nicht ein anderer Räuber Hannikel verraten hätte, aus Rache wegen einer Frauengeschichte. Hannikel wurde verfolgt, verhaftet und nach Sulz am Neckar gebracht, eine Stadt bei Rottweil, wo ihn Schergen am 17. Juli 1787 hinrichteten, zusammen mit drei seiner Getreuen – darunter auch Hannikels Bruder Wenzel. 12 000 Schaulustige waren gekommen, um ihn am Galgen zu sehen, den zuletzt reumütigen Räuber, der noch vom Galgen herunter dem Herzog »für die gnädigste und gerechte Strafe« dankte und vollmundig ankündigte, er wolle für ihn beten, sobald er vor Gott komme. Auch bat Hannikel in seinem letzten Stündlein noch alle Menschen, die er beleidigt habe, »um Gotteswillen um Verzeihung«. Doch als letztes soll Hannikel allerdings schon wieder einen bitteren Fluch ausgestoßen haben – nämlich den, dass es künftig an allen Festen in Sulz regnen solle. Ein Fluch, der, wie ich selbst bestätigen kann, nicht ohne Folgen blieb, denn zwischen Schwarzwald und Schwäbischer Alb gibt es wenige Feste, an denen nicht auch ein paar Regentropfen fallen.

So gerecht die Bestrafung des brutalen Räuberhauptmanns Hannikel für damalige Verhältnisse auch gewesen sein mag, so brutal fiel der Umgang mit der von Hannikel hinterlassenen Familie aus, die nichts für dessen Taten konnte, aber doch zur vollen Verantwortung gezogen wurde – weil sie »Zigeuner« waren wie Hannikel selbst. So warf man mit den anderen, nicht zum Tode verurteilten Bandenmitgliedern auch deren Frauen und halbwüchsige Kinder sowie die Hinterbliebenen der Gehenkten in den Kerker. Jugendlichen wie Erwachsenen traute man keine Besserung zu. Die Chance, eine solche Besserung zu zeigen, erhielten sie nicht – wegen der schlechten Haftbedingungen erlebten viele nicht einmal das Ende ihrer zehnjährigen Haftstrafen. Andere waren zwar zu lebenslanger Haft verurteilt, die sich aber selten über lange Lebenszeiten erstreckte, denn die Zuchthäuser waren eher zur Vernichtung, nicht zur Besserung von Kriminellen gedacht.

Nur Kinder wurden zur Umerziehung ausgewählt. Sie trennte man gewaltsam von ihren Familien und verfrachtete sie in ein Waisenhaus, das dem Ludwigsburger Zucht- und Arbeitshaus praktischerweise angegliedert war. Damit setzten die Württembergischen Behörden fast 150 Jahre vor dem Beginn der Nazidiktatur Maßnahmen durch, die in ähnlicher Form wieder aufgenommen wurden. Auch die Nazis warfen unter dem Vorwand, einzelne »Zigeuner« seien kriminell, ganze Sippen ins Gefängnis. Auch sie wollten damit die Fortpflanzung der Familien verhindern, und auch sie versuchten, zumindest anfangs, die »Umerziehung« von Sinti-Kindern in Waisenhäusern – obwohl sie diese Experimente bald abbrachen und auch die Kinder in die KZs verschleppten, um sie dort zusammen mit den Erwachsenen umzubringen.

Die Lebensgeschichte des Hannikel ist für mich nicht nur eine Abenteuergeschichte aus der Zeit des späten Barocks, sondern auch ein frühes Beispiel für den Leidensdruck und die Verfolgung meiner Leute. Doppelt tragisch ist die Überlieferung dieser Geschichte auch, weil populäre Figuren wie die des Hannikel über Jahrhunderte das Bild der deutschen Sinti in der restlichen Bevölkerung prägten – das vom unsteten, kleinkriminellen, ja räuberischen »Zigeuner«, der seinen Unterhalt auf Kosten der Allgemeinheit verdient. Ein Vorurteil, das von den Nazis benutzt wurde, um ihre menschenverachtende Rassenideologie zu verbreiten und durchzusetzen.

Bis dorthin brauchte es noch einige Zwischenstufen. Jede Menge repressiver Polizeivorschriften, gescheiterter »Erziehungsversuche«, Verbote, unsere Muttersprache zu verwenden, auf Reisen zu leben und unsere Musik zu spielen. Selbst Pläne, Sinti auf andere Kontinente zu verbannen, gab es bereits Jahrhunderte vor den Maßnahmen der Nazis – so dachten die Franzosen Anfang des 19. Jahrhunderts daran, Tausende meiner Leute nach Louisiana zu verschiffen, in die nordamerikanische Kolonie der Franzosen. Der Plan wurde nur aufgegeben, weil Frankreich diesen Besitz an die Vereinigten Staaten von Amerika verkaufte. Portugal hatte dagegen schon im 16. Jahrhundert Hunderte Sinti gegen ihren Willen nach Brasilien, Spanien dagegen in seine südamerikanischen Kolonien verbannt.

Saving All My Love for You

Ich war ein fröhliches und unbelastetes Kind. Ich wusste nichts von Verfolgung, Lagern und Toten. Ich spürte nur, dass es einen Schatten gab, der über meiner Familie lag. Ich wusste, dass etwas nicht stimmen konnte mit unserer Vergangenheit, und ich spürte, dass es für mich kleines Kind besser war, nicht daran zu rühren. Diese dunklen Geschichten halten wir Sinti bis zum heutigen Tag, so gut es geht, von unseren Kindern fern, bis sie in das richtige Alter kommen, in dem sie diese gewaltige Finsternis einigermaßen verkraften können.

Ich tat damals schon, was ich heute noch fast immer tue – ich folgte meinen Gefühlen, ließ das Dunkle in seinen Verstecken und wandte mich dem Hellen zu. Das Helle war für mich die Musik, der ich mich immer mehr verschrieb. Ich war noch keine zehn Jahre alt, als ich das Schulsystem innerlich schon abgeschrieben hatte. Ich nahm meine Lehrer nicht ernst, weil sie meinen Berufswunsch nicht ernst nahmen. Auf die Frage, was ich später einmal werden wolle, gab ich immer zur Antwort, dass ich Sängerin werden wolle, nein, ich sagte, dass ich sicher Sängerin werde.

Die Antwort meiner Lehrer war auch immer dieselbe, und sie war für mich von Anfang an enttäuschend: »Das ist kein richtiger Beruf«, hörte ich, »das ist zu unsicher«, »davon kannst du nicht leben«, »woher willst du wissen, dass du so erfolgreich wirst, dass du dir dein Leben mit Singen finanzieren kannst?« »Du bist viel zu jung, um so etwas sagen zu können«, »eine Karriere kann man nicht planen«, »das Singen muss einem in die Wiege gelegt sein.«

Darüber dachte ich damals keine Sekunde lang nach. Ich hatte immer schon gesungen, seit ich denken konnte, und ich hatte diese Fähigkeit als etwas von Gott Geschenktes hingenommen. »Singen ist ein Talent«, hieß es bei mir zu Hause immer, »jeder ist für etwas besonders begabt, aber jeder auf einem anderen Gebiet. Bei dir ist das die Musik.« Das war eine Argumentation, die mir einleuchtete. Was wollten diese Lehrer von mir?

Nur eine meiner Freundinnen von damals, Andrea, ein Mädchen aus demselben Dorf, glaubte an mich. Mir half aber vor allem die Unterstützung meiner eigenen Familie, und da besonders die von meinem Dada. »Ich habe immer gewusst, dass Dotschy Musikerin wird« – das sagt er heute noch jedem, der sich dafür interessiert, und allen anderen Leuten sagt er es auch. Außerdem hatte ich ständig das Beispiel meiner musikalischen Verwandten vor mir, die mir ihre Musik Tag für Tag vorlebten.

Dazu gehörte natürlich auch Heinrich, mein Lehrer in Sachen Musikverständnis. Er war ein Halbbruder meiner Großmutter. Sein Vater war jener Bernhard Heinrich Pfisterer, der durch die diversen KZ-Höllen stieg, seine Mutter war jedoch nicht dessen Ehefrau Martina Pfisterer. Wenn er zu uns auf Besuch kam, wusste ich, dass ein Festtag bevorstand, denn Heinrich würde das Kochen übernehmen. Er bereitete sich jedes Mal sorgfältig darauf vor, brachte feine Zutaten mit, las Kochbücher und konnte stundenlang über das Essen reden. Vor allem aber sprach er über Musik, denn er besaß eine der gewaltigsten Musiksammlungen, die ich kannte. Heinrich hortete seine Schätze auf Musikkassetten. Das war damals sehr modern, und ich fand Kassetten ohnehin besser als Schallplatten, weil er immer unkompliziert Musik mitbringen konnte, die ich schnell kopierte, wenn sie mir gefiel.

Heinrich war einer meiner produktivsten Kritiker. »Du musst mit deiner Stimme malen«, hielt er mir immer wieder vor. »Dein Vorbild ist doch Frank Sinatra, also mache es wie er. Ein Lied hat verschiedene Farben, es hat Täler und Berge, und du musst es jedes Mal neu malen, mit anderen Farben, auf anderen Ebenen.« So wurde Heinrich mein erster Musiklehrer, der mir nicht nur Melodien und Texte beibrachte, sondern auch Hinweise dazu gab, wie ich diese Lieder singen sollte und was das Singen im Kern bedeuten könnte. Er zeigte mir die Essenz der Musik, die Seele eines Liedes.

Dagegen lebten die Musiklehrer meiner Grundschule in einer für mich fremden Welt, mit der ich nichts zu tun hatte. Ihr Musikunterricht war so anders als das, was ich machte. Ihn konnte ich mit meiner Gefühlswelt nicht zusammenbringen. In der Schule schrieb der Lehrer Töne an die Tafel, die wir nachzusingen hatten, als seien das Buchstaben, die es zu lesen gelte. Dort hantierten wir mit Notenschlüsseln, Taktzahlen und Tonarten, als gelte es, mathematische Aufgaben zu lösen, und als Krönung sangen wir wenig begeistert deutsche Volkslieder. Niemand von uns fand diese Lieder gut – ich glaube, sie gefielen nicht mal unserem Musiklehrer.

Als meine Lehrer erfuhren, dass ich mich für Musik interessierte und auch privat sang, wollten sie von mir bei den mündlichen Prüfungen nicht mehr »Im Frühtau zu Berge« hören, sondern meine Lieder. Ich mochte ihnen ihren Wunsch aber nicht erfüllen, weil ich mich vor meinen Lehrern und auch vor manchen Schülern nicht preisgeben wollte. Ich hatte das Gefühl, als würden die anderen sonst einen Einblick in mein Leben erhalten, der ihnen nicht zustand, weil Schule für mich in einem Bereich stattfand, der weit außerhalb meines Lebens lag.

Als ich bei Gelegenheit fallen ließ, dass ich gerne Dirigentin werden würde, dachten die Lehrer, ich hätte endgültig den Boden unter den Füßen verloren. Hätte ich als Berufswunsch Friseuse gesagt, wären sie zufrieden gewesen, auch wenn Friseuse der unrealistischste Berufswunsch war, den man sich in der schwäbischen Provinz vorstellen konnte – jedes zweite Mädchen wollte das damals werden, während sich der Bedarf an jungen Friseusen in engen Grenzen hielt.

Die erste Chance, außerhalb der Schule und des geschützten Bereiches der Sinti-Zeltmissionen öffentlich vor Unbekannten aufzutreten, bot sich mir in Arnach. Das war nicht die große Welt, sondern ein 1400-Seelen-Dorf ein paar Hügelrücken weiter, bei Bad Wurzach im Landkreis Ravensburg, aber es war ein Anfang. Mein Vater hatte in einem Anzeigenblatt gelesen, dass es dort ein Wettsingen gäbe, eine Art Vorläufer der heutigen Castingshows im Fernsehen. Arnach war lange vor Dieter Bohlen, aber auf ähnlichem Niveau und nicht ganz so offen im Ausgang, denn in Arnach gewann nicht der oder die Beste, sondern die Tochter des Bürgermeisters. Gegen sie hatte ich keine Chance, doch ich erklomm den achtbaren zweiten Rang.

Als ich neun Jahre alt war, kam ich zu meinem ersten großen Schlagerwettbewerb, wie sie damals in Bierzelten abgehalten wurden. Schuld daran trug meine Tante Daniela. Sie hatte mich von klein auf dazu motiviert, Sängerin zu werden, und war bald auch zu etwas zwischen meiner Managerin und meiner Mary Poppins geworden. Nun wies Daniela meine Eltern auf den Wettbewerb hin, von dem sie in einer Regionalzeitung gelesen hatte. Sie hielt es für wichtig, einen Schritt in diese professionelle Richtung zu tun.

Das Wettsingen fand in Schmalegg statt, einer Ortschaft bei Ravensburg. Als meine Mutter mich anmeldete, wollte der Veranstalter Probeaufnahmen hören und wissen, welchen Song ich einstudiert hätte. Damit meinten sie gängige Schlager oder Pop-Hits, die ich aber nicht drauf hatte und auch nicht singen wollte. Als der Organisator hörte, dass ich nur Jazz singe, war er erstaunt, und als ihm meine Mutter sagte, dass ich erst neun war, zweifelte er daran, dass ich auf einer so großen Bühne auftreten könnte. Um einen Kompromiss zu finden, schlug ich »Bad Boy« vor, einen Hit von »Miami

Sound Machine«, einer Latin-Pop-Band mit der Sängerin Gloria Estefan.

Die Band kannte das Stück nicht, aber die Musiker wollten es für mich lernen. Als ich zwei Tage später zur Probe kam, hatten sie noch nichts getan, weil sie sich nicht vorstellen konnten, dass ein so kleines Mädchen wie ich wirklich kommt, wenn es ernst wird. Also stellte ich mich einfach hin und sang drauflos. Die Musiker versuchten einzustimmen, doch es ging drunter und drüber, bis sie die Sache aufgaben. Einer von ihnen schlug mir Stevie Wonder vor, »I Just Call«, den Schmachtfetzen des blinden schwarzen Sängers. Vielleicht dachte er, dass der auch ein bisschen etwas mit Jazz zu tun hätte, oder er dachte, diesen Song müsse jedes Kind kennen.

Es war zwei Tage vor dem Wettbewerb, und ich begann, mich in »I Just Call« zu verbeißen. Der Song ist eingängig, aber nicht so einfach zu singen, und ich hatte ziemliche Schwierigkeiten mit dem Text, denn er ist sehr lang. Zuletzt konnte ich gerade den Refrain auswendig:

> *I just called to say I love you*
> *I just called to say how much I care*
> *I just called to say I love you*
> *And I mean it from the bottom of my heart*

Über den Rest stolperte ich mehr schlecht als recht dahin, und auch beim Wettbewerb, im gut gefüllten Bierzelt selber, ging es mir nicht viel besser. Ich hatte aber großartige Unterstützung. Meine Tante Daniela hatte einen Fanclub für mich organisiert, dessen Mitglieder ihre Feuerzeuge während meines Liedes im Takt hin und her schwenkten und für kräftigen Applaus sorgten. Ich bekam einen ehrenvollen dritten Platz und fand das nicht schlecht, so wenig vorbereitet, mit einem Lied, das mir nicht lag, als einziges Kind unter lauter Teenagern und Erwachsenen. Meine Eltern, ja alle meine Verwandten, die da waren, fanden das Ergebnis nicht nur nicht schlecht, sie waren hellauf begeistert, und mein Vater sah sich in allen seinen Vorahnungen auf das Wunderbarste bestätigt: »Meine Tochter wird eine großartige Sängerin!«

Nach dieser Veranstaltung dachten meine Eltern daran, die Sache mit der Musik erst einmal auf sich beruhen zu lassen, doch davon wollte ich nichts wissen. Ich nahm Gesangsunterricht und übte fleißig weiter zu intonieren. Ich hörte viel Musik und ließ mich jedes Mal, wenn ich in Memmingen war, von meinen Verwandten in die Wunderwelt des Jazz einführen.

Meine Eltern konnten gar nicht anders, als mich darin zu unterstützen. Sie waren fest davon überzeugt, dass aus mir eine große, richtige Sängerin wird. So eine, die sie in Schmalegg singen hörten und siegen sahen. Oder beim Schlagerwettbewerb in Glottertal hören könnten, einer Ortschaft im Südschwarzwald, die sie bis dahin nur aus dem Fernsehen kannten. Mehr Karriere hatten meine Eltern damals nicht im Sinn. Doch nach Glottertal wollten sie noch.

Also meldeten sie mich zum dortigen Wettbewerb an. Sie drängten mich nicht in diese Richtung, sie entsprachen nur meinen Wünschen, denn ich wollte auftreten, ich wollte vor Leuten singen, ich wollte Sängerin werden. Sie zahlten mir Gesangsunterricht und Stunden am Klavier, kauften mir ein Keyboard, das ich wenig benutzte, weil es nicht mein Instrument war, was ich damals noch nicht wusste, und taten alles, um mir eine perfekte Vorbereitung zu ermöglichen. Sie buchten eine Frühstückspension in Glottertal, packten mich und meine Schwester auf den Rücksitz ihres altertümlichen Mercedes und fuhren mit uns in den Schwarzwald hinauf.

Die Gala in Glottertal sollte etwas Großes werden, mein erster Auftritt richtig draußen, in der Welt, in der Glottertal so bekannt war, wie ein deutsches Dorf nur bekannt werden kann. Damit diese Sache gut läuft, alarmierten meine Eltern die gesamte Verwandtschaft. Mein Onkel Heinrich kam, Stromeli mit seiner Familie, und aus Bad Waldsee reiste sogar mein Cousin Didi an. Schon am Vorabend trafen wir uns alle in einem Gasthaus. Das war gleichzeitig ein Familienfest, es gab ein freudiges Wiedersehen mit großem Hallo und Begrüßungen, mit unzähligen Trinksprüchen und Runden, die spendiert wurden, bis wir gegen zwei Uhr morgens in unsere Pension gingen. Ich musste mich ziemlich anstrengen, meine Augen so lange aufzuhalten, aber ich konnte natürlich nicht anders als bis zum Ende dabei zu sein, denn schließlich sollte ich der Star sein, der eigentliche Grund des Zusammentreffens.

Am nächsten Morgen kam ich kaum aus dem Bett. Das Frühstück in unserer Pension war seit Stunden vorbei, und der Wirt sah uns an, als kämen wir von einem anderen Stern – solche Langschläfer hatte der brave Mann mitten im Frühaufsteher-Wanderschuh-Naturparadies noch nicht erlebt. Aber wir waren nicht wegen des Schwarzwaldes da, nicht wegen der saftigen Weiden und der geschnitzten Fassaden, sondern wegen der Murghalle, in der der Wettbewerb stattfinden sollte.

Diesmal war ich besser vorbereitet, denn ich hatte meinen Lieblingshit angekündigt, meinen Stammsong, meinen Allzeit-Favoriten, »Saving All My Love For You« von Whitney Houston. Ein Lied, das ich nicht erst groß üben musste, weil ich es ohnehin immerzu sang:

> *We'll be making love the whole night through*
> *So I'm saving all my love for you*
> *Yes I'm saving all my love*
> *Yes I'm saving all my love for you*

Wenn ich ganz ehrlich zu mir gewesen wäre, hätte ich mir eingestehen müssen, dass die Zeit meiner größten Verehrung für Whitney Houston schon ein bisschen vorbei war. Ich hätte zugeben müssen, dass ich bereits damals diese Nummer ein wenig flach fand, weil ich mich schon stärker für Jazz interessierte als für solche Soul-Balladen. Doch für Glottertal war Whitney eine gute Wahl. Die Leute würden es bestimmt komisch finden, wenn ich Frank Sinatra singe oder Andy Williams oder einen der anderen Crooner, die ich damals schon vergötterte – so dachte ich jedenfalls. Als kleines Mädchen mit zehn Jahren liebte ich lauter Songs von Männern und Songs für Männer, die normalerweise auch von Männern gesungen werden. Die zogen mich damals schon mehr an als Sängerinnen, sie waren meine großen musikalischen Vorbilder, sie waren mir emotional näher als weibliche Stars.

Als ich endlich auf der Bühne stand, meine Verwandtschaft im Publikum vor mir, lief alles hervorragend, die Leute waren angetan von der kleinen Whitney, die ich darstellte, und ich bekam den ersten Preis. 250 Mark, mein erstes selbst verdientes Geld. Ich weiß noch, wie ich diesen Lohn stolz in einem Umschlag mit mir trug, denn mein Vater hatte gesagt, ich dürfte damit machen, was ich wollte. Lange hielt meine Gage nicht: Ich teilte alles mit Sissi, und wir machten uns wenig später ein paar herrliche Nachmittage auf dem Ravensburger Rutenfest, dem traditionsreichen Sommerfest der Stadt, wo wir mein Geld an den Essständen, in den Spielbuden und vor allem auf dem Karussell in reine Glücksmomente verwandelten.

Nur der Vater von Kitty, der auch so etwas wie ein Mentor für mich war und über ein großes Musikwissen verfügte, gab sich mit meinem Erfolg nicht zufrieden. »Sie soll einen besseren Rahmen haben als einen Bauernschlagerwettbewerb«, fand er und bat Kitty dafür zu sorgen, dass ich in einem angemesseneren Umgebung auftreten könnte. Das fiel Kitty nicht schwer, denn ihr Mann Kuno war in der Band des Jazzpianisten Horst Jankowski, der regelmäßig im »Perkins Park«, einem Veranstaltungskomplex auf dem Stuttgarter Killesberg, damals berühmt-berüchtigte Jazzabende leitete und moderierte.

Jetzt geht es ja noch weiter in die große Welt hinaus, dachte ich, als Kitty anrief, um mir nur ein paar Wochen nach dem Erfolg in Glottertal die gewaltige Neuigkeit mitzuteilen: Ich könnte mit der Big Band von Horst in Stuttgart auftreten, diesmal nicht mit Whitney Houston, sondern mit Jazz. Richtigem Jazz, in einem richtigen Jazzlokal, in einer richtigen Stadt, mit einer richtigen Jazzband – ich glaubte, meinen Ohren nicht trauen zu können. Ich, all das, mit elf Jahren?

Als ich mit meinen Eltern in Stuttgart ankam, spazierte ich wie auf Wolken durch die Welt. Hinterher konnte ich mich an viele Einzelheiten nicht erinnern. Alles kam mir wie nicht selbst erlebt vor, so, als hätte ich mich in einem verblichenen Film gesehen. Ich muss wie eine Schlafwandlerin durch die Stadt und auch über die Bühne gestolpert sein, aber es ging wieder einmal gut, sogar sehr gut. Als erstes Stück sang ich »Saving All My Love For You«. Danach kam eine Ballade, »Close Enough For Love«, ein Stück aus einem Film über Agatha Christie. Immer wieder hatte ich mir die eher schlecht als recht aufgezeichnete Kassette mit dieser Aufnahme angehört, bis ich das ganze Stück nachsingen konnte. Zuletzt trug ich ein Stück von meiner Tante Kitty Winter vor, »Primrose Samba«, mit Scat-Einschüben, diesem rhythmischen Improvisieren auf sinnlosen Silben, das Louis Armstrong, Ella Fitzgerald oder auch Sarah Vaughan so berühmt gemacht hatte – eine der schwierigeren Übungen für eine angehende Jazz-Sängerin. Doch es gelang, denn ich war in Stuttgart mit einer solchen Unbekümmertheit und Unbefangenheit ans Werk gegangen, dass nicht nur die Zuhörer, sondern auch die Musiker begeistert waren. Mir ging es so gut dabei, dass ich nicht mehr von der Bühne runter wollte, nachdem ich längst mit meinen Nummern fertig war. Hier fühlte ich mich anders als zu Hause auf dem Dorf. Hier war ich nicht das Mädchen mit den schwarzen Haaren, das ein bisschen dunkler aussieht als alle die blonden Bauernmädel in meiner Schulklasse. Hier war ich ein

Mädchen, das toll singen kann – und mehr: Ich war ein »musikalisches Ausnahmetalent«, wie sich mein Gastgeber ausdrückte, und ich glaube, er erwähnte sogar, dass ich aus der »berühmten« Familie der Reinhardts stammte. Das war nicht »eine aus der Zigeunersippe«, wie ich es auch schon mal gehört hatte bei uns im Dorf, sondern eine aus der Familie von Django, von Schnuckenack, von Zipflo. Namen, die auf der Stuttgarter Bühne mit Ehrfurcht ausgesprochen wurden. Ich war eine aus diesem Clan, der immer schon für Musikernachwuchs in den Jazzclubs der Welt gesorgt hatte.

Nach dem zweiten Stück, der Ballade, interviewte mich Horst Jankowski. Die schwierigsten Fragen stellte er mir, und wieder trat dieser Traumwandlerei-Effekt ein – ich antwortete ihm einfach und klar, als sei das die natürlichste Sache von der Welt. Das seien ja tiefste Tiefen, durch die diese Leute gegangen sind, in meinen Songs – ob ich als junges Mädchen schon solche Tiefen erlebt hätte? »Nein«, sagte ich ihm in entwaffnender Offenheit. »Natürlich nicht.« Jankowksi machte mir daraufhin ein paar Komplimente und fragte, was ich in Zukunft vorhabe. »Ich mache weiter solche Sachen, bis ich auf dem Gipfel bin«, sagte ich, und dahinter stand keine Berechnung, denn es war das, was ich mir in diesem Moment dachte: Du singst weiter, genau so, dachte ich bei mir, und irgendwann wirst du berühmt.

Nach dieser Antwort applaudierten alle wie wild, was ich mehr aus den Erzählungen meiner Eltern weiß, die natürlich auch im Publikum saßen, und weniger aus meinen persönlichen Erinnerungen. Dann sang ich meinen dritten Song, mit ein paar kleinen Tanzeinlagen, und mein Glück war komplett. Hinter den Kulissen lernte ich den Sänger Bill Ramsey kennen und den »Zaubergeiger« Helmut Zacharias. Jazzgrößen, die ich mir bis vor wenigen Tagen nur ehrfurchtsvoll vorstellen konnte, schüttelten mir die Hand, sprachen mit mir wie mit einer alten Kollegin und machten mich fast schwindlig – konnte das alles wahr sein?

Horst Jankowski lud mich noch am selben Abend zu einer seiner nächsten Sendungen ein. Es kam in den folgenden Jahren zu mehreren Auftritten mit ihm und seiner Band. Den Höhepunkt stellte ein Auftritt zusammen mit der RIAS-Big-Band dar, einer der angesehensten Jazz-Big-Bands des Landes. Das Ganze sollte in Berlin stattfinden, in der fernen Großstadt, mit mir auf der Bühne. Mit Dotschy Reinhardt, 13 Jahre alt, aus Wetzisreute. Sollte das ein Witz sein?

My Kind of Town

Berlin lag außerhalb der Reichweite meiner Familie. Wenn meine Eltern unterwegs waren, fuhren sie mit dem Auto zu Zielen, die sie in einem halben Tag erreichen konnten. Karlsruhe war für sie eine weite Reise. Offenburg, Memmingen, München – das waren ihre Fernreiseziele. Die großen Ausnahmen bestanden in Pilgerreisen, etwa nach Lourdes, die sie ausschließlich im eigenen Wohnwagen, mit sorgfältiger Vorausplanung und mehreren Übernachtungen auf der Strecke, in Angriff nahmen.

Doch nun lag meine Einladung zur Show von Horst Jankowski auf unserem Küchentisch, zusammen mit zwei Flugtickets für mich und meine Mutter als meine Begleitperson, von Stuttgart nach Berlin. Diese Post hatte, obwohl angekündigt und erwartet, uns jäh aus der familiären Ruhe gerissen. Plötzlich gab es lauter unbeantwortete Fragen: Was tun? Wirklich fliegen? Nur meine Mutter und ich? Schnell war klar, dass das so nicht geht, die halbe Familie im Flieger, ohne Bodenkontakt, die andere Hälfte zu Hause, ohne Zugriff auf den fliegenden Rest. Eine Lösung musste her, denn der Auftritt sollte in wenigen Tagen stattfinden. Nur so viel war klar: Auf die Bühne wollte ich auf alle Fälle, und auch meine Eltern fanden es großartig, mich im Fernsehen sehen zu können.

Der Familienrat tagte unverzüglich, und die ersten Ergebnisse ließen nicht lange auf sich warten. Alle würden sie mitkommen, auch mein Vater, denn er wollte meine Mutter keinesfalls unbegleitet reisen lassen (und sie ihn genauso wenig). Dadurch musste auch meine kleine Schwester mit, denn sie wollte um keinen Preis bei meiner Großmutter bleiben. Es brauchte noch einiges von meiner Überredungskunst und meiner Fähigkeit, meinem Vater alles, was ich wollte, abzuluchsen, bis meine Eltern sich dazu entschieden, zum ersten Mal in ihrem Leben ein Flugzeug zu besteigen. Meine Eltern hatten zwar Angst vor dem Fliegen, aber eine noch größere Angst hatten sie davor, ohne einander zu sein und ohne ihre Kinder, wobei es uns nicht viel anders ging als ihnen. Die Entscheidung für den Flieger wurde zusätzlich durch die Grenzen bestärkt, die es damals auf dem Weg nach Berlin zu überwinden galt, denn die DDR existierte zu dieser Zeit noch, auch wenn unsere Reise auf die Zeit knapp vor dem Mauerfall fiel. Aber alleine die Vorstellung, von deutschen Grenzbeamten mehrmals aufs Genaueste untersucht und unter die Lupe genommen zu werden, passte meinem Vater noch weniger als die Vorstellung, in einem blechernen Vogel über all diese Unbill hinwegzuschweben.

Doch damit nicht genug – mein bevorstehender Auftritt sprach sich auch im größeren Familienkreis rasch herum, und es dauerte nicht lange, bis Kitty aus Stuttgart anrief und uns mitteilte, dass sie mich natürlich nach Berlin begleiten werde, zusammen mit ihrem Mann, immerhin kannte sie die Stadt, sie kannte Horst Jankowski, und sie war die mit Abstand Weltläufigste von uns – weshalb nicht nur ich, sondern auch meine Eltern froh über diese Begleitung waren.

Der erste Flug meines Lebens verlief für mich ein wenig enttäuschend, denn es passierte nicht viel. Es fühlte sich an wie im Autobus, und die Sicht war auch nicht viel besser, weil sich das Land unter einer dicken Wolkenschicht versteckt hatte. In Tegel erwartete uns dann ein überraschter Fahrer, dem wir erklären mussten, dass wir ein paar mehr Leute waren, als ihm angekündigt worden waren.

Auf der Fahrt ins Hotel wurde die Sache dann aber doch groß für mich, sehr groß. Ich konnte mich nicht satt sehen an diesen Straßen, die so breit waren wie Autobahnen, aber doch mitten durch die Stadt führten. Straßen, auf deren Mittelstreifen Autos standen und die von riesigen altertümlichen Kandelabern beschienen wurden. Ich konnte es nicht fassen, wie hoch die Häuser waren und wie so viele Autos um solche Kreisverkehre fahren konnten, ohne dass sie sich ineinander verhedderten. Dabei musste ich immerzu an Frank Sinatra denken, an sein Lied »New York, New York«, in dem er die Faszination der Großstadt beschrieben hatte. »If I can make it there, I'll make it anywhere«, sang er in diesem Song. Das war es, dachte ich, was ich immer gewollt hatte. Hier war sie nun, die große Welt, und ich war mittendrin, eingezwängt zwischen Dada und Mama auf dem Rücksitz einer Limousine. Mittendrin und doch ziemlich gut aufgehoben.

So glamourös ging es gleich weiter. Unser Hotel war prächtig, sehr modern und sehr bunt beleuchtet. Das Auto fuhr mitten in eine Halle, durch die die Gäste über einen roten Teppich ins Haus schweben konnten. Meine Eltern und ich stolperten zwar eher hinein, denn das war nicht unsere Kragenweite, aber die Fernsehleute hatten für mich hier gebucht, und natürlich wollten wir alle, die ganze Familie, beisammen wohnen, auch wenn es viel zu teuer für uns war. Doch das war jetzt egal, denn wenn meine Familie am Genießen war, fragte niemand nach dem Preis. Wir bestaunten das riesige Zimmer, die Glasfront mit Blick auf einen baumbestandenen Kanal, das marmorne Bad und die elegante Einrichtung.

Viel Zeit hatten wir aber nicht, denn die Limousine wartete schon, um uns zu den Proben zu bringen. Dort ging es ein bisschen weniger glamourös zu. Das Studio war nicht mit knietiefen Teppichböden ausgelegt, sondern mit zerschlissenem Linoleum, hier strahlten keine Designer-Kronleuchter, sondern nackte Neonröhren. Das Ganze erinnerte mich eher an eine Garage oder an eine

Werkshalle als an eine Traumfabrik. Ich musste in unzählige Kammern und Kämmerchen, um Kleider auszusuchen, mich probeweise schminken zu lassen und dies und das zu besprechen. Dabei war ich immer mit meiner Mutter unterwegs, denn alleine hätte ich mich in diesem grauen Labyrinth kaum zurechtgefunden. Mein Vater wartete unterdessen in der kleinen Kneipe, die es auf dem Gelände gab. Bald hatten wir alle Hunger und trafen uns dort, zu Bockwurst mit Kartoffelsalat, viel mehr gab es nicht. Das war mir egal, denn meine Aufregung stieg von Stunde zu Stunde, und mir war nach allem Möglichen zumute, nur nicht nach Essen.

Bei den ersten Proben mit der Big Band stellte ich entsetzt fest, dass ich nicht richtig singen konnte. Mein Hals kratzte, mein Rachen fühlte sich wund an, meine Zunge kam mir wie ein nasser schwerer Lappen vor, und was ich herausbrachte, klang mehr nach Krankheit als nach Kunst. Ich sang trotzdem, so gut es ging, unter Schweißausbrüchen, und wusste nicht, was ich tun sollte, weil niemand etwas sagte. Merkte keiner, was los war? Endlich kam Horst Jankowski zu mir und fragte mich, ob ich Probleme mit der Stimme hätte. Fast hätte ich geweint vor Erleichterung – ja, ich wüsste nicht, was los sei, sagte ich wahrheitsgemäß, und sollte daraufhin sofort zu einem Arzt fahren. Jankowski kam mir in diesem Moment komisch vor. Gar nicht streng oder ärgerlich, eher belustigt und merkwürdig fahrig, jedenfalls ein wenig hilflos. Aber ich beachtete das nicht – ich war nur froh, mit dem Singen aufhören zu können.

Meine Eltern und ich nahmen ein Taxi zum Ku'Damm, zu einem Hals-Nasen-Ohren-Arzt. Dieser diagnostizierte eine Kehlkopfentzündung. Es war zu spät, um etwas zu unternehmen, das bis zu meinen Auftritt am nächsten Tag wirksam gewesen wäre. Ich stand total unter Druck. Meine Familie war nur wegen mir nach Berlin gereist, um mich singen zu hören. Ich selbst hatte mich wahnsinnig auf diesen Auftritt gefreut, ich hatte so lange darauf hingearbeitet – und nun sollte das alles nicht wahr sein? Ich war verzweifelt, und meinen Eltern gelang es kaum, mich zu trösten. Durch meine Aufregung wurde mein Hals nicht besser, sondern tat mir noch mehr weh, was auch mit meiner Heulerei zu tun haben mochte.

Am nächsten Morgen konnten mich weder das prächtige Frühstücksbuffet noch die bekannten Musiker, die wir dort trafen, trösten. Auch unsere darauf folgende Besichtigung der Kulissen der damals populären Fernsehshow »Dalli Dalli« mit Hans Rosenthal konnte meine Stimmung nicht aufhellen. Mein Hals tat mir immer noch weh. Trotzdem entschloss ich mich zu singen, was man mit so einer Entzündung nicht machen sollte, denn das ist sehr schlecht für die Stimme. Ich tat es trotzdem, weil mir das niemand gesagt hatte und weil ich auch aufgetreten wäre, wenn ich es besser gewusst hätte. Schließlich war ich ehrgeizig und empfand meinen Auftritt als große Chance für eine Karriere, die ich mir immer erträumt hatte.

Doch fürs Erste sollte es beim Träumen bleiben: Ich sang mehr schlecht als recht, weshalb mein Beitrag aus der Show herausgeschnitten wurde. Damals wurde nicht live produziert, da war das kein Problem. Heute würde man so etwas zwar live senden, aber ich hätte mit Playback gesungen, und niemand hätte etwas bemerkt. Doch das Kapitel Fernsehen mit Horst Jankowski war mit meinem Berlin-Ausflug ohnehin vorbei. Die Stadt an der Spree sah ich jahrelang nicht mehr, den Bandleader nie mehr wieder. Er zog sich wenige Jahre nach dieser Sendung aus dem Showgeschäft zurück und starb zehn Jahre später an Krebs.

Berlin blieb mir dennoch für immer in Erinnerung, als die Großstadt schlechthin. Als die Metropole, die verführerisch glänzen, aber auch böse glimmen kann, wenn man sich zu nahe an ihren Glitter drückt, wovon ich als junges Mädchen weit entfernt war. Damals faszinierte mich Berlin, weil ich so etwas noch nie gesehen hatte, aber ich spürte gleichzeitig, dass diese Stadt auch etwas Bedrohliches haben könnte.

Wie wohl ich mich nach der Rückkehr in meinem vertrauten Wetzisreute fühlte, in meinem heimeligen Zimmer, in meiner kleinen Höhle! Aber der Stachel Berlin saß von da an in mir drin. Ich spürte, dass es nicht reichen würde, zu Hause zu sitzen, den ganzen Tag Platten zu hören und zu versuchen, die nachzusingen. Also begann ich, Gitarre zu lernen. Ich spielte und spielte, bis mir die Finger bluteten und ich das Instrument entnervt ins hinterste Eck meines Zimmers räumte. Erst zwei Jahre später biss ich die Zähne zusammen und versuchte es noch einmal, dann mit mehr Erfolg. Ich spiele bis heute, ich komponiere auch auf der Gitarre, und ich kann locker fünf, sechs Stunden spielen, ohne dass mir etwas weh tut.

Ich denke, dass jeder angehende Musiker, der entschlossen genug ist, keine Schule braucht, sondern sich selbst eine hervorragende technische Ausbildung organisieren muss. Dazu gehören privater Klavier- oder Gitarrenunterricht, Gesangslehre und Harmonieunterricht. Vielleicht gilt das nicht für alle Arten von Musik, doch es gilt für meine Art zu musizieren. Ich bin aufnahmefähiger, wenn ich von einem Menschen lerne, dem ich vertraue und den ich mir selbst ausgesucht habe – genauso wie der mich ausgesucht haben muss. Ich funktioniere mit einem einzelnen Gegenüber besser als in Gruppen, Klassen und Schulen, bis heute ist das so. Wahrscheinlich bin ich trotz aller Familien- und Nestsehnsucht im tiefsten Inneren eine Einzelgängerin. Wahrscheinlich bin ich die Frau, die es am liebsten nicht Lehrern oder Vorbildern, sondern sich selbst recht macht.

The Pride and the Passion

Was bedeutet einer Sinteza die Ehre? Ihr Stolz, ihre Leidenschaft? – Für mich ist sie kein bewusst gewähltes Thema, aber vieles in meinem Inneren ist damit verknüpft. Ich trage meinen Ehrbegriff in mir. Es ist dieser Stolz, der es mir nie gestatten würde, etwas Schlechtes über meine Familie kommen zu lassen. Es ist der Stolz, der es mir verbietet, ein Familienmitglied der Sozialhilfe zu überlassen oder einem Pflegeheim. Es ist ein ungeschriebener Codex, der mir auferlegt, für meine Familie da zu sein, auch in schlechten Zeiten, und diesen Dienst über alles andere zu stellen – so leidenschaftlich, wie ich das vermag.

Es gehört zu meinem nirgendwo schriftlich festgelegten Ehrbegriff, dass ich kein Pferdefleisch esse, in der Öffentlichkeit keine Hosen trage, und immer das respektieren würde, was mir ein älterer Sinto oder eine ältere Sinteza sagt. Das heißt nicht, dass ich alles kritiklos übernehmen muss – doch anhören muss ich es und darüber nachdenken, denn bei uns hat das Wort eines Älteren Gewicht. Es gehören noch ein paar andere Bestimmungen und Einschränkungen zu diesem Ehrbegriff, interne Verhaltensregeln für die Menschen meines Volkes, die niemanden von außen beeinträchtigen. Die niemand wahrnimmt, der mit Sinti zu tun hat, weil sie sich nicht außen richten, sondern nach innen. Das sind Regeln, über die ich nicht in der Öffentlichkeit reden darf und auch nicht möchte.

Es sind die immer noch vorhandenen Reste eines in früheren Zeiten viel strengeren Moralkodexes, es ist die Angst vor dem Rausschmiss aus der Gemeinschaft der Sinti, die unsere Leute davon abhält, schwere Straftaten zu begehen. Sicher gibt es auch bei uns Fälle von Diebstahl, Betrügereien, Schlägereien oder Wirtschaftskriminalität – wie sie bei allen anderen Bevölkerungsgruppen auftreten. Doch auch solche Delikte werden von der Gemeinschaft in Grenzen gehalten. Wer bei uns als Betrüger entlarvt wird, hat meist schlechte Karten und trägt einen Makel, der auf seine Familie abfärbt.

Meine jüngere Schwester Sissi studiert Pädagogik und ist eine sehr selbstbewusste junge Frau, die sich nicht die Butter vom Brot nehmen lässt. Als sie einmal mitten in der Nacht in einem städtischen Bus in Freiburg von Kontrolleuren ohne Fahrschein aufgehalten wurde, glaubten diese ihr nicht, dass sie nur ihr Monatsticket zu Hause vergessen hatte. »Ah, Reinhardt«, hatte der eine Beamte mit vielsagendem Blick zu seinem Kollegen gemeint, »die kennen wir, die nehmen wir gleich mit.«

Die beiden kannten Sissi natürlich nicht, sondern sie schlossen bloß aus ihrem Äußeren und ihrem Namen, dass sie eine Sinteza sein müsse, das reichte ihnen als Verdachtsmoment. Doch sie sollten meine Schwester noch kennenlernen, denn die ließ sie über ihre Meinung bezüglich dieses rassistischen Verhaltens nicht im Unklaren. Zahlen musste sie trotzdem, aber sie hatte nicht das Gefühl, etwas auf sich sitzen gelassen zu haben – auch ein Fall direkter Wiederherstellung der persönlichen Ehre.

Sissi ist in all diesen Dingen viel moderner als ich. Dass sie studiert, ist eine doppelte Sensation. Noch vor wenigen Jahren gab es keinen aus unserer Familie, ja aus unserem ganzen Sinti-Bekanntenkreis, der studiert hätte, von einem Mädchen, das studiert, ganz zu schweigen. In ihrem Studium befasst sich meine Schwester mit der Stellung von Sinti in Wissenschaft und Politik. Sie hat eine sehr kritische Position der herkömmlichen Wissenschaft gegenüber, die sich mit Roma und Sinti befasst, der sogenannten »Ziganologie«. »Wenn man da ins Regal greift, hat man zu 90 Prozent Müll in der Hand«, sagt Sissi, und sie ändert das auch, wo sie kann – zum Beispiel in Internetforen oder Wikipedia-Einträgen, die sich mit uns als Volk und mit unserer Kultur beschäftigen.

Sissi engagiert sich nicht nur theoretisch, sondern sie kümmert sich auch praktisch um unsere Leute, vor allem um Kinder. Sie gibt ihnen Nachhilfeunterricht und ist dabei, eine Beratungsstelle für Lehrer zu organisieren. Die meisten unserer Lehrer wussten noch nicht mal, dass wir Sinti sind, für sie waren wir einfach »Zigeunerkinder«. Sie hatten keine Ahnung davon, dass wir zweisprachig aufgewachsen waren – eine Riesenchance für jedes Kind, denn Zweisprachigkeit trainiert sprachliches Verständnis und die Auffassungsgabe, doch bei uns wurde sie nur als Makel wahrgenommen – weil wir nicht so fließend Deutsch sprachen wie unsere Mitschüler.

Auch heute noch haben es zweisprachige Sinti-Kinder schwer. Nicht selten landen sie allein aufgrund ihrer Sprachprobleme in Sonderschulen. Ihre Eltern können sie oft nur unzureichend unterstützen, weil sie selbst auch kein perfektes Deutsch sprechen oder nur über eine geringe Schulbildung verfügen. Unsere Kinder werden aber auch diskriminiert, weil sie einen anderen Zugang zum Leben, zur Schule und daher auch zum Lernen haben, für den viele Lehrer kein Verständnis entwickeln können, wenn sie nicht darauf vorbereitet sind.

Meine Schwester kann sich noch gut an ihre eigene Schulzeit erinnern, in der wir beide für die Lehrer in unseren Klassen oft Fremdkörper waren. Das Religionsbuch gibt es immer noch, in dem stellvertretend für mein Volk eine arme Roma-Frau gezeigt wird, in einem Slum, verdreckt, zerrissen, bettelnd. Nur am Hintergrund des Fotos sieht man, dass das Bild aus der Gegenwart stammt, denn das Motiv könnte genauso gut aus dem 19. Jahrhundert stammen. Die Kinder, die meine Schwester in einem Praktikum oder als Probelehrerin unterrichtet, denken dann, dass Sinti so aussehen, und sind erstaunt, wenn meine stets elegante, modische Schwester vor ihnen steht und sie fragt, aus welchem Volk sie selbst wohl komme? – »Deutsche«, sagen die dann, oder »Schwaben«. Manche sagen auch »Türkei«, weil Sissi ein dunkler Typ ist. Vorher hatte sie die Kinder natürlich gefragt, wie sie sich eine »Zigeunerin« vorstellen, die listige Sissi, und bekam darauf das Übliche zu hören – »dreckig, abgefetzt, verschlagen, böse«, die ganze Palette elterlicher Vorurteile. »Das bin ich«, sagt Sissi dann, »die Zigeunerin bin ich, aber ich will, dass ihr Sinteza zu mir sagt, weil mein Volk ist das der Sinti«. Dann sind sie still und staunen und denken nach. Das sind die Augenblicke, die meine Schwester genießt.

Aber sie macht sich keine falschen Hoffnungen, sie ist nicht naiv. Sie hat Kinder in der zweiten Klasse nach solchen Klischees befragt und auch Schüler in der 13. Klasse, und fand im Vergleich keine großen Unterschiede, keine Entwicklung, keine Spur einer Aufklärung während eines Lebensjahrzehntes voller Bildung. Selbst in einer guten Studienkollegin von ihr sitzt das vorgeformte Bild unverrückbar fest: »Jetzt bin ich auch ein bissle Zigeunerin«, sagte sie zu Sissi, als sie bloßfüßig zum Flohmarkt kam, in einem langen, weiten Rock. Sie hatte das positiv gemeint, aus der Vorstellung heraus, die sie wie die meisten anderen Menschen auch von uns hat. Dabei kennt sie meine Schwester seit Jahren, sie kennt mich, sie weiß, wie wir uns anziehen. Sie weiß, dass wir nicht barfuß gehen, sondern nur in Hackenschuhen oder Stiefeln, wenn es kälter ist, doch die Bilder im Kopf sind oft stärker als die Bilder, die von den Augen ans Hirn gefunkt werden. Meine Schwester verdrehte nur die Augen zum Himmel und stieß nichts als einen tiefen Seufzer aus: »Und so was wird mal Lehrerin!«

Wir erleben glücklicherweise nicht mehr den erdrückenden

Rassismus in Deutschland, wir erleben nur kleinere Pannen. Die beiläufigen Stolperer, die manchmal – ich möchte das positiv sehen! – nur Missverständnisse sein mögen. Wieder ein Erlebnis meiner Schwester: Ihr schwuler Friseur in Ravensburg lobte sie wegen ihrer dicken, dichten schwarzen Haare, und Sissi freut sich darüber. »Wo bist du denn her?«, fragte er sie dann, und sie sagte: »Aus Wetzisreute.« Das war nicht die Antwort, die den Mann zufriedenstellte. Doch was soll man als Sinteza – ich war oft genug in dieser Situation – darauf antworten? »Meine Vorfahren sind vor 1500 Jahren von Indien losgezogen und vor ungefähr 600 Jahren in Schwaben eingewandert«? Also sagte Sissi, dass sie Sinteza sei, und weil der Friseur auch damit noch nichts anfangen konnte, übersetzt meine Schwester in die deutsche Alltagssprache: »Ich bin Zigeunerin«. »Naja«, sagte der Friseur darauf mit stimmlichem Achselzucken, »niemand kann sich sein Schicksal aussuchen.« Das war der Punkt, an dem Sissi aus dem freundlichen Smalltalk ausstieg: »Also bitte, was ist das für ein Text?«, fuhr sie ihn an.

Es gibt in diesem Land, um das mal so wissenschaftlich wie meine Schwester auszudrücken, kaum ein Vorurteil, das sich so hartnäckig hält wie der Antiziganismus, der im Vergleich zum Antisemitismus in unserer Gesellschaft noch wenig aufgearbeitet oder thematisiert wurde. »Judengesindel«, so ein Wort sagt in Deutschland fast niemand mehr, und wenn, dann ist das einer von ganz rechts, also jemand, der mit einem Bein fast im Knast steht. Anders ist es mit »Zigeunerpack« oder ähnlichem, denn das habe ich selbst schon gehört – nicht von kahlköpfigen Neonazis, sondern von »normalen« Bürgern. Aber meistens kommt es nicht so heftig, meistens hören die Sinti meiner Generation nur kleine Sticheleien, unsensible Bemerkungen wie die vom Friseur meiner Schwester. Nichts Großes, auch wenn es manchmal doch schmerzhaft ist. Unsere Eltern mussten viel Gröberes bewältigen, weshalb sie froh sind, wenn jemand freundlich zu ihnen ist, auch wenn er sie »Zigeuner« nennt. So können wir uns damit trösten, dass wir zu der ersten Generation gehören, die sich um die Feinheiten kümmern kann, um den »kleinen«, alltäglichen Rassismus. Wir können uns den Luxus einer politischen Meinung erlauben. Einer Meinung, die meine Leute aus der Elterngeneration natürlich genauso haben, die sie nur nicht so gut formulieren können – aus vielen Gründen: Weil sie das nie gelernt hatten. Weil sie keine Gelegenheit dazu hatten. Weil sie nie jemand fragte. Oder einfach, weil ihnen in all den Jahren die Kräfte dazu abhanden gekommen sind.

Borstenvieh und Schweinespeck

Madonna verkündete bei ihrem letzten Besuch in Berlin vollmundig, sie wäre am liebsten »Zigeunerin«. Im Geheimen bewundere sie »Zigeuner«, sagte die Diva der Presse, woraufhin ihre Gefühle dann nicht mehr so geheim waren. Das Reisen, Musizieren und Das-Leben-sich-spontan-entwickeln-Lassen fasziniere sie, sagte die Sängerin, die auch Autorin und Schauspielerin und Regisseurin und Mutter und überhaupt alles sein möchte. Zigeuner hätten ein bewegtes Leben und seien sehr seelenvoll, sehr authentisch, das wolle sie in ihre Arbeit einfließen lassen.

Die Pop-Ikone liegt damit im Trend. Heute wird auf uns Sinti nicht nur klammheimlich geschimpft, wir werden auch öffentlich verklärt. Wir werden zu Überbleibseln einer romantischen Episode gemacht, die allen Klischees entsprechen, die es zwischen den Operetten von Johann Strauß (»Zigeunerbaron«) oder Franz Lehár (»Zigeunerliebe«) und dem Schmachtfetzen »Zigeunerjunge« der leider viel zu früh verstorbenen Sängerin Alexandra gibt. Wie schon vor 100 Jahren sieht man in uns heute noch die Zuständigen für Romantik, Lagerfeuer, musikalische Untermalung und das bisschen Gefühl, das man sich selbst nicht zugesteht. Man hält uns für Gefühlssachverständige, die aber ihre eigenen Gefühle bitteschön für sich behalten sollen. Wir werden unserem wirklichen Leben entfremdet, denn unser »idealer Lebenszweck« ist nach vorherrschender Operettenlogik nun mal »Borstenvieh und Schweinespeck«.

So weit eine steinreiche Sängerin, die von unzähligen Helfern und Helferinnen bedient in einem riesigen Landschloss residiert, von richtigem »Zigeunerfeeling«, was immer das auch sein könnte, entfernt ist, so wenig entspricht das Leben der meisten Sinti und auch Roma diesen romantisierenden Vorstellungen. Viele Roma auf dem Balkan und in Süd- sowie Osteuropa leben in bitterster Armut, sie werden von Rassismus und Ausgrenzung bedroht und kämpfen nicht um die richtige Gemütslage, sondern um ihr Überleben. Sinti in Deutschland, in West- und Südeuropa leben hingegen vielfach so wie alle anderen Menschen auch, selbst wenn sie noch einen starken Bezug zur Kultur ihres Volkes besitzen. Sie gehen ihren Berufen nach, versorgen ihre Kinder, leben in ihren Familien und knüpfen ihre Freundschaften wie alle anderen Menschen. Auch wenn manche, so wie ich, Musiker sind oder beruflich unterwegs sein müssen, so machen die meisten Sinti keine Musik oder musizieren lediglich privat. Die Mehrzahl der Sinti ist nur unterwegs, wenn sie Ferien macht, und lebt sonst in festen Wohnungen und Häusern wie alle Mitteleuropäer, so desillusionierend das sein mag. Sie beten zu demselben Gott wie andere christliche Europäer, und wenn sie gestorben sind, werden sie auf den Friedhöfen bestattet, auf denen ihre Glaubensbrüder liegen. Wo die verklärte Romantik bleibt? Vermutlich in den Köpfen der Menschen, die ein anderes Bild von meinem Volk haben.

Ich möchte dieses Bild, so unrealistisch es ist, niemandem streitig machen, aber ich kann es nicht bedienen. Ich bin zwar Sängerin, aber ich bin trotzdem nicht die buntberockte, Goldkettchen tragende und gefühlvoll Klagelieder wispernde »Zigeunerin«, wie sie Madonna vorschwebt. Ja, ich habe Gefühle, aber ich plakatiere sie nicht. Ja, ich bin Sinteza, aber nicht hauptberuflich, denn hauptberuflich singe ich Jazz. Ich stehe nicht für Sentimentalitätsausbrüche zur Verfügung, und als gefühlige Projektionsfläche für die romantische »Zigeunershow« tauge ich nicht gut.

Aber ich bin auch nicht für die komplette Assimilierung mit den Deutschen zu haben, die mir von anderer Seite angetragen wird. Ich bin nicht der Meinung, dass es keinen Unterschied macht, ob einer Gadscho ist oder Sinto. Ich glaube zwar, dass es keine besseren oder schlechteren Menschen gibt und dass alle dieselben Rechte und Chancen haben sollen, aber ich glaube nicht, dass es gleichgültig ist, ob einer seine Wurzeln in einer deutschen Familie hat oder in einer Sippe der Sinti.

Diese starke Assimilierungssehnsucht bemerke ich immer wieder bei meinen Leuten. So wollte ich vor ein paar Jahren zusammen mit meiner Schwester einen Artikel über die Reise, über den Mythos des Unterwegsseins bei uns Sinti schreiben. Geplant hatten wir ihn für die Zeitschrift einer Roma- und Sintiunion, aber die Verantwortlichen dieses Vereins wollten unsere Arbeit dann doch lieber nicht publizieren. Wir sind vorsichtig, hieß es, wir wollen nicht pauschalisieren, sonst denken die Deutschen wieder falsch über uns. Wir haben keinen Reisetrieb, sagten sie, wir wurden zur Nichtsesshaftigkeit gezwungen, und nun sind wir froh, dass wir sesshaft sein können. Von dem Zwang zur Sesshaftigkeit, der vor allem im 18. und 19. Jahrhundert, bis hinauf zur Nazizeit, auf unsere Leute ausgeübt wurde, den unzähligen amtlichen Maßregelungen gegenüber dem Umherziehen, dem Leben in mobilen Familienverbänden, dem Bilden großer Sippen, unter denen mein Volk viele hundert Jahre genauso leiden musste, sagten die Zeitungsmacher nichts.

Sind wir so sehr auf das Bild angewiesen, das die Deutschen von uns haben, dass wir nicht einmal über unsere eigenen Bedürfnisse, über unsere eigenen Stimmungen unvoreingenommen berichten dürfen? Müssen wir sogar bei unserer Selbstbetrachtung eine deutsche Brille tragen?

Ich lebe sesshaft, fast das ganze Jahr über, aber ich möchte manchmal trotzdem unterwegs sein, weil ich spüre, dass das ein Teil von mir ist. Nein, ich habe keinen angeborenen Reisetrieb, ich liebe meine Wohnung, mein Elternhaus, den Garten davor und den Hof dahinter. Aber wenn im Frühjahr die ersten Sonnenstrahlen nicht nur Licht, sondern auch Wärme versprechen, dann kitzelt mich etwas, und ich weiß, dass nicht nur ich so denke. »Wenn das Wetter gut ist«, sagt mein Vater heute noch, »gehört man raus. Dann sollte man draußen stehen.«

Die Vorbereitungen begannen jedes Jahr zu Ostern. Dann fuhr mein Vater unseren Wohnwagen auf den Hof, Mama musste sein Inneres nach außen stülpen, Dada kümmerte sich um die Technik, meine Schwester packte ihre Puppen ein, und ich überlegte, welche Musikkassetten ich mitnehmen sollte. Die Reise ließ aber noch ein Weilchen auf sich warten, denn seit zuerst nur ich, dann auch meine Schwester zur Schule gingen, fuhren wir im Sommer kürzer fort, damit wir nicht soviel versäumten.

Umso erlösender hörte sich das angestrengte Brummen unseres VW-Busses an, als er den Wohnwagen endlich aus der steilen Einfahrt auf die Hauptstraße von Wetzisreute ziehen durfte. Ich mochte das Autofahren nicht besonders, weil mir dabei öfters schlecht wurde, aber ich liebte es trotzdem, unterwegs zu sein. Ich liebte es, auf die Straßenränder zu starren, auf die dunklen Wälder, oben auf der Alb oder im Schwarzwald. Ich mochte es, wenn die geschmiedeten Wegkreuze vorbeihuschten, die Kuhweiden, all die schmucken Häuschen, die ich nie betreten würde, mit all den Menschen drinnen, die dort ihre Leben lebten, ohne dass ich sie je zu Gesicht bekommen würde. Das war für mich ein tröstlicher Gedanke – alle Menschen an ihren Plätzen zu wissen, und ich durfte unterwegs sein.

So leicht, wie sich das anhört, war es aber nicht immer. Als wir mit einem oder auch mit mehreren Wohnwagen auf einem Platz standen, kam es schon mal vor, dass Fahrer von vorbeifahrenden Autos hupten – nicht zum Gruß, sondern weil sie auf ihre obszönen Gesten aufmerksam machen oder uns etwas zurufen wollten, das wir besser nicht verstanden. Das waren Kleinigkeiten, aber doch Eingriffe aus heiterem Himmel, mitten in eine schöne Picknickstimmung hinein, die einem den Appetit verderben konnten, auch wenn nichts passierte.

Schlimmer als das waren Besuche von Amtspersonen wie einmal in der Schweiz, auf einem Platz in der Nähe des Kleinstädtchens Aarau. Ich war vielleicht 15 Jahre alt, als wir mit mehreren anderen Familien dort standen, es muss eine Art Sinti-Treffen gewesen sein. Es war noch früh am Morgen, und alle lagen gemütlich in ihren Betten, als von draußen, vor den Wohnwagen, plötzlich Schreie zu hören waren, in einer fremden, kehligen Sprache. Hunde kläfften, Motoren heulten auf. Dada stand auf, um nachzusehen, was passiert wäre, doch er kam nicht mehr zurück. Polizisten in Uniformen zerrten ihn aus dem Wohnwagen und brachten ihn zu anderen unserer Leute, die sie schon in der Mitte des Platzes zusammengetrieben hatten. Auch wir sollten aufstehen und herauskommen, Frauen, Kinder, alle auf einmal.

Wir hatten keine Ahnung, worum es ging. Die Polizisten trugen Maschinengewehre, und die Hunde fletschten so gefährlich ihre Zähne, dass ich – und nicht nur ich – es mit der Angst bekam. Doch alles Bitten, endlich wieder in die Wagen zu dürfen, nutzte nichts. Alle mussten wir mitkommen auf eine überfüllte Polizeiwache, auf der wir den ganzen Tag festgehalten wurden, ohne Essen, ohne Getränke, selbst die Kinder. Am quälendsten aber war die Unsicherheit darüber, wie es weitergehen sollte, und die Unwissenheit darüber, warum wir hier waren. Erst nach und nach stellte sich heraus, dass ein Schweizer eine Sinteza angezeigt hatte, weil sie ohne Wandergewerbeschein an seiner Haustür zu klingeln gewagt hatte, und nun ging es darum, festzustellen, um wen es sich dabei gehandelt hatte und ob noch andere Sinti aus dem Camp ohne entsprechendes Papier unterwegs gewesen sein sollten. Die Erwachsenen konnten das kaum glauben – all die Aufregungen, aber auch all die Erniedrigungen wegen eines fehlenden Zettels, wobei die betreffende Frau zu guter Letzt nicht mal unter den Festgenommenen gewesen war.

Für mich führte diese Begebenheit zu einer Wende in meinem Bewusstsein. Von da an konnte ich die Unsicherheit und auch die Furchtsamkeit, die ältere Mitglieder meiner Familie von Zeit zu Zeit plagen, zumindest verstehen. Ich konnte Ängste verstehen, die aus dem Gefühl kommen, das Schlimme könne jederzeit wiederkehren. Aus dem Gefühl, dass sich das tägliche Leben auf dünnem Eis vollzieht, das jederzeit einbrechen und unter dem sich gefährliche Abgründe öffnen können. Das Gefühl, unter der Beobachtung dunkler Mächte zu stehen, die einen, wann immer sie wollen, aus dem Verkehr ziehen können.

Dabei waren die schweizerischen Gendarmen im Grunde genommen nur harmlose Vertreter einer staatlichen Ordnungsmacht. Doch was bedeuteten diese menschlichen Verfolger schon gegen andere, noch viel dunklere Mächte, denen man draußen auf der Reise begegnen konnte? Manchmal, als mein Vater als kleiner Junge mit seinen Großeltern im VW-Bus unterwegs war, übernachtete die Familie fernab offizieller Wohnwagenabstellplätze, weil es in der Nähe keine gab oder sie auch mal näher an der Natur sein wollten, mitten im Wald, auf einer kleinen Lichtung, fernab der Hauptstraßen. Dann gab es ein kleines Lagerfeuer, danach wurden Matratzen im VW-Bus ausgelegt und himmlisch geschlafen, bis eines Nachts der Bus flog. Das ganze Gefährt ruckelte plötzlich, es hob sich, schaukelte, war einen guten halben Meter über der Erde. Mein Vater schreckte sofort hoch und sah hinaus, aber dort war nichts zu sehen als Dunkelheit und die noch schwärzeren Umrisse der Tannen vor einem matten, mit Sternen übersäten Himmel. Plötzlich machte es einen Ruck. Der Bus stand wieder auf dem Boden, als habe er nie etwas anderes gemacht, und meine Urgroßeltern wussten, dass der Mulo dagewesen war. Mein Vater und seine Großeltern schlüpften sofort in ihr Gewand, die Matratzen wurden eiligst beiseite geschoben, der Motor sprang an, und schon waren sie unterwegs. Das war besser so, denn ein Platz, an den der Mulo kommt, ist kein guter Platz. Vielleicht war dort jemand gestorben, vielleicht hatte es da ein schlimmes Verbrechen oder sonst etwas Ungeheuerliches gegeben – es war kein Platz, um zu bleiben, und an Schlaf wäre dort sowieso nicht zu denken gewesen.

Ich kenne den Mulo aus Erzählungen, mit denen die Erwachsenen immer erst dann begannen, wenn es dunkel war. Von rastlosen Toten bekamen wir Kinder zu hören, die die Lebenden nicht sehen konnten, und wenn doch, dann waren nur schreckliche große schwarze Schatten zu sehen oder kleine weiße Männchen. Wir wussten demnach, dass mit unseren Geistern nicht zu spaßen ist – aber letztlich war es genauso wie mit den Schweizer Gendarmen: Erst wenn sie wirklich da sind, ist die Bedrohung real.

Aber das Unterwegssein bestand natürlich nicht nur aus Begegnungen mit frechen Untoten und übereifrigen Ordnungshütern, sondern viel eher aus Zusammentreffen mit lieben Familienangehörigen, mit Freunden meiner Eltern, deren Kinder meine Freunde wurden, und mit vielen schönen Bildern, die mir bis heute im Herzen geblieben sind.

Die schönsten unter ihnen stammen vom Pilgern über den Königssee. Die Überfahrt in den kleinen Booten über den tiefgrünen See zur Kirche Sankt Bartholomä, knapp vor dem hoch aufgetürmten Gestein des Watzmanns, dazu die Gesänge, die festlich geschmückte Madonna, die Bayern in ihren Trachten – das sind erhabene Ansichten, Hoffnungsbilder wie aus einer anderen Welt, Verheißungen einer gesegneten Zeit, wie sie zu einer Wallfahrt nicht besser passen könnten. Es sind die Momente, in denen bei den Pilgern Staunen herrscht, wie schön und erhaben Gott die Welt erschaffen hat. Große Momente, die auch das Kleine bereithält, wenn wir sie nur sehen können. Diese Schönheit liegt für mich auch in einem handgeflochtenen Korb, den meine Großmutter mit Liebe und Geduld hergestellt und in den sie ihre Sicht von Harmonie und Schönheit mit eingebaut hat.

Viele Menschen in Deutschland sind verbittert, verzweifelt oder vereinsamt. Sie finden nicht zueinander. Viele stürzen ab, weil sie keine feste Bahn haben, in der sie sich bewegen können, keine Unterstützung – und damit meine ich nicht finanzielle Hilfen, sondern menschliche. Sinti sind dagegen durch ihren engen Familienzusammenhang und durch ihr Festhalten an der Tradition geschützt. Die Bedrohung, die viele Deutsche durch Globalisierung, Jobverlagerung, Arbeitslosigkeit und Rentenunsicherheit empfinden, kennen wir seit Jahrhunderten. Wir lebten immer schon nach dem Modell, möglichst selbständig, auf eigene Faust zurechtzukommen. Alle Welt verlangt von den Menschen mehr Flexibilität, Eigenverantwortung, Initiative – Tugenden, aus denen Sinti schon immer ihre Überlebenskraft schöpften.

Das geht aber nur in einer größeren Gemeinschaft, als das die unmittelbare Kleinfamilie ist – und vermutlich auch nur in einer kleineren Gemeinschaft als die eines großen Staates. Sicher ist, dass der reine Egoismus nicht weit führt, dass es eine Bereitschaft zum Teilen geben muss, zum Austausch, in dem die Menschen einander befruchten und helfen können.

Heute geht es uns, zumindest in Deutschland, nicht schlecht. Meine Leute genießen das, Luxus ist nicht verpönt. Sie fahren große Autos, was nicht schlecht ist, wenn man schwere Wohnwagen zu ziehen hat, manche tragen Gucci und Chanel. Wenn wir uns solchen Luxus erlauben können, dann tun wir das, aber wir wissen, dass er eine flüchtige Angelegenheit ist. Wir haben gelernt, uns an die guten Zeiten genauso schnell anzupassen wie an die schlechten. An die Deutschen so wie an andere Völker auch, bei denen Sinti leben. Anpassung ist für uns kein Problem – wo Roma zu Katholiken kamen, wurden sie katholisch, bei Protestanten wurden Sinti auch zu Protestanten. In islamischen Ländern sind Roma Moslems, und in Serbien beten sie orthodox. Demzufolge sind wir Sinti hier in Deutschland schon ziemlich deutsch. Wir haben deutsche Tugenden wie Pünktlichkeit, Genauigkeit, Zuverlässigkeit angenommen. Deutsche sind wir aber trotzdem nicht geworden. Wir stehen wie immer zwischen allen Fronten: In Deutschland sind wir die »Zigeuner«, doch auf dem Balkan oder im Süden sind wir für die dort lebenden Rom so etwas wie alle anderen Deutschen auch.

Wie glücklich die Deutschen waren, als sie die lange vermisste Einheit ihres Volkes 1989 zurückbekamen! Wir hingegen hatten nie so etwas. Dafür waren wir die ersten Europäer, die über die früher noch fest geschlossenen, bewachten und verteidigten Grenzen hinweg pendelten. Wir wechselten laufend die Staatsbürgerschaften – wenn wir welche hatten. Wir waren die ersten echten Kosmopoliten. Würde es Leben auf dem Mars geben, ich glaube, dann wären die ersten Menschen dort oben Sinti – das freilich nur mit Erlaubnis ihrer Eltern, wie es in einem Witz meines Volkes über mein Volk heißt. Aber der Mars kann auch sehr nahe sein – so nah wie der Mond oder so nah wie Berlin. Dort ist es für mich ohne meine Familie ohnehin fast wie auf dem Mond, oder, wie ich manchmal denke, noch weit dahinter.

The Green Green Grass of Home

Manchmal muss ich hervorkommen hinter meinem persönlichen Mond, muss ich aufbrechen aus meiner Hintermondstadt Berlin und dorthin fliegen, wo meine persönliche Sonne scheint. Dann muss ich an den Bodensee und nach Memmingen, wo mich das Feuer meiner Familie wärmt und nebenbei auch noch die richtige Sonne am Himmel oben. Wie oft bin ich im grauen Nieselregenwetter in Berlin aufgebrochen und bei strahlendem Himmel in Memmingen gelandet, wo es seit kurzem einen kleinen Passagierflughafen gibt, oder nach der mir schon bekannten Schleife vor den ersten Bergkämmen der Alpen und über das blitzblaue Wasser des Bodensees auf dem Friedrichshafener Flughafen, neben dem Strand meiner Kindheit.

Von dort sind es nur ein paar Kilometer nach Wetzisreute. Ein paar Kilometer zwischen Apfelbäumen, Kuhweiden und durch kleine Wäldchen hindurch, und ich stehe vor der mir vertrauten Tür, hinter der es nach Schnitzel und Kartoffelsalat duftet. Die Kombination dieser beiden Zauberspeisen ist meine Standardbegrüßung, wenn ich aus der Fremde nach Hause komme. Das muss für mich sein und für meine Mutter auch – wir beide brauchen das Ritual gleichermaßen. Genauso wie das Gespräch danach, mein innerer Orientierungslauf gleich nach meiner Ankunft. Dann müssen meine Eltern und, wenn sie da ist, auch meine Schwester haarklein erzählen, was es Neues in unserer Familie gibt. Wer wohin gefahren ist, wer was gesagt, wer wen kennengelernt und wer was erreicht hat. Die Nachbesprechung des eben Erfahrenen führe ich dann zusammen mit Sissi in einem Café in der Ravensburger Innenstadt, mit anschließendem Kinogang und einem letzten Drink bei unserem Lieblingsmexikaner »Gipsy«, in dem sich auch zu fortgeschrittener Stunde noch Studenten und Jugendliche treffen. Wie einfach, denke ich mir dann immer, und wie gemütlich kann das Leben sein.

Doch für diese Reise nach Hause habe ich mir mehr vorgenommen als das übliche Wohlfühlprogramm, für diesmal habe ich eine kleine Rundtour zu den Außenposten meiner Familie geplant. Ich wollte zumindest meinen musikalischen Verwandten von meinem Buch erzählen, und ich wollte mir von ihnen erzählen lassen, was dieses Musikerleben für sie bedeutet, wie diese Gesellschaft zu ihnen steht, den Teufelsgeigern und Gypsy-Swingern der Familie Reinhardt.

Die erste Station meiner Erkundungsfahrt ist Little Korea, bei meinem Onkel Bobby Falta. Wie sich doch alles verändert hat verglichen mit meiner Kindheit! Die damals schon leer stehenden, langsam in Gras und Buschwerk ertrinkenden Hütten und Barakken der alten »Zigeunersiedlung« sind längst verschwunden und haben einer Einfamilienhaussiedlung Platz gemacht, in der Bobby sein eigenes, neues Häuschen bewohnt. Weil er aber ein sentimentaler Mensch ist, hat er es so gebaut, dass er aus dem Wohnzimmerfenster den besten Blick auf einen riesigen Nussbaum hat, den Lieblingsbaum seiner Jugend, den er und sein Bruder Gernold vor Jahrzehnten eigenhändig gepflanzt haben. Er ist aus einer einzigen Nuss aufgewachsen, die sie in der Erde vergraben hatten.

Aber Bobby und ich müssen uns beeilen. Sein Sohn Lancy, mein Cousin, mein Freund und einer der Gitarristen meiner Band, wartet in einer Gaststätte in der Memminger Innenstadt auf uns. In einem der zahlreichen bayerischen Gasthäuser, die zwar noch so heißen, aber schon seit Mitte der achtziger Jahre italienische oder griechische oder spanische Lokale sind.

Mir kommt es vor wie ein Wunder, dass hier alles aussieht wie vor 20 Jahren, außer Bobbys Gitarrenhand, die er bandagiert trägt, weil ihm die Sehnen schmerzen, und außer den Haaren Letschos, die zwar nicht kürzer, aber schütterer geworden sind. Aber ich habe mich auch verändert. Mir kommt es vor, als wäre ich hier zuletzt als Kind hinausgegangen und komme jetzt als Frau wieder herein.

Weil dieses Gasthaus nicht mehr bayerisch, sondern serbisch ist, feiern wir unser Wiedersehen bei Ćevapčići und Ražnjići mit riesigen Pommesbergen, zu denen sich jede andere Bestellung als Bier automatisch verbietet. Auf den Tellern türmen sich Fleischhaufen und südfrüchteverzierte Salatgarnituren, im Radio laufen die Hits aus den Achtzigern. Alles ist so rückwärtsgewandt, dass wir von selbst auf früher zu sprechen kommen. Auf die Zeit, bevor ich nach Berlin ging. Auf die Zeit, in der wir wie eine echte, große Familie zusammengelebt hatten.

Bobby ist Jahrgang 1941, lebt seit 1945 in Memmingen und war in seinen jungen Jahren legendär an der stromverstärkten Jazzgitarre. Django Reinhardts Sohn Babik, wie sein Vater viel beachteter Gitarrist, bekannte sich als Fan Bobbys. Bobby spielte mit Leuten wie Barney Kessel und Joe Zawinul, und nicht nur das: Kessel, der Erfinder der Bepop-Gitarre, und Zawinul, mit seiner Band Weather Report der Erfinder des Jazzrocks, saßen nächtelang bei Bobby im Wohnwagen, meistens mit einer oder mehreren Flaschen Slivowitz bewaffnet, den Zawinul so liebte. »Mei Großmutter war a Zigeunerin«, pflegte der in New York und Malibu lebende Pianist zu sagen, der seine musikalischen und auch biographischen Wurzeln im pannonischen Raum sah, in Wien, auf dem Balkan, bei den Ungarn. »Das war er«, sagt Bobby, »und trotzdem hat er die Elektronik gebändigt.« Zawinul starb 2007, nach einer sechswöchigen Europatournee, in Wien, wo er seine letzte Ruhe fand, in einem Ehrengrab auf dem Wiener Zentralfriedhof, neben Beethoven und Brahms. Der von ihm selbst vorgeschlagene Text für seinen Grabstein lautet »Joe Zawinul. Er war ein ehrlicher Mensch. A decent human being«. An dieser Stelle der Erzählungen muss Bobby eine Runde Slivowitz bestellen.

Ich trinke keinen Schnaps, aber ich weiß, dass mein Gläschen nicht übrigbleiben wird. Ich sehe den Schmerz in Bobbys Augen, wenn er über Joe spricht. Sein Tod ging ihm nahe, er kam Bobby zu plötzlich und zu früh, auch wenn Zawinul 75 Jahre alt wurde. »Joe war noch zu jung«, sagt Bobby.

»Für die Toten, für Joe«, sagt Letscho und gießt ein paar Tropfen aus seinem Schnapsglas auf den Boden. »Das machen nur Roma«, sagt Bobby, »du bist ein Verräter«, das meint er sehr liebevoll. Dann kippen die Männer ihre Gläser hinunter. Letscho bestellt eine neue Runde.

Letscho, früher ein begehrter Junggeselle, hat sein Leben der Musik gewidmet, obwohl er nie Berufsmusiker war. Er verdient sein Geld mit Handel, weil er in seiner Musik immer völlige Freiheit wollte. Letscho hatte keine Lust, sich mit Plattenfirmen, Konzertagenturen oder anderen Musikern zu arrangieren, er spielt nur das, was er will. Latscho, ein Romanes-Wort, von dem sein Name kommt, heißt »gut«, und so empfinde ich ihn auch.

»Joe hat immer zu uns gehalten«, sagt er jetzt, »›Kitty, Lancy, Letscho, Bobby, des is mei Family‹, sagte er, und das war kein Gerede«. Bobby war auf Besuch bei Joe in New York, als Joe noch auf Ausflugsdampfern Akkordeon spielte, während die Touristen rund um Manhattan geschippert wurden. »Dann hat er einen Dollar gekriegt, für Ins-Wasser-Springen, damit die Touristen klatschen. Damals hat Joe mit seiner Band noch auf Hochzeiten gespielt, das waren keine Stars«, erinnert Bobby sich, »die haben alle dreimal täglich gespielt, um zu überleben. Die Zigeunermädeln haben dazu Blumen verkauft.«

»Joes Frau war das erste schwarze Playmate«, sagt Bobby, »darauf trinken wir«, und die zweite Runde ist weg.

Bald geht das Gespräch weg von Joe und hin zu den großen, allgemeinen Themen. »Wir lieben die Musik, aber sie ist nicht alles für unser Volk. Wer das sagt, schränkt uns ein. Schau dir meinen Sohn an«, sagt Letscho, »er hat nichts mit Musik am Hut. Er studiert Maschinenbau. Ich bin froh darüber, nicht wegen der Musik. Aber dass er auch andere Möglichkeiten hat.« Vor Jahren wäre das nicht möglich gewesen, denke ich, kaum ein Sinto hatte Abitur, und selbst ein Sinto mit abgeschlossener Mittlerer Reife war schon so etwas wie ein Wunder. Ändern sich die Zeiten?

Die Musik ist die große Begabung meines Volkes, aber auch die Falle, in die wir schon oft hineingelaufen sind, denke ich. Ich muss an meinen Urgroßvater Bernhard Heinrich Pfisterer denken, wie er in Auschwitz vor der Gaskammer geigen musste. Ich muss daran denken, aber ich sage nichts dazu. Ich fühle mich als Zuhörerin in dieser Runde, immerhin wollte ich mehr erfahren über meine Familie und somit über mich. Aber es ist nicht anders möglich, als dass solche Gespräche in den dunklen Zeiten landen, was daran liegt, dass diese dunklen Zeiten nicht nur so dunkel, sondern auch so übermächtig sind. Ich bin aber nicht nur deshalb ruhig, sondern auch, weil es sich bei uns für eine junge Frau gehört, zuzuhören, wenn ältere Männer sprechen. Ich bin dazu erzogen, zuzuhören, wenn die Generationen vor uns erzählen, und ich spüre in diesem Moment, dass Bobby erzählen möchte, nein, dass er erzählen muss.

»Nie waren wir alle musikalisch, das ist eine Legende«, sagt er, »früher schon sind unsere Leute als komplette Sippen mit den Wagen draußen vor den Dörfern gestanden, und die Wirte haben sie zum Spielen in die Gasthöfe geholt. Drei von jeder Familie konnten spielen, zwei nicht, aber alle fünf Männer sind mit Geigen gekommen. Nur wir, die Reinhardts«, sagt Bobby, »sind eine besondere Familie, bei uns sind die meisten musikalisch. Deshalb spielen wir meistens nicht traditionell, was viel einfacher wäre, sondern wir spielen mit der Zeit. Wir passen uns der Zeit an, wir holen etwas raus jeder aus seiner Zeit, auch wenn das Publikum immer das Traditionelle will, die alte Lagerfeuer-Pferde-Romantik.«

Das war Letschos Stichwort, denn er ist auf das Thema neue, unkonventionelle Sinti-Musik spezialisiert. »Heute ist überall Musik«, sagt er, »alles ist überfüttert, es gibt viel zu viel davon. Aber vieles ist trotzdem nicht ausgeschöpft. Jazz ist offene Musik, wie Klassik, da passt alles hinein, Harmonien sind unendlich veränderbar. Das Schöne ist, dass man einen klassischen Song variieren kann, soviel man will, und das Original ist immer noch dahinter, es geht nicht verloren, es bleibt für ewig da, über allem.« – »Jazz steht für Freiheit«, sage ich, und das musste ich sagen, weil mir beide Onkel aus tiefstem Herzen gesprochen haben.

Vom Thema Freiheit ist es für uns kein weiter Schritt zum Thema Sinti, zumindest nicht für Bobby. Mutter Theresa, Charlie Chaplin, Yul Brynner, Elvis Presley – Bobby liebt es, alle berühmten Menschen aufzuzählen, die Sinti oder Roma waren oder gewesen sein sollen. Noch eine Runde!

Sein Sohn Lancy sieht die Sache nüchterner. »Wir haben berühmte Leute«, sagt er, »aber als Zigeuner wirst du auf der Bühne lieber gesehen als als Nachbar. Schau uns an, Bobby und mich: Wir sind beide Memminger Kulturpreisträger, Vater und Sohn, weil wir im Bereich Bühne keine Schwierigkeiten haben. Manche sind stolz darauf, dass wir bei ihnen leben, aber nur im Rahmen der Musik. Sonst leben wir für uns.«

Die mittlerweile wenigen Menschen an den Nachbartischen – wer sitzt zu Mittag schon stundenlang bei Tisch in Memmingen – sehen erstaunt zu unserem Tisch herüber. »Trotzdem geben wir nicht auf, denn wir wollen Sinti sein«, spricht Lancy weiter. »Wir sind keine Inder mehr, wir sind Europäer. Der Sinto ist Europäer, der mit seiner Eigenart integriert sein will. Warum auch nicht? Überall gibt es einen Trachtenverein, einen Schützenverein, eine Blasmusik. Warum sollen wir nicht auch unsere kulturellen Eigenarten behalten? – Ein Bayer ist in erster Linie Bayer, dann erst Deutscher. Ein Schwabe ist vor allem Schwabe, dann Bundesrepublikaner. Genauso ist das bei uns. Ich bin ein Sinto, und dann bin ich genauso ein Deutscher, aber erst dann.«

Ich muss tief durchatmen. Aber Lancy fällt noch etwas ein: »Man sieht das am Campingplatz: Zwei bis drei Wohnwagen lassen sie rauf, von unseren Leuten, aber wenn's mehr werden wollen, dann heißt es, der Platz sei voll. Sie sagen nicht, wir sind nicht erwünscht, aber sie sagen, es ist kein Platz. Das ist unser Schicksal. Jetzt weichen wir auf Wallfahrten aus, auf Missionen. Die Religion ist für die meisten von uns nur ein Deckmantel. Sie ist ein Vorwand, weshalb Sinti kommen. Eigentlich sind sie da, weil sie nur dort das Recht haben, auf einem Platz zu sein. Dafür brauchen sie die Mission.«

Wir stoßen an. Es berührt mich, wie Lancy spricht, aber über das Pilgern, über die Mission muss ich mit ihm noch einmal reden, denn zu diesen Dingen habe ich eine andere Meinung. Ich kenne niemanden, der nur aus Vorwand dort war, ich traf auf den Plätzen immer Leute, denen der Glaube und die Religion große Anliegen waren.

Es ist Zeit für einen Ortswechsel, denn ich will noch zu Hannes. Er ist ja der Sohn von Froschla, meiner Großtante. Ich sagte früher immer Onkel zu ihm, obwohl er etwas wie mein Großcousin sein müsste, aber solche Bezeichnungen kennt Romanes nicht. Für mich ist merkwürdig, dass im Deutschen die Verwandtschaftsbezeichnungen so kompliziert sind, obwohl Verwandtschaften keine große Rolle spielen – zumindest im Vergleich zur Sinti-Tradition. Bei uns gibt es nur ein paar Begriffe für solche Beziehungen. Wer älter ist, den nennt man entweder Vater und Mutter oder Onkel und Tante, wer noch älter ist, zu dem sagt man Großvater oder Großmutter, und die jüngeren Familienmitglieder sind Brüder und Schwestern. Damit ist alles gesagt, denn es kommt vor allem darauf an, ob in den Adern des anderen das gleiche Blut fließt oder nicht.

In Hannes' Haus ist alles picobello aufgeräumt, steht an seinem Platz, blitzt und glänzt – die prächtigen Obstschalen aus Porzellan, die Sammeltassen in der Glasvitrine, die Goldrandteller auf der Anrichte, die Glastische mit den goldenen Füßen, der gläserne Lampenschmuck, die bunten Platzdeckchen, die leuchtenden Teppiche. Auch Hannes und seine Frau sind in Schale geworfen – ich glaube, wie jeden Tag ihres bisherigen Lebens. Der Hausherr trägt selbstverständlich schwarze Hose, weißes Hemd, Krawatte, spitze schwarze Lederschuhe, die Hausfrau einen eleganten Zweiteiler.

Hannes kommt aus einem exklusiven Elternhaus, womit ich nicht meine, dass seine Eltern viel Geld gehabt hätten – ganz im Gegenteil, sie hatten so gut wie nichts. Doch ihre Geisteshaltung war exquisit, über Froschla weiß ich das noch aus eigener Anschauung, denn sie hatte mir als Kind schon immer sehr imponiert. »Ich bin ein Nachkriegskind«, sagt Hannes, der unmittelbar nach Kriegsende geboren sein muss. »Ich habe immer zuerst bekommen, wenn es ans Teilen ging oder wenn das Essen auf die Teller gegeben wurde. Nicht die Eltern bekamen zuerst, sondern ich. Das war das Neue, und das hat mich sehr früh gefördert, auch mein Selbstbewusstsein hat das entwickelt. Auf dieser Grundlage konnte meine Generation Neues schaffen.« Hannes weiß, dass so ein Denken in seiner Generation lange kein Allgemeingut war, dass es auch heute bei weitem nicht für alle Eltern selbstverständlich ist. »Doch die Entwicklung geht immer weiter«, sagt Hannes, »es gibt nur vorwärts, nie rückwärts, sonst werden wir Krebse. Wenn du morgens aufwachst und bist negativ geladen, dann bleib liegen. Aber der Zigeuner ist ein Stehaufmännchen. Den kann nichts erschüttern.«

Auch seine Mutter war schon so. Sie hatte zwei oder drei Jahre in Freiburg Gesang studiert, als die Nazis kamen und sie von ihren

Lehrern rausgeworfen wurde, weil sie Sinteza war. Sie ging zurück nach Schramberg, in den Schwarzwald, und kam dort bei Junghans unter, in der Uhrenfabrik, wo sie als Zwangsarbeiterin die Kriegszeit überstand. Damit sind wir wieder beim Kriegsthema, das sich in jede Unterhaltung einzuschleichen scheint, ob man das will oder nicht.

Es sind nicht nur die verlorenen Menschen, die die heutigen Menschen in Erinnerungen an diese Kriegszeit schmerzen, es sind auch die verlorenen Chancen. »Deshalb sind wir stolz auf dich, Dotschy, dass du das jetzt machst«, sagt Hannes zu mir, »dass du singst, dass du Künstlerin bist. Mach weiter so, mach es noch eine Stufe besser, denn du musst nicht durch eine Nazizeit durch, du kannst sehen, dass du weiter raufkommst.« Natürlich fühle ich mich geschmeichelt, wenn ich so etwas höre, aber schlucken muss ich trotzdem. Diese Bürde auf meinen Schultern! Ich als ausgleichender Faktor der Gerechtigkeit – ob ich diesen Anspruch erfüllen kann?!

Sosehr ich auch abwehre, Hannes lässt nicht locker. »Wenn ich im Fernsehen Popstars sehe«, sagt er, »sehe ich nur Hühner, die nichts können. Da muss ich lachen. Du kannst das so viel besser. Ihr alle, Letscho, Lancy, ihr seid so gut, aber ihr bleibt nicht richtig dran. Ihr geht nicht raus in die Welt. Wenn ihr mit Agenten oder Managern verhandelt, dann passt euch der und der nicht, und dann zieht ihr euch zurück, aber so geht das nicht. Man muss sich die Hände schmutzig machen können, wenn man etwas werden will. Man muss auch das machen, was man nicht machen will, sonst wird's nichts.«

Ich schlucke, dann rumpelt es hinter mir. Ich fahre auf und sehe, wer gekommen ist. Letscho, der eben über ein Stuhlbein stolperte. Das hatte ich vermutet, dass er das Gespräch von vorhin nicht einfach im stillen Kämmerchen verdauen konnte. Er wusste, wohin ich nach unserem Gespräch im Gasthaus fahren wollte, und ich hätte darauf wetten können, dass er auch zu Hannes kommt. Ihm vor allem galten dessen kritische Worte, denn Hannes kann es Letscho nicht verzeihen, dass der nicht öffentlich zu seinem Talent steht, dass er finanziell nichts daraus macht, was für Hannes als Kaufmann eine wichtige Rolle spielt. Vermutlich sogar die wichtigste Rolle. Aus seiner Perspektive hat er sicherlich recht damit, dass wir Sinti zu leicht zurückstecken, wenn es brenzlig oder schwierig wird. Aber als Künstlerin kann ich Letscho verstehen. Auch mir liegt das Kompromisse-Machen nicht so, und ich glaube trotz allem, dass das gut ist für meine Kunst, auch wenn mir das finanziell oft genug geschadet hat, aber das steht wieder auf einem anderen Blatt.

Auch Hannes ist nicht überrascht über Letschos Auftauchen, er kennt ihn gut genug um zu wissen, dass der sich solche Diskussionen nur ungern entgehen lässt. Vielleicht ist Hannes genau deswegen noch mehr in Fahrt, denn gegenüber Letscho entwickelt er missionarischen Eifer. Außerdem ist Hannes stolz auf sein Volk, und er möchte, dass wir alle diesen Stolz teilen. Also bedeutet er Letscho mit einer knappen Geste, dass er sich setzen soll, und weiter geht es: »Sie bringen immer im Fernsehen, eine Million Deutsche können nicht lesen«, führt er seinen Monolog fort, »wie geht das? Die waren immer in der Schule. Wir Sinti nicht. Wir waren meistens mit unseren Eltern auf der Reise. Während diesen Zeiten gingen wir nur zwei Tage hier und zwei Tage dort in die Schule, und das unregelmäßig. Aber haben wir nicht alle trotzdem lesen und schreiben gelernt? Ich zum Beispiel mache meine gesamte Buchhaltung selbst, auf dem Computer, die Steuer, alles. Wer das sieht, muss akzeptieren, dass wir keine Idioten sein können. Wir müssen uns anpassen, immer haben wir uns anpassen müssen, also konnten wir auch überall durchkommen. Schon meine Oma hatte sich das Schreiben selbst beigebracht. Wenn die ein Dokument unterschrieben hat, sah ihre Unterschrift immer aus wie Doktorschrift, genauso wie bei meiner Mutter. Alle waren sie Autodidakten, obwohl sie im Krieg nicht in die Schule konnten, sondern im Lager sein mussten, oder in der Fabrik. Die Nazis und der Krieg haben alles zerstört. Daher kommen die Schatten, unter denen wir immer noch leben.«

Letscho sind solche Reden nicht recht. Das merkte ich daran, dass er unruhig auf seinem Stuhl hin- und herzurutschen beginnt. Doch Hannes lässt nicht locker: »Bei uns gibt's nur Musiker, keine Sportler, keine Techniker, keine Wissenschaftler. Wenn man die fördern würde, wären unsere Leute genauso Boxer oder Ingenieure oder Forscher, warum nicht? Wenn man unseren Kindern nicht immer sagen würde, ›du Zigeuner, du Depp, du kannst nix, du verstehst nix‹, wie sie das mir gesagt hatten, in der Schule, wie sie das allen aus meiner Generation gesagt hatten, dann kommt nichts heraus oder nur das, was von selbst geht, wie die Musik, beispielsweise.«

Hannes freilich hat nie seine Hände in den Schoß gelegt. Er war auch nie Musiker, ich glaube, er spielt nicht mal ein Instrument. Er betrieb schon früh Handel, zum Beispiel mit Altmetall. Einen Handel, mit dem er in »zigeunerischer« Tradition steht, auch wenn er die Methoden dieses Handels weiterentwickelte, perfektionierte und in großem Stil ausbaute. So hat er heute mehrere LKWs und Angestellte und pflegt seine Kundenkontakte nicht nur in der Gegend, sondern überall in Europa. Er ist ein erfolgreicher Geschäftsmann – nicht nur unter Sinti. Das sieht auch Hannes so, weshalb es für ihn keinen negativen Beigeschmack hat, wenn er jemandem erzählt, er sei Schrotthändler. »Das ist eine normale Dienstleistung«, sagt er, »Schrott zu entsorgen. Die Leute rufen mich an, ›Pfisterer, hol den Container mit Schrott ab‹, und ich komme und hole das Zeug und verkaufe es weiter, das ist alles. Eine klare Sache, oder?« Hannes wirkt so arriviert, dass es ihm selbst erstaunlich vorkam, als ihn vor ein paar Tagen ein Rom vor seinem Haus ansprach, ob er ihm nicht ein paar getrocknete Mohnblumen abkaufen wolle. »Um die Zeit, um zehn Uhr abends?«, fragte er den Mann, und weil dieser zu stammeln begann, schickte ihn Hannes weg. »Das war merkwürdig für mich«, erinnert er sich. »Ich kam mir vor wie jemand, der die Seiten gewechselt hat. Plötzlich war ich der Sesshafte und der andere der Zigeuner.«

Hannes ist dennoch mehr als stolz darauf, Sinto zu sein. Diesen Stolz bezieht er nicht nur aus seinem finanziellen Erfolg, ihm ist auch seine kulturelle Identität wichtig. Er ist kein Geschäftsmann, der bloß seine Euros zählt, sondern er sieht das gesamte Bild, und das machte ihn mir immer schon sympathisch. Unsere kulturelle Zukunft stellt sich für Hannes aber nicht so rosig dar: »Unsere Kultur nimmt ab, die kleinen Kinder spielen keine Instrumente mehr, die spielen Gameboy. Ich finde es traurig, wenn ich sie auf diesen lächerlichen Plastikschachteln herumdrücken sehe, ohne Bezug zur Welt, ohne Bezug zu etwas außer zu dem Unsinn, den sie auf ihren armseligen Bildschirmen sehen. Ein Unsinn, der ihnen den Kopf verstellt, bis dort nichts mehr Platz haben wird als das.«

Das kann Letscho nur bestätigen. »Es fehlt das Zusammensitzen, wie wir es jetzt tun. Es fehlt das Miteinander-Sprechen, das Musizieren, das Standards-Spielen, das Singen.« Ich pflichte ihm bei, denn so habe ich meine Kindheit erlebt – als Sitzen, Sprechen, Musizieren, Singen. »Wer früher nicht singen konnte, der war nicht dabei«, sagt Hannes, und recht hat er.

»Die Familien leben nicht mehr so eng beisammen«, sagt er weiter. »Die Kinder sind früher weg von zu Hause, alle sitzen vor der Glotze. Im 22. Jahrhundert wird es kein Romanes mehr geben, das wird aussterben. Es fängt jetzt schon an, wir haben nicht mehr alle Wörter. Manche Sachen kann ich nur mehr auf Deutsch ausdrücken.« Das geht mir genauso – Begriffe wie Anrufbeantworter, Handy, Computer, Internet, Fax, Navigationsgerät gibt es nicht auf Romanes. Wenn wir miteinander sprechen, fügen wir die deutschen oder ohnehin englischen Ausdrücke für diese modernen Dinge ein, weil es das Bequemste ist – anstatt uns dafür eigene Begriffe in unserer Sprache auszudenken. Ich glaube dennoch nicht, dass unsere Sprache so schnell aussterben wird – sie wird sich anpassen, wie sie jetzt oder schon immer längst an die Sprache des Landes angepasst ist, in dem wir leben.

Hannes sieht das ein Stückchen wissenschaftlicher: »Ich kenne japanische Zigeuner, die sprechen wie wir«, sagt er, »denselben Dialekt. Der Unterschied ist, ob einer Roma spricht, oder Romanes. Sinti sprechen Romanes, aber Rom sprechen Roma. Der Memminger Sinto bellt, der norddeutsche Sinto hat ein Fischmaul. Oder die im Elsass, die haben französischen Slang drauf, aber es ist eine grundsätzlich andere Sprache als Roma. Ich verstehe auch ein bissle Roma, weil ich mit einem jungen Rom zusammen arbeitete, als ich beruflich länger in Rumänien war, dem habe ich pro Tag einen Euro gegeben, damit keiner was aus meinem Auto rausholt, was auch wunderbar geklappt hatte. Der Junge hat mir viel auf Roma erklärt. Er hat mir seine Geschwister gezeigt, bei denen spielen schon die dreijährigen Kinder Akkordeon, wie die Großen, da hab ich gestaunt. So war das bei uns auch, aber nur früher. Heute nicht mehr.«

Jetzt wird Letscho das Reden langsam zuviel. »Dein Vater weiß so viel über Musik, über Geigen, über Instrumente, aber er hält hinter dem Berg damit, er sagt nichts«, sagt er zu mir, und mir ist klar, dass Letscho das Thema wechseln will. »Er ist so zurückhaltend, und du hast soviel von ihm geerbt, Dotschy, das ist extrem.« Während ich noch darüber nachdenke, fragt Letscho Hannes schon nach einer Gitarre, denn er will auf seine Art sprechen, und er will auch mit mir sprechen, mich zum Klingen bringen. »Ich möchte Musik machen«, sagt er, dann beginnt er das Instrument, das lange schon unbenutzt da lag, zu stimmen.

»Bei uns ist es nicht mehr wie bei den rumänischen Rom«, sagt Hannes wehmütig. »Wir dürfen nur mehr manchmal Zigeuner spielen, auf Mission. Auch wenn man nicht christlich ist, stellt man sich dazu, weil's günstig kommt, aber wenn der erste Schultag ist, im Herbst, dann sitzen alle zu Hause. Die Kinder müssen in die Schule, was sein Gutes hat. Vor 30 Jahren war das wurscht. Da musste man handeln, das war wichtig, da musste man musizieren, und es war egal, ob die Kinder pünktlich in der Schule waren oder nicht.«

Letscho stimmt das erste Lied an, einen Jazzstandard. »Roma kann man nicht mit uns vergleichen«, sagt Hannes noch, aber schon wie aus der Ferne sagt er das. »Roma haben eine andere Geschichte, sie sind ein anderes Volk. Niemand sagt, dass Schweizer und Österreicher und Deutsche dasselbe Volk sind, nur weil ihre Sprachen sehr ähnlich klingen. Die würden sich alle gegen eine solche Unterstellung wehren, mit Händen und Füßen. Aber warum sollen Roma und Sinti froh darüber sein und zustimmen, dass sie immer in einen Topf geworfen werden? Das verstehe ich nicht. Rom sind orientalisch, sie sind nicht sesshaft. Sie sind nicht besser oder schlechter als wir, aber sie sind anders. Wir können bis zum 16. Jahrhundert zurückverfolgen, wie wir nach Deutschland gekommen sind, aber die Roma kamen erst im letzten Jahrhundert.«

Ich beginne zu singen, zu Letschos Melodie. Hannes entspannt sich, er lehnt sich zurück. Unsere Gedanken schweifen von unserer Diskussion ab. Wir schweben auf eine andere, auf eine universelle Ebene. Wir sind in der Welt der Musik, in der es keine Diskussionen mehr gibt, sondern nur noch das Gefühl, dass wir alle Teil einer Sache sind, auch wenn wir sie nicht richtig benennen können, egal, in welcher Sprache wir miteinander reden.

Wild Horses

Nach den stillen Familientagen in Memmingen kommt mir Donaueschingen, das ansonsten beschauliche Städtchen am Rande des Südschwarzwaldes, wie ein Hexenkessel vor: Autokolonnen, Lautsprecherstimmen, Musikfetzen, Fahnen, Polizei, Menschen über Menschen und dazwischen Pferde, wunderschöne Pferde. Edle Turnierpferde, stolze Springer, die sich gebärden, als würden sie sich jeden Moment losreißen und davongaloppieren, in eine unendliche Steppe, die nicht zu sehen ist in Donaueschingen. »Wild Horses«, wie Gino Vannelli eben aus einem der zahlreichen Lautsprecher plärrt.

Zwischen den festlich geschmückten Pferden mit ihren eingeflochteten Mähnen rollen auf Hochglanz polierte Kutschen, promenieren Damen mit riesigen Hüten und schlendern Männer in dunklen Anzügen. An diesem Wochenende findet das »Seine Durchlaucht Fürst Joachim zu Fürstenberg-Gedächtnisturnier« statt, und mitten drin ist mein Cousin Didi Reinhardt mit seiner Frau und ihren beiden Kindern Stockeli und Bogo. Stockeli trägt eine leuchtend weiße Hose, ein weißes Hemd mit weißer Krawatte und ein schwarzes Jackett, dazu schwarze Lederstiefel und ein breites Lächeln, denn er ist sehr gut gesprungen in seinem ersten Durchgang und hat die besten Hoffnungen für die nächste Runde. Er ist erst knapp 16 Jahre alt und wird als eine der großen Springreiterhoffnungen Deutschlands gehandelt.

Zu seinem merkwürdigen Namen kam Stockeli durch einen Schweizer Film, den sein Vater gesehen hatte, als sein Sohn ein sehr kleiner Junge war. In diesem Film gab es eine Figur, einen ähnlich jungen Buben, der immer nur dann einen Löffel von seinem Brei nahm, wenn ihm das Kindermädchen ihre Brüste zeigte. Der Bub gefiel Didi, und so beschloss er, seinem Sohn dessen Spitznamen als Sintonamen zu geben.

Doch niemand kennt den Reiter Stockeli, denn mein Cousin tritt immer unter seinem offiziellen Namen Remo Allgäuer an. Allgäuer heißt auch seine Mutter, die mit ihren langen schwarzen Locken zwar eine Sinteza sein könnte, aber keine ist. Weil die beiden nicht verheiratet sind, heißen die Söhne nach ihr. »Das finde ich schade, weil meine Söhne auch Reinhardts sind«, sagt Didi, »aber ich heirate nicht. Es könnte ja noch etwas Besseres kommen, und außerdem hat das keinen Sinn, nach 25 Jahren Zusammensein heiraten.« Wir müssen alle lachen, auch Didis Frau Irene, denn sie weiß am besten, dass das von ihrem Mann nicht ernst gemeint ist.

Dessen Scherze hören bei der Reiterei auf. »Noch kein Zigeuner hat das geschafft, was Stockeli geschafft hat«, sagt er stolz, »noch keiner auf der ganzen Welt.« Natürlich ist es nichts Besonderes, dass Sinti mit Pferden zu tun haben, dass sie mit Pferden handeln und auch mal reiten, aber im internationalen Spitzensport sind sie normalerweise nicht zu finden. Dabei liegt es nicht daran, dass sich Sinti nicht für Sport interessierten, sie wurden früher nur in keinem Sportclub zugelassen und so mit der Zeit dem Leistungssport »entwöhnt«. Auch heute noch ist ein Sinto in solchen Kreisen ungewöhnlich, obwohl die meisten Leute aufgrund Stockelis bayerischem Namen nicht auf die Idee kämen, dass er ein Sinto ist. Dabei, und das ist das Neue, hält er damit nicht hinter dem Berg, und auch sein Trainer tut das nicht. Es sei komisch, sagte dieser in einem Interview mit einer Reiter-Zeitschrift, dass sich manche Leute nicht an den Gedanken gewöhnen könnten, einen Sinto als Turnierteilnehmer vor sich zu haben. Er für seine Person, sagte der Bereiter und Trainer, selbst ein bekannter Springreiter, wäre froh, wenn seine Kinder so gut erzogen wären wie Didis Söhne.

Da Didi sich für die reitsportlichen Ambitionen seines Sohnes keine Angestellten leisten kann, muss die ganze Familie ihre gesamte Freizeit dem Reitsport opfern. Sie fahren immer gemeinsam zu den Turnieren, Bogo hilft bei Pferdepflege und Beritt, und Didi lässt alle seine Beziehungen als Pferdehändler spielen, um seinen Sohn immer mit den besten Springpferden zu versorgen. Das ist kein billiges Vergnügen, doch Didi kann die fehlenden Millionen durch gute Kontakte, sein großes Fachwissen über Pferde und sein feines Gespür für verborgene Qualitäten der Tiere ausgleichen. Ihm gelingt es, deutlich unterschätzte, aber sehr gute Pferde günstig zu kaufen, die seine Söhne dann unter seiner Anleitung zu Spitzenpferden aufbauen.

In Didis Familie gab es schon immer Pferde. Sein Vater und auch sein Großvater handelten vor allem mit Kutschpferden, bis die Nazis ihnen alle Pferde abnahmen. Nach dem Krieg verteilte die Regierung Pferde an die Bauern, damit diese wieder mit dem Wirtschaften anfangen konnten, und für die Verteilung war Didis Vater zuständig. So konnte er sich langsam hocharbeiten und ein wenig Geld ansammeln, sodass Didi einen guten Start ins Leben hatte. Nur so war es ihm möglich, seinem Sohn schon mit zehn Jahren ein Pony kaufen zu können. Das interessierte den zwar noch nicht so brennend, »aber es stand da«, sagt Stockeli heute, »das war entscheidend, so fing alles an«.

Heute ist das Reiten nicht nur für Stockeli das Wichtigste im Leben, sondern für die ganze Familie. Jedes Jahr verschlingen alleine die Spesen dafür gute 100 000 Euro, doch für diesen Preis sind noch keine Pferde gekauft. Stockeli hat immer an die zehn Pferde zur Verfügung. Das muss sein, denn von denen stehen höchstens drei oder vier für Turniere bereit, die anderen befinden sich noch in der Ausbildung. So reist die Familie fast jedes Wochenende mit einem riesigen Pferdetransporter zu den Wettbewerben. Hinten hängt der Wohnwagen zum Übernachten dran, Didis Frau fährt mit dem PKW hinterher, denn sie müssen auch am Zielort mobil sein. An den nächsten Wochenenden steht Wien auf dem Programm, Düsseldorf, Italien, München. Auf Preisgelder kann man kaum hoffen – die sind in den Klassen, in denen Stockeli antritt, nur ein paar hundert Euro hoch.

Also braucht die Familie andere Einnahmequellen. Die sprudeln im Handel mit Pferden, denn die von Stockeli gut berittenen Tiere sind sehr wertvoll. Außerdem kauft und verkauft Didi teure Geigen, richtig alte Geigen, die hohe Summen erzielen. Geigen sind Didis zweite Leidenschaft, weshalb er seine Söhne im Geigenspiel unterrichtete. Seinen größten Auftritt hatte Stockeli schon als Zehnjähriger – da spielte er vor 100 000 Menschen das Ave Maria auf dem Petersplatz in Rom. Didi hatte diese Sinti-Wallfahrt organisiert. Der Papst, damals noch Johannes Paul II., begrüßte Stockeli und alle anderen auch mit den Worten »meine lieben Sinti«. Didi ist ein begeisterter Wallfahrer und gleichzeitig, weil er gerne ganze Sachen macht, einer der wichtigsten Wallfahrts-Organisatoren. Als Stockeli 2003 auf dem Petersplatz geigte, durfte erstmalig eine Sinti-Band im Petersdom spielen, vor dem Hochaltar, während des Hochamts. »Das hatte es noch nie gegeben in den letzten Jahrzehnten«, erinnert sich mein Onkel stolz. »Die Kardinäle versicherten mir das – ich hatte eine absolute Ausnahme erreicht.«

Dazu waren Didi nicht nur sein enormes Organisationstalent, seine Offenheit und seine Überzeugungsgabe behilflich, sondern auch seine Italienisch-Kenntnisse. Er organisiert nicht nur Rom-Wallfahrten, sondern auch welche nach Lourdes oder nach Mariazell. Wenn er davon spricht, hört er sich an wie ein Konzertveranstalter. »Ich muss vorher immer viele Fragen klären – gibt es genug Parkplätze? Ich brauche gute und große Plätze, für die Wagen, das ist das Wichtigste. Strom, Wasser, Platz für 100 Wohnwagen, mit Vorzelten, Platz für Feuer und auch für die Kinder, sonst hat es keinen Sinn.«

Didi grüßt unzählige Leute, während wir über den Turnierplatz schlendern, und unzählige Leute grüßen ihn. Sein Handy klingelt pausenlos, er hat nie Feierabend, denn bei ihm sind Leben und Arbeiten eins. Er fährt LKW, reist durch ganz Europa, organisiert die Karriere seiner Söhne. Noch vor Jahren wäre unvorstellbar gewesen, in welchen Welten sich heute auch ein Sinto bewegen kann, in welcher Vielfalt und mit welchem Erfolg. Didi, der grade mal so viel lesen und schreiben kann, um mit seinen nötigsten Papieren umzugehen. Das behindert ihn aber nicht, denn seine Welt findet nicht auf Papieren statt. Sein Kapital besteht aus seinem Wissen, seinen Erfahrungen, seinen Kontakten und der Fähigkeit, sich den Teil der Welt zugänglich zu machen, den er nützen möchte.

Way of Life

Bei fast jeder meiner Reisen in Süddeutschland quere ich nicht nur die Schwäbische Alb, sondern auch den Schwarzwald, weil ich meist die Familie meines Mannes besuche, deren Mitglieder vor allem in Rastatt und Umgebung leben. Wenn ich dann schon im Rheintal bin, sehe ich auch bei Zipflo in Offenburg vorbei. Mein Cousin war zusammen mit Letscho, Lancy, Froschla und Kitty immer schon einer der herausragendsten und professionellsten Musiker meiner Familie.

Diesmal hat Zipflo zufällig an dem Tag meines Besuches ein Konzert, und zwar im Freien, auf den vom Abendlicht durchfluteten Rheinwiesen bei Kehl. Die Menschen schieben sich über eine neu errichtete Fußgängerbrücke von einem Ufer zum andern, denn auf beiden Seiten des Stroms sind Bühnen, Stände und Zelte aufgebaut – ein wie alltägliches Bild des Friedens, als wären die beiden Flussseiten und damit auch die beiden Staaten längst schon zu einem Ganzen zusammengewachsen.

Zipflo und seine Band spielen auf einer offenen Bühne mit Blick über den Fluss, in den Sonnenuntergang. Die idyllische Szenerie scheint Zipflo aber nicht milde zu stimmen, ganz im Gegenteil. Er wirkt so, als sei ihm etwas über die Leber gelaufen. Ich weiß aber, dass dem nicht so ist, denn Zipflo wirkt immer so, wenn er konzentriert spielt – ganz bei sich, ja in sich versunken, und von einer eigenen Strenge umgeben.

Zipflo ist Perfektionist, der in der Musik schon früh nach eigenen Wegen suchte. Er wird oft in einem Atemzug mit seinem großen Vorfahren Django Reinhardt genannt, obwohl es kaum jemand in unserer Familie gibt, der ein so distanziertes Verhältnis zu Djangos Musik hat wie er. Bei Zipflo liegt das an seiner frühen Sehnsucht nach musikalischer Eigenständigkeit. Bereits in den siebziger Jahren verstärkte er seine Geige elektrisch, als das noch niemand sonst machte, und spielte statt der Standards vorwiegend Eigenkompositionen, was die gestandene Jazz-Szene damals fast als Gotteslästerung empfand.

»In unserer Verwandtschaft sind die Leute sehr aufgeschlossen für moderne Musik«, plaudert Zipflo am Morgen nach dem Konzert, »aber es ist schwer für die meisten von uns, solche neuen Konzepte auf die Bühne zu bringen. Die meisten Zigeuner können solche neue Musik nicht vermitteln, weil sie keine Notenkenntnisse haben. Nur unsere traditionellen Musiker haben es leicht, Mitspieler zu finden. Die Zigeuner sind kreativ steckengeblieben, sie gehen den Weg des geringsten Widerstandes. Man trifft sich immer nur im selben Zirkel, spielt 30, 40 Jahre dasselbe, aber niemand besucht eine Schule, niemand lernt Noten. Viele von uns sind faul, die kommen nicht vom hohen Ross einer angeblich angeborenen Musikalität runter.«

Wenn ich so etwas höre, muss ich schlucken, denn das ist auch aus dem Mund eines Sinto starker Tobak für mich. Die Aussage wird für mich nicht verträglicher, wenn ich sie aus dem Mund eines Cousins höre. »Zigeuner sind faul!« – Ein Gadscho dürfte so etwas nicht zu mir sagen, ist das doch das gängigste Vorurteil uns gegenüber. Schon dass Zipflo konsequent die Bezeichnung »Zigeuner« verwendet, verunsichert mich, obwohl ich weiß, dass er das immer schon so hielt. »Früher hieß es immer, ich sei der Zigeunergeiger Zipflo Reinhardt. Aber ich fühle mich nicht schlecht, wenn mich einer als Zigeuner bezeichnet«, sagt Zipflo überzeugt. »Ich habe das

Gefühl, dass ich mich selbst diskriminiere, wenn ich mich als Sinto bezeichne. Auf einmal, nach 45 Jahren Zigeuner-Sein.« Ich sage ihm, dass ich nicht als »Zigeunerin« bezeichnet werden möchte, aber ich verstehe, dass er mit seiner anderen Geschichte an das Wort »Zigeuner« gewöhnt ist und es deshalb auch verwenden möchte – wie viele meiner Leute aus der älteren Generation.

Aber »faule Zigeuner«? – Zipflo hat natürlich Beweise dafür, Beispiele, und die zählt er auf: »Ein junger Gitarrist, ein Zigeuner, hat mich vor zwei Jahren gefragt, ob ich mit ihm ein Jazz-Weihnachtskonzert spiele«, erinnert er sich. »Er ist Supermusiker, aber wer mit mir spielt, muss wissen, dass ich nicht nur die gängigen Sachen spiele, sondern auch meine Lieder. Der muss von den gewohnten Pfaden abweichen können. Wenn ich den dann frage, wo das C7 ist, und der greift hilflos in den Saiten herum und findet das nicht, dann ist das sehr enttäuschend. Wie kann ein talentierter Musiker nicht mal wissen, wie die Akkorde heißen? Der hat bei mir keine Chance! Das ist nur so, weil er zu bequem ist, um sich hinzusetzen und die Sache zu studieren. Weil er bis jetzt immer so durchgekommen ist und auch für die Zukunft nicht mehr will.«

Jetzt, wo Zipflo mir das alles erklärt, muss ich ihm recht geben. Viele unserer Musiker behindert nicht nur ihre Bequemlichkeit, sondern auch ein zu großes Beharren auf dem Überkommenen. Ich finde es schön, Traditionen zu wahren, ich finde auch traditionelle Sinti-Musik schön, mir gefällt der Jazz im Original-Stil Django Reinhardts der vierziger Jahre, aber nicht nur – wie Zipflo verlange ich mehr. Ich möchte Veränderung, und ich möchte wie Zipflo Weiterentwicklung.

Wir kommen auf das Konzert vom Vorabend zu sprechen, bei dem dieselbe Einstellung zu beobachten war. Die paar Sinti im Publikum, die von der französischen Seite angereist waren, saßen genauso wie die wenigen deutschen Sinti vorne in der ersten Reihe, still und scheinbar aufmerksam. Zipflo kennt jeden von ihnen, und jeder von ihnen kennt Zipflo, und dennoch schnappten sie sich schon während der letzten Lieder wortlos ihre Bierflaschen und machten sich grußlos davon – im Gegensatz zum deutschen und auch französischen Publikum, das sich bei Zipflo mit enthusiastischem Applaus bedankte. »Wenn ich nur mit Gitarristen spiele, in der klassischen Besetzung, dann bleiben die«, sagt Zipflo, »dann wollen die Tuchfühlung und gehen richtig mit. Aber wenn ich mit einer Band da bin, mit Percussion, mit Bläsern, dann ist ihnen das zu modern, zu schnell, zu laut. Dann hauen sie mittendrin ab.«

Früher sei das noch viel extremer gewesen, erinnert sich Zipflo. Bei Sinti-Festivals in den siebziger Jahren machte er sich keine Freunde, als er mit seiner Band in einen vollen Saal kam und den nach den ersten paar Takten zur Hälfte geleert hatte. »Mein Manager und ich wetteten immer, wie lange ich brauchen würde, bis der ganze Saal leer war.«

Doch Zipflo ließ sich nie von seinem Weg abbringen, weder heute noch damals. »Bei einem Festival mit Schnuckenack waren Hunderte Wohnwagen da, gute 20 Bands. Das Ganze dauerte drei Tage, und auch wir mussten Standards spielen, weil das ausgemacht war, fürs Fernsehen, allerdings in meiner Interpretation. Doch dann«, Zipflo muss heute noch grinsen, »kam ein wohlgesinnter Mensch auf mich zu und sagte, ich solle nicht so modern spielen, nicht so laut, und den Schlagzeuger solle ich wegnehmen, wenn ich nicht möchte, dass mir etwas zustößt. Der sagte das mitten im Konzert, im Zelt, vor 5000 Menschen. Unter denen saßen Leute, die mich am liebsten ermordet hätten.«

Soweit kam es nicht, obwohl Zipflo nicht nachgab, doch handgreiflich konnten die Fans werden. So sagte ein Sinto bei dieser Gelegenheit zu Bireli, einem Ex-Duo-Partner Zipflos, er solle »Nuages« spielen, den Django-Klassiker schlechthin, und als sich der weigerte, weil er es schon 5000-Mal gespielt hatte, gab es sofort handfesten Streit.

Zipflos Auftritt bei diesem Festival wurde später aus der Fernsehaufzeichnung herausgeschnitten, denn schließlich hatten auch die meisten Deutschen eine sehr konservative Vorstellung davon, welche Art von Musik Sinti zu spielen haben. Wenn 19 Bands auf dieselbe Art und Weise klassischen »Zigeuner-Swing« spielen, dann soll das auch noch die zwanzigste Band tun, sonst fühlen sich manche Zuhörer hintergangen. »Ich habe nie das getan, was die Leute von mir wollten«, grinst Zipflo, »aber einen Namen habe ich mir dadurch gemacht.« Im Nachhinein fragten die Journalisten ihn, warum er denn so anders spiele – aber Zipflo konterte gut: »Was soll das sein, ›Zigeunerjazz‹?«, fragte er zurück. »Man sagt doch auch nicht ›Franzosenjazz‹ oder ›Deutschenjazz‹.«

Sogenannte »Zigeunermusik«, und darin liegt vielleicht das Missverständnis, ist ohnehin etwas anderes – das ist die traditionelle Musik ungarischer Rom, die sich stark bei ungarischer Volksmusik bedient hatten. Das ist wunderbare Musik, sehr gefühlvolle Musik, aber es ist auch ein Stückchen Museumsmusik, die sich nicht mehr weiterentwickelt. Djangos Musik hat damit nicht das Geringste zu tun. Sie war zu ihrer Zeit keinesfalls etwas Historisches, sondern im Gegenteil etwas sehr Modernes, eine Fusion aus den verschiedensten Elementen – Walzer, bayerische oder österreichische Volksmusik, französische Musettes und amerikanischer Jazz.

Im krassen Widerspruch zur heutigen Verklärung steht die Tatsache, dass Django zu seinen Lebzeiten, besonders während der ersten Hälfte seiner leider viel zu kurzen Karriere, nicht sehr beliebt war. Damals hörten die Menschen Filmmusik, Operetten, Schlager – dagegen war Django mit seinem puren, instrumentalen Jazz Avantgardist. Er wurde auch von vielen seiner Leute angefeindet, was ihn davon abhielt, sich unters Volk zu mischen. Heute, und dieser Gedanke ging mir das erste Mal durch den Kopf, als ich in Offenburg mit Zipflo zusammen saß, muss offenbar er diese Rolle übernehmen – die des Sinti-Musiker-Avantgardisten, der erst später in seiner Größe anerkannt sein wird. In seinem »Way of Life«, wie eine seiner bekanntesten Eigenkompositionen heißt.

Was mich immer noch erstaunt, ist Zipflos distanzierte Einstellung Django gegenüber. »Mit Django habe ich mich nicht befasst«, gesteht Zipflo. »Ich bin mit den Beatles aufgewachsen, mit den Rolling Stones.« Folgerichtig hängte Zipflo nach seiner Geigenausbildung, die er schon mit vier Jahren begonnen hatte, das Instrument an den Nagel und begann Gitarre zu spielen – vermutlich gab es Ende der sechziger Jahre für einen jungen Musiker kaum etwas Uncooleres, als mit einer Fidel auf der Bühne zu stehen. »Die hatten mir als Kind die Geige in die Hand gedrückt und mich auf die Bühne geschoben, weil sie gesehen hatten, dass ich das ein bisschen kann«, erinnert sich Zipflo. »Das wurde zu meinem Verhängnis, auch als ich die Geige nicht mehr wollte. Mein Großvater sagte mir, ›wenn du nicht übst, bekommst du eine Ohrfeige‹, und das war keine leere Drohung. Die andere, noch schlimmere Strafe fürs Nicht-Üben bestand allerdings darin, untertags ins Bett zu müssen. Das war der blanke Horror!«

Dass sich Zipflo, das Kind, gefügt hat, ist klar. Dass sich Zipflo, der Jugendliche, nicht fügte, ist erstaunlich – das muss eine direkte Folge der 68er-Revolte gewesen sein, die auch vor einigen jungen Sinti nicht haltzumachen schien, obwohl sie zu meinen Leuten und ihrem Verständnis von Respekt gegenüber Älteren nicht passt. Aufmüpfigkeit, Rebellion, Ungehorsam, ungestümes Widersprechen, Infragestellen von Traditionen – das empfinden auch heute noch die meisten jungen Sinti eher als wenig erstrebenswert.

Doch Zipflo brach damals zumindest ein bisschen aus, rockte auf der Gitarre und fand Django Reinhardt oder Stéphane Grappelli – also alle altehrwürdigen Swing-Größen – eher langweilig. »Mir gefielen ein paar Lieder ganz gut, ich fand Django für seine Zeit musikalisch und auch technisch sehr fortgeschritten, aber ich mochte den Sound nicht«, erinnert er sich heute.

Das Misstrauen Zipflos gegenüber musikalischer Nostalgie kann ich nachfühlen. Auch ich kenne Leute, die überglücklich sind, weil sie für sehr viel Geld eine alte Gitarre aus Djangos Zeiten kaufen konnten, ein bisschen auf der herumschrammen und sich vorkommen wie Ehrenmitglieder des »Hot Club de France«, das erste nur mit Saiteninstrumenten besetzte Jazzensemble aus dem Paris der dreißiger Jahre. Dann sitzen diese Männer beisammen, zu dritt, zu viert, zu fünft, zu sechst, und spielen stundenlang ihre Django-Klassiker durch, jeder auf seiner edlen Retro-Gitarre. Das sind ehrenwerte Übungen, das ist schöne Traditionspflege, aber mit einer interessanten, lebendigen Musikszene haben solche Django-Marathons wenig zu tun.

»Blöd ist nur, dass das Publikum immer dasselbe will, nämlich dieses Retromäßige, Gefühlige, das die meisten Leute mit Zigeunermusik verbinden.« Jetzt sieht Zipflo aus, als würde er gleich ausspucken. Es heißt immer, Musik zu spielen »wie ein Zigeuner« bedeute, die ganze Sache nicht allzu ernst anzugehen, bedeute, nicht taktsicher zu sein, sondern fließend auszugleichen, wenn etwas nicht passt. Das heiße, immer locker, spontan und dabei ruhig dilettantisch vorzugehen, Hauptsache, der Bogen reißt nie ab. Doch weder für Zipflo noch für mich besteht der Sinti-Effekt in der Musik – falls es so etwas geben sollte – darin, weniger professionell und dafür gefühliger zu sein. Nein, wir wollen unsere Sache genauso ernsthaft und professionell angehen wie alle anderen guten Musiker auch, und wenn wir dazu unseren Erfahrungshorizont als Sinti mit einfließen lassen können, ist es gut – aber im Vordergrund soll die Musik stehen, und nicht die Abstammung.

Anfang der achtziger Jahre wurde Zipflo der Druck zu viel – nicht nur der des Publikums, sondern auch der seiner Sippe. Er galt damals als der Störenfried der Familie, und dieses Etikett war er langsam leid, er konnte es nicht mehr hören. Also zog er sich von der aktiven Musikerlaufbahn zurück und begann im stillen Kämmerlein wieder an der Geige zu arbeiten, die er so lange vernachlässigt hatte. Als er dann mit seiner Geige auftrat, fand plötzlich auch unser Publikum wieder Gefallen an ihm – wenn er es nicht zu modern machte. Seine Stammkunden fand Zipflo allerdings vor allem in der Jazzszene der Nicht-Sinti.

Zipflos Problem, dass seine Musik sehr konträr zu seinem Namen ist (ein Reinhardt, der Geige spielt statt Gitarre! Ein Reinhardt, der Django nicht anbetet!), blieb weiter bestehen, macht ihm aber heute nichts mehr aus. »Mit guter Musik kommst du nicht an«, meinte Bobby einmal pauschal, und wenn das auch übertrieben klingt, so hat es einen wahren Kern – oft entscheidet nicht die Qualität, sondern das Marketing über den Erfolg, und im Selbstvermarkten gibt es niemand schlechteren als Zipflo, der keine Rücksicht darauf nimmt, welche Erwartungen die Menschen an ihn haben und wie er ankommt – entscheidend ist für ihn allein, dass er zu seiner Musik stehen kann,.

Ich schätze Zipflo für diese Unbeugsamkeit, ich bewundere ihn dafür – aber ich kann auch mildere Positionen verstehen. Ich kann Bobby verstehen, der genauso seine Musik spielt, der experimentiert, der seiner Zeit voraus war und trotzdem immer das Bild des klassisch auf der Gitarre swingenden Reinhardt bedienen konnte. Zipflo erinnert sich an einen Auftritt in einem Schloss, den Bobby für sie beide und noch ein paar Musiker arrangiert hatte. Die Lady auf diesem Schloss hatte viel Geld versprochen, Bobby hatte alles geregelt, wurde aber erst deutlich, als die Musiker schon im Auto saßen, auf den letzten paar Kilometern vor dem Auftrittsort. Erst dann murmelte er etwas von ungarischer Musik.

Zipflo ahnte, was kommen würde, und wollte sofort aussteigen, was aber nicht ging, da er erstens nicht am Steuer saß und zweitens eine ungarische »Zigeunerkapelle« ohne Geige nicht auftreten kann. Bobby konnte Zipflo dazu überreden, mit hineinzukommen und sich die Sache erst mal anzusehen, aber als sie, im Schloss angekommen, in vorbereitete ungarische Gewänder schlüpfen sollten, brannten ihm die Sicherungen durch. Fast wäre er Bobby, einem seiner besten Freunde, an die Kehle gesprungen, doch der konnte ihm entwischen. Sie spielten dann doch keine ungarische Folklore, sondern Django-Jazz, und das nicht auf einer festen Bühne, sondern im Schloss auf- und abgehend, zwischen all den Gästen, die für eine festliche Veranstaltung angereist waren. Zipflo verdrückte sich rasch, um sich in einer Ecke zu betrinken. Durch das beständige Umherwandern der Band fiel es nicht so auf, dass er nicht mehr mit von der Partie war, doch Zipflo beschloss danach, sich nie wieder auf so etwas einzulassen.

Dabei schätzt er – genauso wie ich – diese ungarischen Wundergeiger sehr. Er liebt diese Roma, die ihr Instrument virtuos beherrschen, auch wenn sie nicht seine Art von Musik spielen. Ich erinnere mich gut, wie ich einmal in Budapest zusammen mit meinen Eltern und meiner Schwester im Matthiaskeller aß. Dort geigte eine solche Romakapelle, und wir alle schmolzen nur so dahin vor Rührung. Ich merkte sofort, dass diese Musik sehr schwer zu spielen ist und dass sie nur zu solchen Orten passt – an denen ich mich normalerweise nicht aufhalte.

Das Problem Zipflos ist auch ein Stück weit mein Problem: Wir sind Sinti, aber wir können oft mit einer zur Schau gestellten Mentalität von Sinti oder Roma nichts anfangen, wir können uns dort nicht einfinden – ohne uns gleichzeitig bei den Deutschen ganz integrieren zu können. Es ist eine Art Leben im Zwiespalt, zwischen zwei Welten, die wir beide kennen, die wir beide intensiv erlebt haben, von denen wir uns aber keiner zweifelsfrei zuordnen können. »Ich kann mit meiner Mentalität weder bei Zigeunern noch bei Nicht-Zigeunern andocken«, so drückt das Zipflo aus. »Ich bin noch zigeunerisch, aber ich ecke bei denen mit meiner Musik an. Bei den Deutschen stoße ich genauso auf Erwartungshaltungen, die ich nicht erfüllen kann, und die können meine Erwartungen nicht bedienen, weil ihnen das notwendige Feeling für meine Kultur fehlt. Ich fühle mich seit Jahrzehnten heimatlos, so banal das klingen mag.«

Wenn diese Entfremdung in den eigenen Reihen passiert, wie zwischen Zipflo und seinen Brüdern, dann schafft das eine gehörige Portion Isolation. »Ich bin einsam«, sagt Zipflo. Wenn er das sagt, klingt er nicht bitter, aber resignierend. »Eine Säuberung im Bekanntenkreis, wie ich sie gemacht habe, ist hart, aber es kann sich auch was daraus entwickeln.« So kenne ich ihn wieder, meinen Zipflo – zuletzt doch grinsend, ironisch und auf der hellen Seite des Lebens. »Je zugänglicher du wirst, desto respektloser werden die anderen«, sagt er in väterlich erklärendem Tonfall. »Wenn du sagst, du willst das und das, dann bist du der Böse. Aber wenn du das nicht sagst, dann machen sie mit dir, was sie wollen. Dann wirst du nicht ernst genommen.«

Davon ist Zipflo meilenweit entfernt – nicht mehr ernst genommen zu werden. In diesem Moment verstehe ich, warum er in Offenburg lebt, seit Jahrzehnten ein gutes Stück weg vom Rest seiner Familie. Er wollte immer schon Distanz zwischen sich und seine Sippe bringen, um die Dinge klarer und objektiver zu sehen. Eine für Menschen aus meinem Volk ungewöhnliche Vorgehensweise, die ihm viel Kritik, aber auch heimlichen Neid auf seine Unbeugsamkeit eingebracht hat.

Zipflo verabschiedet sich, wie die meisten anderen Sinti, die ich auf dieser Reise traf, mit Warnungen, mit Mahnungen zur Vorsicht, und mit guten Ratschlägen. »Pass auf dich auf, Dotschy«, sagt er, »sei vorsichtig!« Jetzt ist er wieder Zipflo, mein Cousin, der Sinto, der besorgt ist, dass einer jungen Frau aus seiner kostbaren Familie draußen in der Welt etwas zustoßen könnte.

You Go to My Head

Was private Dinge angeht, sind wir Sinti in der Regel sehr verschwiegene Zeitgenossen. Einen Schatz hüten wir besonders gut – alles, was mit dem Geschlechtlichen zu tun hat. Das Wort dafür mag mir nicht in die Tastatur kommen. Aber über Liebe kann man sprechen, und so kann ich das über meinen Mann tun, über David. David Rose ist sein Name, sein richtiger Name, den er am liebsten Englisch ausspricht, wie das die meisten seiner Fans auch tun. Er sieht südländisch aus, hat aber einen blassen Teint, ist sehr feingliedrig und spricht ein so gewähltes Deutsch und singt ein so geschliffenes amerikanisches Englisch, dass viele Leute nicht wissen, wohin sie ihn zuordnen sollen. Für mich ist David nicht in erster Linie Musiker, sondern der Mann meines Lebens – obwohl sich das eine vom anderen nicht trennen lässt.

Immerhin habe ich David durch den Jazz kennengelernt. Oder, besser gesagt, durch eine Jazzzeitschrift, das Stuttgarter »Jazz Podium«. Unabhängig voneinander hatten wir dieselbe Ausgabe dieser Zeitung gekauft – ich, natürlich ganz brav, wie jeden Monat, David hingegen zum ersten und gleichzeitig vermutlich auch letzten Mal in seinem Leben. Doch damit nicht genug. Beide lasen wir darin dieselbe Annonce, in der es um ein Vorsingen ging. Das sollte ausgerechnet am 1. April stattfinden, im Jahr 2000, in Allensbach bei Radolfzell. Das Jugendjazzorchester Baden-Württemberg, der kleine Bruder des Bundesjugendjazzorchesters, war auf der Suche nach Vokal-Solisten, und sowohl David als auch ich sandten unsere Bewerbungen an die angegebene Stelle.

Dann passierte einige Monate nichts, ich hatte die Sache fast schon wieder vergessen, als ein Brief vom Orchester mit einem langen Fragebogen bei mir eintraf. Fast schon hätte ich die Flinte ins Korn geschmissen – schließlich wollte ich kein Formular ausfüllen, sondern singen –, doch dann riss ich mich zusammen, beantwortete alle Fragen und sandte den Bogen zurück. Wieder gingen viele Wochen ins Land, bis ich zum Vorsingen eingeladen wurde – genauso wie David, dem es bei dieser Prozedur ähnlich erging. Zufall, das ist meine feste Überzeugung, konnte das keiner gewesen sein, eher eine göttliche Fügung. Vorsehung, die jahrelang hart daran gearbeitet haben musste, um uns beide für diesen 1. April des neuen Jahrtausends fit zu machen.

Zu dem Vorsingen in Allensbach war ich ohne besondere Erwartungen angereist – vielleicht, dachte ich, wird etwas daraus, vielleicht auch nicht. Immerhin war das Jugendjazzorchester, soviel war mir klar, nicht die Welt. Als ich in den Raum kam, in dem vorgesungen werden sollte, bemerkte ich einen jungen Mann, der mich fortwährend anstarrte. Er war offensichtlich Ausländer, aus dem Süden, er sah nicht schlecht aus – doch was wollte er von mir?

Dann wurde er zum Singen aufgerufen, in einer langen Reihe von Bewerbern ausgerechnet er, direkt vor mir. Wie gesagt – Zufall ausgeschlossen. Ein Pianist hatte alle Sänger vor ihm begleitet, doch als der junge Mann sagte, er werde »Stardust« singen, musste der Pianist passen – er konnte erstaunlicherweise den Zwanziger-Jahre-Jazzstandard von Hoagy Carmichael nicht, den unter vielen anderen Jazzgrößen Glenn Miller, Louis Armstrong, Frank Sinatra, Eddy Howard, Nat King Cole, Ella Fitzgerald und nicht zuletzt auch mein Vorfahre Django Reinhardt eingespielt hatten. Ein wunderschön tragisches Liebeslied, das in Amerika zu den bekanntesten Songs aller Zeiten gehört.

Nach dem Bedauern des Pianisten entstand für kurze Zeit eine Pattsituation, als der Vorsänger sagen musste, dass er leider keine Noten zu dem Stück mithatte. Ich dachte schon, schade, jetzt muss der Junge etwas anderes singen, worauf er möglicherweise nicht so gut vorbereitet war, doch in diesem Moment passierte etwas Unvorhergesehenes – der Sänger, der nun schon etwas genervt wirkte, wollte ohne Begleitung singen, a cappella. In diesem Moment erkannte ich David.

Es war weniger sein Aussehen als vielmehr sein Verhalten – diese nach außen hin ruhige, aber im Inneren doch drängende, ruhelose Art, an die ich mich erinnerte. Wir hatten uns Jahre zuvor in Karlsruhe bei einem Auftritt von mir getroffen. Nach dem Konzert hatten wir miteinander gesprochen, nichts Besonderes, nur Smalltalk, und doch war er mir in Erinnerung geblieben. Jetzt sang dieser Mann mit einer schmelzenden, vor Sehnsucht zerfließenden Stimme dieses traurige Lied:

> *Sometimes I wonder why I spend*
> *The lonely nights*
> *Dreaming of a song.*
> *The melody haunts my reverie*
> *And I am once again with you.*

In diesem Moment war es so still im Saal, dass man die berüchtigte Stecknadel hätte fallen hören können. Obwohl David ohne Begleitung sang, die schwerste Aufgabe für jeden Sänger, füllte seine Stimme mühelos den Raum.

Als ich kurz darauf aufgerufen wurde, musste ich aufpassen, dass ich nicht auf dem Weg zur Bühne stolperte, so verwirrt war ich und zu sehr in Gedanken an das, was ich eben gehört und gesehen hatte. David warf mir einen bedeutungsvollen Blick zu. Ich wollte in diesem Moment nicht darüber grübeln, sondern musste singen. Für diesen Anlass hatte ich mir »My Foolish Heart« ausgesucht, einen Song aus den vierziger Jahren, der später auch von Bill Evans, Tony Bennett, Frank Sinatra, Tom Jones und Astrud Gilberto aufgenommen wurde. Glücklicherweise hatte ich die Noten dabei, denn der Pianist konnte auch diese Nummer nicht aus dem Kopf spielen, und ich bin nicht sicher, ob ich es geschafft hätte, das Stück ohne Begleitung vorzusingen. So funktionierte es passabel, und im Nachhinein dachte ich oft genug, dass mein Lied eine passende Antwort auf Davids Sehnsuchtssong gewesen war:

The night is like a lovely tune, beware my foolish heart!
How white the ever constant moon, take care, my foolish heart!
There's a line between love and fascination,
That's hard to see on an evening such as this.
For they give the very same sensation.
When you are lost in the passion of a kiss.
Your lips are much too close to mine, beware my foolish heart!
But should our eager lips combine, then let the fire start.
For this time it isn't fascination, or a dream that will fade and fall apart,
It's love this time, it's love, my foolish heart!

Bei unserem ersten Abend ging es aber anders zu als in diesem romantischen Song. Nach unseren Auftritten begrüßten wir einander artig und tauschten ein paar Komplimente aus, aber das wäre es fast schon wieder gewesen, wenn David nicht gesagt hätte, dass er noch viel Zeit hätte, bis sein Zug zurück nach Hause, nach Rastatt abfahre. Da ich ohnehin mit dem Auto in Allensbach war, beschlossen wir, noch zusammen essen zu gehen.

Bei einem Italiener aßen wir hervorragend und unterhielten uns prächtig. Erstaunlich für mich war, dass David immer Deutsch sprach, denn das war ich von einem Sinto nicht gewohnt. Normalerweise reden wir untereinander alle in der Sprache unseres Volkes und sprechen nur mit den anderen Deutschen Deutsch, aber David hielt das anders. Natürlich kann ich mich in dieser Sprache genauso gut ausdrücken, nur wenn es um Herzensangelegenheiten geht, fällt es mir leichter auf Romanes.

Doch unsere Unterhaltung betraf nichts davon, wir redeten über unsere Musik. Darüber, wo wir schon überall aufgetreten waren und welche Kollegen für uns Bedeutung hatten. Während dieses Gesprächs stellten wir fest, dass wir schon im selben Lokal gesungen hatten. Auf der Bühne des Stuttgarter »Perkins Park« – auch wenn wir uns dort nie getroffen hatten. Das lag daran, dass ich dort viel früher aufgetreten war, als Kind noch, mit 13 Jahren. David kam vier Jahre später dorthin, mit 16. Erstaunlicherweise hörte ich schon zu jener Zeit von ihm, und zwar von meiner Tante Kitty, die David aus einer Band kannte, mit der Kittys Mann öfters aufgetreten war. Kitty hatte mir damals schon von dem jungen Mann vorgeschwärmt, der so gut singt.

Danach hatten mir noch andere Leute phantastische Dinge über David erzählt – etwa, dass er eine nahezu lückenlose Frank-Sinatra-Plattensammlung besitze (was stimmt, und worum ich ihn früher sehr beneidete) sowie etwa 1500 Spielfilme auf Video aus den dreißiger, vierziger und fünfziger Jahren (was mir unglaublich vorkam, doch auch das stimmte). Schon im Kindergartenalter habe er zu sammeln begonnen, hieß es, genauso wie er auch zeitig mit dem Singen begonnen hätte, Hunderte Songtexte seien schon in seinem Kopf gespeichert. Weil Sinti in weit verzweigten Familien leben, die über viele Drähte miteinander vernetzt sind – Geschäfte, Freundschaften, Ehen – ist der Informationsfluss innerhalb unserer Gemeinschaft dicht, deshalb kennt, zumindest innerhalb einer Region, jeder aus jeder Familie zumindest ein paar Leute. Es war also nicht sehr erstaunlich, dass ich schon vieles von David gehört hatte – es war eher erstaunlich, dass wir uns erst einmal und dann nur am Rande getroffen hatten.

Dennoch war es etwas Besonderes für mich, an diesem Aprilabend mit diesem höchst gelobten Sinto aus Rastatt an einem Tisch in Allensbach zu sitzen und an einem Glas Weißwein zu nippen. Mit diesem David, den mir das Schicksal seit Jahren mehrfach schon zuführen wollte, was ich aber bis dahin immer wieder vermasselt hatte – selbst heute, beim Vorsingen, hatte ich ihn erst im letzten Moment erkannt! Ich kann nicht einmal sagen, dass es an diesem Abend wirklich gefunkt hätte, doch ich merkte die Natürlichkeit unseres Zusammenseins, dessen Selbstverständlichkeit, und das war für mich das am wenigsten Selbstverständliche – war ich doch sonst eher scheu fremden Menschen gegenüber.

Ich weiß noch, wie wir uns über Country-Musik unterhielten. Über die Beatles, über versalzenes Essen. Er hatte Spaghetti Marinara, ich Tomatensuppe. Ich solle mehr essen, sagte er zu mir, weil ich viel zu dünn sei. Das meine gerade der Richtige, sagte ich – David wog damals um die 45 Kilo, und heute sind das nicht viel mehr. Als ich ihn mit dem Auto zum Bahnhof brachte, ließ ich wie so oft ein Band von Frank Sinatra laufen. Nicht nur, dass wir beide Sinatra unisono erkannten, zauberte er auch ein Lächeln auf unsere Gesichter, die wir einander in diesem Moment kaum zu zeigen wagten. Mir war damals schon klar, dass Frank Sinatra für David nicht bloß ein begnadeter Sänger und Entertainer, sondern der Größte schlechthin ist!

Ich starrte angestrengt auf die Straße, und David tat es mir offenbar gleich – ich konnte ihn nur aus den Augenwinkeln beobachten. Wieder einmal schien das Schicksal eingreifen zu wollen, aber wir blieben standhaft, verabschiedeten uns herzlich, wie unter Bekannten, und jeder ging seiner Wege. So ist das unter uns Sinti. Wir sind vorsichtig und reserviert, und das Zusammenkommen von Mann und Frau ist bei uns eines der heikelsten Themen, das keinesfalls überhastet oder unüberlegt angegangen werden darf – und nicht ohne Übereinstimmung mit der Familie. Ein bisschen tat es mir leid, dass unser Treffen nur so kurz gedauert hatte, doch ich beschloss unverzüglich, in meiner weitläufigen Familie diskrete Nachforschungen über David anzustellen, um ihn nicht wieder so lange aus den Augen zu verlieren.

Das tat ich dann auch nicht. Wir telefonierten öfter, wobei es vor allem um Musik ging. David war damals auf den Geschmack von Andy Williams gekommen, der längst eines seiner größten Idole ist. Für David bestand genauso wie für mich eines seiner größten Ziele darin, sich in der Musikszene zu etablieren, doch bei ihm drehte sich alles noch viel mehr um dieses Thema. Zusammen mit seinem Cousin Emil schickte er ständig Briefe an Produzenten und Plattenfirmen, zusammen mit Demotapes, auf denen David zur Gitarre seines Cousins sang, doch der Erfolg dieser Aktionen hielt sich in Grenzen.

Ich wollte auch etwas von ihm hören, und David versprach, mir ein paar Aufnahmen von sich zu schicken. In dem Brief fand ich eine CD und ein kleines Kärtchen, auf dem stand, dass er sich gefreut habe, mich zu sehen, und dass er sich auf den Workshop mit dem Jugendorchester freue, den wir aufgrund unseres Vorsingens vor uns hatten.

Drei Wochen später fand der Workshop statt, auf Schloss Weikersheim, als Training für drei Sänger und eine Bigband, mit einer Gesangslehrerin und einem Bigbandlehrer. Seitdem sind David und ich zusammen. Mehr war und ist dazu nicht zu sagen, außer, dass Musik auch in diesem wichtigen Moment meines Lebens eine Schlüsselrolle spielte – diesmal in Form des Songs »Inspiration« von Rock Hudson. David hatte diese Aufnahme als Kassette dabei, und er schaffte es, sie ständig im Hintergrund spielen zu lassen. Im Weinlokal, im Proberaum, im Speisesaal der Jugendherberge. Überall, wo ich auf David traf, oder zumindest kam es mir so vor, und das wollte er damit wohl bezwecken.

Natürlich wussten damals auch unsere Eltern nichts von unserer Verbindung, denn die hätte nach dem offiziellen Verständnis eines Sinto-Vaters wie meinem anders beginnen müssen. Wir hätten einander viel länger kennen müssen, David und ich, und auch unsere Familien hätten einander viel besser kennenlernen müssen. Außerdem hätten wir offiziell »flüchten« müssen, so heißt es bei uns, wenn beide von zu Hause abhauen, um vielleicht am nächsten Tag, vielleicht erst nach einer Woche zusammen zurückzukehren – dann bereits als verheiratetes Paar. Denn wenn ein Paar durchgebrannt ist, sich danach bei den Eltern vorgestellt und deren Segen bekommen hat, sind die beiden bei uns Mann und Frau.

Eine richtige Hochzeitszeremonie oder eine offizielle Eheschließung hat bei deutschen Sinti keine Tradition. Etwas Ähnliches gibt es aber bei französischen Sinti, die nach ihrer Flucht groß »Mariage« feiern. Sie laden ihre Familien und Freunde zu einem Festessen ein, natürlich mit Musik und Tanz, meistens in einem Saal oder in einem Restaurant. Alle erscheinen dort herausgeputzt, im Anzug und im Abendkleid, aber vorher hatte es keine richtige Hochzeit gegeben – kein Standesamt, keine Kirche, sondern nur die Hochzeitsnacht. Seit neuestem werden solche Feste auch von deutschen Sinti veranstaltet, aber ich fand das immer ein bisschen gezwungen. Damals konnten David und ich ohnehin nicht an so etwas denken, denn wir waren insgeheim zusammen.

Die Sache lief auch zu gut. Wir wurden Mitglieder im Jugendjazzorchester und traten immer wieder zusammen mit der Bigband auf, was uns bei unseren Familien ein perfektes Alibi verschaffte, um fern von zu Hause übernachten zu können. Richtig genießen konnten wir die Bigband nur aus diesen privaten Gründen, denn musikalisch war sie, und das wussten wir bald, nicht das Richtige für uns. Das Singen nach Vorgabe forderte uns nicht genug heraus, der Gruppenzwang innerhalb der Band störte uns genauso wie der Leistungsdruck. Als die Bigband nach Asien reisen wollte, sollte jeder seine Flugtickets selber bezahlen – das war für uns willkommener Anlass, auszuscheiden.

Wir waren froh darüber, dass diese Last von uns gefallen war, auch wenn wir es fortan schwerer hatten, heimlich zusammenzukommen. Wir schafften es trotzdem immer wieder, weil wir regelmäßig zu Auftritten unterwegs waren und uns diese manchmal so organisieren konnten, dass sie günstig für unsere Treffen lagen. Einmal flogen wir sogar zusammen von Friedrichshafen nach London, um dort ein Konzert von Andy Williams zu besuchen. David litt damals noch mehr als heute unter Flugangst, und nur wenige Stunden vor unserem Abflug war eine Maschine einer anderen Fluglinie bei Überlingen in den Bodensee gestürzt. Die ganze Region befand sich deswegen in heller Aufregung, vor allem die Menschen auf dem winzigen Flughafen, von dem aus wir starten wollten. Am aufgelöstesten von allen war David, und ich muss gestehen, dass auch mir an diesem Tag nicht wohl war. Ich musste daran denken, was passieren würde, wenn uns auf dieser Reise etwas zustoßen sollte – schließlich wusste außer uns beiden kein Mensch, wo wir waren, und niemand hätte uns in England gesucht – unsere Eltern dachten, wir seien bei irgendwelchen Konzerten in Süddeutschland.

Nach drei Jahren voller solcher Heimlichkeiten beschlossen wir, nun sei es endlich an der Zeit, unsere Beziehung vor unseren Eltern und vor unseren Familien und damit für unsere gesamte kleine Welt öffentlich zu machen. Lange überlegten wir hin und her, denn es war ein großer Schritt für uns beide. David lebte damals schon alleine in Berlin, das heißt, meistens war entweder sein Vater oder seine Mutter bei ihm. Die beiden wohnten in Rastatt zwei verschiedenen Wohnungen, weil sie lange schon getrennt waren, doch in einer Sache waren sie sich einig – sie fanden es nicht richtig, David, der damals immerhin schon 26 Jahre alt war, alleine in der großen Stadt zu lassen. Wer sollte sich um sein Essen kümmern? Wer um seine Sicherheit? Wer um die Einkäufe, um die Wäsche, um den Haushalt? Bei uns wird all das einem jungen, alleinstehenden Mann nicht ohne weiteres zugetraut, und bei David war das ein besonderes Kapitel, doch dazu später mehr. Er stand jedenfalls unter steter familiärer Bewachung, weshalb sich seine Berliner Wohnung meist nicht für verschwiegene Treffs eignete.

Ich selbst wohnte damals noch bei meinen Eltern in Wetzisreute in meinem ehemaligen Kinderzimmer, das sich über ein Jugendzimmer nun schon zu einem Erwachsenenzimmer gewandelt hatte, denn ich war 27 Jahre alt. Meine Eltern hatten damals kaum mehr damit gerechnet, dass ich jemals ausziehen würde, denn bei uns Sinti ist eine Frau in diesem Alter normalerweise längst in festen männlichen Händen. Meine Mutter hatte mit 18 geheiratet und mich mit 20 bekommen, aber früher waren viele Sintezas schon mit 17 oder 18 Mütter. Das hat sich in letzter Zeit geändert, doch spätestens mit 25 bekommen die meisten meiner Sinti-Geschlechtsgenossinnen langsam kalte Füße. Dazu kommt es aber selten, denn heutzutage haben unsere Frauen viel mehr Freiheiten. Früher bestand deren einzige Freiheit darin zu heiraten. Noch während der Jugendzeit meiner Mutter durften Mädchen so gut wie nie ausgehen. Ich hätte zwar schon ausgehen dürfen – meine Schwester wollte mich immer zur Disco überreden –, aber ich mochte den Lärm nicht und auch nicht den Rauch und das Gedränge und diese aufgeladene Atmosphäre an solchen Orten. Also hatte ich nur während der Reise die Möglichkeit, Jugendliche in meinem Alter außerhalb unserer Familie kennenzulernen, wenn ich mit meinen Eltern im Sommer im Wohnwagen unterwegs war und wir mit anderen Familien zusammen auf einem Platz lagerten. Heute gehen auch unsere jüngeren Mädchen abends schon mal fort, und nicht alle halten sich daran, erst dann Beziehungen einzugehen, wenn sie offiziell von zu Hause geflüchtet sind.

Als ich David kennenlernte war es zwar nicht selbstverständlich, keine vorehelichen Beziehungen zu haben, immerhin lebten wir nicht mehr im Mittelalter. Aber es war doch klar, dass ein Paar von zu Hause flüchten musste, wenn Gefahr bestand, dass die Eltern

Wind von der Affäre bekommen würden. Man tat das alleine deshalb, um einem sonst fälligen Streit aus dem Weg zu gehen. Wenn es soweit war, dass Mann und Frau ihre Beziehung nicht mehr geheim halten konnten, fügten sich unsere Leute höchstens mit einem kleinen Bedauern, dass die ungebundene Jugend nun vorbei sei, in ihr Schicksal, blieben eine Nacht weg und waren offiziell verheiratet. Dann sollte man freilich zusammenbleiben. Denn bei einem Scheitern der Ehe schoben beide Elternpaare der Vermählten einander die Verantwortung dafür zu, und das ist keine leicht zu nehmende Sache. Solche Streitigkeiten konnten über Generationen anhalten und zwei Familien, ja zwei Sippen über Jahre und Jahrzehnte entzweien. Bei solchen Streits ging es um Ehre oder vielmehr um Ehrverlust, und das ist bei uns Sinti eine ernste Angelegenheit. Wenn ein Mann eine Frau verlässt, möglicherweise für eine andere, dann ist das nicht nur ein Vertrauensbruch gegenüber der Frau, sondern auch einer gegenüber den Eltern der Frau. Das ist gegen die Abmachungen, denn der Mann muss nach der Flucht den Eltern der Frau versprechen, immer gut für deren Tochter zu sorgen – und natürlich muss das umgekehrt auch die Tochter den Eltern des Mannes gegenüber. Das Versprechen ist für Mann und Frau im Wesentlichen das gleiche, auch wenn der Fokus verschoben ist. Die Eltern der Ehefrau denken bei diesen Treueschwüren an die finanzielle Versorgung ihrer Tochter, die Eltern des Ehemannes mehr an die haushälterische Rundumbetreuung ihres Sohnes – oder zumindest war es in früheren Zeiten so, doch diese überkommenen Wertvorstellungen ändern sich bei unseren Leuten nur langsam.

Zumindest mein Vater genoss es sehr, seine beiden Töchter noch um sich zu haben, meine Mutter tat hingegen manchmal ein bisschen besorgt, besonders dann, wenn wir uns wegen Kleinigkeiten in die Haare bekommen hatten. »Warum heiratetest du nicht?«, pflegte sie mich in solchen Situationen zu fragen, wenn ich ihre

Kochkunst kritisiert hatte oder ihr nicht ordentlich genug war. »Was würde ich darum geben, wenn du schon aus dem Haus wärest«, setzte sie dann trotzig nach, aber schon in diesem Moment war uns beiden klar, dass das ein scherzhafter Ärger war, wenn auch einer mit einem kleinen, ernsthaften Kern.

Als Datum für das Ende aller Heimlichkeiten hatten David und ich den 1. April 2003 ausgesucht, den dritten Jahrestag unseres Kennenlernens. Diesen Tag hielten wir erst im letzten Moment für nicht so passend, weil wir fürchteten, meine Eltern würden unsere Flucht für einen Aprilscherz halten. Also verlegten wir die Aktion um einen Tag, was im Endeffekt nicht viel brachte, da sie es nun zuerst prompt als verspäteten Aprilscherz auffassten. Doch schon einen Tag später wäre es nicht mehr gegangen, denn dann musste David wieder in Berlin sein, zu einem Konzert, und natürlich war es notwendig, sich am Morgen nach der Flucht den Eltern zu erklären – für Flitterwochen war wegen Davids Konzertverpflichtungen keine Zeit, und ich hätte es ohnehin nicht länger als einen Tag ausgehalten, meine Eltern in Unklarheit über meinen Aufenthaltsort zu lassen.

So lief am Abend des 2. April alles nach Plan. Ich erzählte meinen Eltern, dass ich ins Fitnessstudio nach Ravensburg wollte, was auch meine Tasche mit den paar Habseligkeiten erklärte, die ich für diese Nacht in aller Eile zusammengerafft hatte. In der nahen Kleinstadt traf ich David, und wir nahmen uns ein Hotelzimmer. Ein merkwürdiges Zusammentreffen war das – heimlich und doch hoch offiziell. Noch gewichtiger kam mir unser Zusammentreffen alleine deshalb vor, weil ich David zuvor wochenlang nicht gesehen hatte, da ich wegen einer schlimmen Atemwegserkrankung nicht zu ihm nach Berlin reisen und er mich wegen der Heimlichkeit nicht in meinem Dorf besuchen konnte.

Wie sehr ich dennoch mit meinen Eltern verbunden war, merkte ich daran, dass ich es nicht mal bis zum Morgen aushielt, weil ich mich grämte, dass sie sich zu große Sorgen um mich machten. Bestimmt würden sie meine Mailbox vollsprechen und sich dann mit den Autos auf den Weg machen, um meine Spur ins Fitnessstudio zu verfolgen – wenn sie nicht die Polizei einschalteten, um mich als vermisst zu melden! Also rief ich noch spät am Abend – die ersten besorgten Nachrichten waren schon auf meiner Mailbox – bei ihnen zu Hause an und teilte ihnen mit, dass ich heute wegbleiben würde, weil ich von daheim geflüchtet sei. »Ich heirate«, sagte ich in einem möglichst selbstverständlich klingendem Tonfall, »aber keine Angst, morgen früh stelle ich ihn euch vor.«

Dann war absolute Stille in der Leitung, ich hörte nicht mal den Atem meines Vaters. War er umgekippt? »Hallo? Dada?« Er berappelte sich erst langsam, denn wenn er mit allem gerechnet hätte – mit einer Autopanne, mit Glatteis, Schneefall, damit, dass ich eine Freundin getroffen hätte – aber an eine Flucht hatte er nicht mehr gedacht. Was blieb ihm übrig, als ein paar wohlmeinende Worte zu stammeln, nach denen ich mich hastig verabschiedete, nicht ohne ihm noch mal beruhigend mitzuteilen, dass alles in bester Ordnung mit mir sei.

Als wir am nächsten Morgen vor der Tür meiner Wohnung standen, die von der letzten Nacht an nur mehr die Wohnung meiner Eltern sein sollte, war mir bang ums Herz. Was würde passieren? Würden sie mich rauswerfen? Würden sie David Vorwürfe machen? Weinend um den Küchentisch sitzen? Natürlich hatten David und ich uns Gedanken gemacht, was wir tun würden, wenn meine Eltern die Verbindung ablehnten. Wenn mein Vater nein sagt, so hatten wir abgemacht, würde ich erstmal für eine Woche zu Hause bleiben, um ihn zu bearbeiten. Ich hätte es im Guten versucht, ich wäre nicht gleich nach Berlin mitgefahren, wie wir das im Falle der Zustimmung geplant hatten. Ich hätte versucht, anders zu meinem Ziel zu kommen, aber nicht ohne seinen Segen. Das hätte ich nicht gemacht. Ich wagte kaum mir vorzustellen, was bei einem beständigen Nein meines Vaters passiert wäre, denn er litt damals unter einer schweren Krankheit, war das Jahr zuvor operiert worden und sollte weder körperlich noch seelisch stark belastet werden. Von meiner Mutter erwartete ich mir dagegen kein Veto, weil ich wusste, dass sie in solchen Dingen auf meiner Seite steht – und weil ich mir denken konnte, dass ihr David gefallen würde. Genauso stand es um Davids Eltern. Er war sich absolut sicher, dass sie nichts gegen unsere Verbindung haben würden, und außerdem war an diesem Tag keine Zeit, um uns in Rastatt vorzustellen, denn am übernächsten Abend musste David ja in Berlin auf der Bühne stehen.

Als die Tür aufging – ich glaube, ich hatte sie zum ersten Mal seit Jahren nicht selbst aufgeschlossen, sondern angeläutet und darauf gewartet, dass jemand öffnet – wäre mir fast das Herz stehengeblieben. Der Witz war, dass meine Eltern keine Ahnung hatten, wer mein Auserwählter sein könnte. Das dürfte die Sache auch für sie spannend gemacht haben. Ihr erster Blick, als sie beide im Türrahmen standen, galt folglich nicht mir, sondern David, und stieg da nicht sofort eine kleine Erleichterung in ihren Augen auf, als sie sahen, dass mein Mann Sinto ist? Nicht, dass sie sich bei einem Gadscho aufgeregt hätten. Aber es entspricht schon mehr ihrer Vorstellung, ihre Tochter mit einem Mann aus dem eigenen Volk verheiratet zu wissen. Früher wäre das unbedingt nötig und alles andere eine Katastrophe gewesen, heute bringt das für die Eltern vielleicht ein besseres Grundgefühl. Sie denken vermutlich tief drinnen im Inneren eines Herzens, das Jahrzehnte und Jahrhunderte an Verfolgung und Ausgrenzung von Sinti gelitten hat, dass die Tochter sicherer ist, wenn sie mit einem von den eigenen Leuten zusammenlebt.

So achtet mindestens die Hälfte meines Volkes heute noch darauf, dass es unter sich bleibt und Gadsche-Schwiegerkinder vermeidet, denn in unserem Volk gilt die Regel, dass sich ein Sinto zwar weit von seinem Volk entfernen und fast bis zur Unkenntlichkeit an die Deutschen assimilieren kann, aber immer noch ein Sinto bleiben wird, genauso wie ein Deutscher oder eine Deutsche zwar Romanes lernen und sich unsere Sitten und Gebräuche aneignen kann, aber zeitlebens Gadscho oder Gadsche ist. Das klingt hart, aber die Deutschen sind in diesem Punkt viel härter. Alle Umfragen in unserer aufgeklärten Gesellschaft kommen zum Ergebnis, dass die meisten Deutschen heute noch lieber einen Chinesen, Türken, Afrikaner oder Juden zum Schwiegersohn oder Nachbarn hätten als einen Rom oder einen Sinto. Bringt ein deutsches Mädchen einen Sinto als Partner zu ihren Eltern, wird es oft genug von der eigenen Familie verstoßen – mir sind einige solcher Fälle bekannt. Brennt eine Sinteza mit einem Deutschen durch, so mag das in vielen Sinti-Familien für Unruhe sorgen, doch selbst in den konservativsten Sippen wird die Tochter nur für zwei, drei Jahre verstoßen – länger halten es die Väter in den seltensten Fällen aus, ihre Kinder nicht mehr sehen zu können.

Ich hatte solche Probleme nicht, denn ich stand mit meinem David vor der Tür, der mit seiner gepflegten und zurückhaltenden Art bei meinen Eltern den besten Eindruck machte – jedenfalls baten sie ihn gleich ins Wohnzimmer, um ihn genauer unter die Lupe zu nehmen. Mein Vater eröffnete sofort sein Kreuzverhör: Wie er sich das Leben mit mir denn vorstelle, ob er für mich sorgen könne? Wie weit er bereit sei, für mich Verantwortung zu tragen, ob sein Lebenswandel solide sei? Er verhörte David richtiggehend, aber sein Ton blieb trotzdem ruhig und freundlich.

Hauptsächlich beunruhigte meinen Vater ohnehin nicht David, sondern meine Entfernung aus seinem Umkreis, denn während seines Gespräches mit meinem Vater musste David ihm wohl oder übel klarmachen, dass er in Berlin wohnte und daran dachte, mich dorthin mitzunehmen. Das war ein schwerer Schlag für meinen Vater – und als er ihm sagte, dass wir am nächsten Tag dorthin aufbrechen wollten, sah ich, wie er mühsam um seine Fassung ringen musste.

Meine Mutter brach sofort in Tränen aus, als sie das hörte. Sie hatte sich mit meinem Vater noch in der vergangenen Nacht abgesprochen, dass sie die Entscheidung, ob sie mit meiner neuen Beziehung einverstanden sein würden oder nicht, alleine ihm überlassen wollte – das hatte ich nicht anders erwartet. Doch niemals, das wusste ich auch, hätten sie damit gerechnet, dass der Mann ihre Tochter in das mehr als 700 Kilometer entfernte Berlin entführen würde. Natürlich war ihnen klar gewesen, dass ein Mann in meinem Leben meinen Auszug von mit sich bringen würde – aber gleich so weit?

Meine Eltern waren zeitlebens unterwegs gewesen, immer hatten sie den größten Teil ihres Lebensunterhalts auf der Reise verdient. Reisen war für sie selbstverständlich, aber das war eine andere Sache, als nach Berlin umzuziehen. Auf Reise zu gehen hieß bei uns, nach einem langen Sommer wieder nach Hause zurückzukehren. Das hieß, sein Zentrum im vertrauten Dorf zu sehen, die Reise selbst aber als großartige Ausnahme. Doch wo sollte nun mein Zuhause sein? Etwa in Berlin?

Ich wehrte sofort erschrocken ab – natürlich würde ich immer wieder und regelmäßig nach Hause kommen. Natürlich wäre Wetzisreute für immer mein wirkliches Zuhause. Es fiel mir nicht schwer, meine Treue gegenüber meiner Heimat herauszukehren, war mir doch selbst mulmig bei dem Gedanken, am nächsten Morgen in eine Millionenstadt aufzubrechen, in der ich nur einen einzigen Menschen kannte, auch wenn das immerhin mein Mann war – der dort nicht weniger fremd war als ich, aber das wusste ich zum damaligen Zeitpunkt noch nicht. Jedenfalls lag Berlin für meine Eltern auf einem so fernen Stern wie London, Paris, Rom oder Tokio, denn ihre Reisen hatten sich immer auf den süddeutschen Raum beschränkt, fast nur auf Baden-Württemberg und den schwäbischen Teil Bayerns, höchstens noch auf das angrenzende Elsass und die Schweiz, von den paar Wallfahrten abgesehen, die meine Eltern nach Lourdes, Saintes-Maries-de-la-Mer oder an den

Königssee unternommen hatten – und natürlich abgesehen von unserer einzigen gemeinsamen Berlin-Reise zu jenem verunglückten Fernsehauftritt, der damals schon viele Jahre zurück lag.

Dass David und ich nun so mir nichts, dir nichts von einem Tag auf den anderen nach Berlin aufbrechen würden, war ein starkes Stück für meine Eltern. Wie um sie zu beruhigen, packte ich nur wenige Sachen von mir ein, die nötigsten Kleidungsstücke, ein paar CDs, Noten und wenige persönliche Habseligkeiten, denn ich wollte nicht den Eindruck eines Umzugs erwecken – weder vor meinen Eltern, noch vor mir selbst. Ich muss gestehen, dass auch mir schwer ums Herz wurde, als ich in meinem nun wirklich ehemaligen Kinderzimmer stand und bemerkte, dass meine Kinder- und Jugendzeit nun endgültig und unwiderruflich vorbei sein sollte.

Mein Vater versuchte indes, die Situation, so gut es ging, zu meistern. Als David und ich am nächsten Tag daran gingen, Davids alten Golf mit unseren paar Habseligkeiten vollzupacken, merkte ich körperlich, dass jetzt ein neuer Lebensabschnitt beginnen sollte. Richtig übel war mir, ich bekam kaum Luft, fast wäre mir schwarz vor den Augen geworden. Als ich mit einer Tasche über den Flur schlich, um sie zum Auto zu bringen, ertappte ich meinen Vater bei einem Selbstgespräch im Wohnzimmer. Wie geistesabwesend saß er vor dem Fernseher, starrte in die Röhre und murmelte etwas wie »das gibt's doch nicht, mit 27 Jahren …« Mühsam nur konnte ich die Tränen unterdrücken – offenbar war ihm erst jetzt klar geworden, wie ernst die Sache stand.

Doch mein Dada hielt sich tapfer. Er half uns beim Verladen, obwohl er wegen seiner Operation nichts Schweres tragen durfte, und bestand darauf, dass wir mindestens 30 Dosen Wurst von der Sorte mitnehmen, die er immer bei seinem Bauern in der Nachbarschaft kaufte – ich konnte ihn nicht davon überzeugen, dass es in Berlin auch etwas Gutes zu kaufen gebe. Sogar Leberwurst und Eisbein packte er uns ein, ob wir wollten oder nicht – die wohl merkwürdigste Mitgift der Geschichte. Meine Mutter hingegen machte mir noch einen »letzten« ihrer berühmten Erkältungstees, die ich immer so geliebt und die meiner Stimme immer sehr gut getan hatten. Ich fand das rührend, aber es machte meinen Abschied nicht leichter.

Je näher der Zeitpunkt der Abfahrt heranrückte, desto unruhiger wurde ich, und als wir alle auf den Hof gingen, um uns voneinander zu verabschieden, wusste ich nicht mehr, wo ich hingukken sollte. David ging als Erster auf das Auto zu, aber nicht zur Fahrertür, sondern zu meiner. Denkt er etwa, dass ich fahren soll?, schoss es mir durch den Kopf, das ist unmöglich, in meinem Zustand …?! Doch bevor ich mich aufregen konnte, sah ich, dass er die Beifahrertür nur öffnete, um mich hineinzulassen. Das fiel meinem Vater sofort auf. Er murmelte etwas wie, dass David der Richtige für mich sei, wenn er sich so aufmerksam um mich kümmere, und sowohl David als auch ich ließen ihn in dem Glauben, denn, in diesem Moment fiel es mir wieder ein, David öffnete meine Tür nur deshalb von außen, weil sich das Türschloss seines Uralt-Golfs von innen nicht mehr bedienen ließ.

Als wir endlich im Auto saßen, wusste ich nicht, ob meine Eltern mehr litten oder ich, jedenfalls bekam ich nur durch einen sanften Tränenschleier mit, dass mir mein Vater wie immer, wenn ich irgendwohin fuhr, etwas Geld zusteckte. Der Unterschied zu früher war nur der, dass ich nicht selbst fahren musste, sondern dass mein Mann am Steuer saß, und dass mich die Reise so weit wie noch nie führen sollte. Wahrscheinlich war das der Grund dafür, dass mir mein Dada auch soviel Geld wie noch nie zusteckte, aber ich war zu verwirrt und zu überwältigt von der Güte meiner Eltern, als dass ich auch nur die leiseste Möglichkeit gehabt hätte, mich dagegen zu wehren. Ich wollte mich auch nicht wehren – wogegen denn? Schließlich hatte ich nur Liebe und Zuneigung erfahren von meinen Eltern, selbst in dieser für sie so schweren Stunde, und schließlich, das sagte ich mir immer wieder, passierte jetzt nur das, was ich mir jahrelang immer wieder ausgemalt hatte. Ich war mit dem Mann meiner Träume in ein neues Leben unterwegs. All diese Gedanken waren vergessen, sobald der Wagen vom Hof in die kurvige Dorfstraße von Wetzisreute einbog, in Richtung der großen Stadt Ravensburg, die für mich ab sofort nur mehr ein winziges Städtchen unten in Süddeutschland sein sollte. All diese Gedanken waren vergessen, weil ich nichts anderes wollte, als Rotz und Wasser heulen, bis ich nichts mehr erkennen konnte von den sanften Wiesen und Wäldern und den blühenden Obstgärten des Schwabenlandes, die ich ewig nicht mehr sehen würde.

Wir waren schon hinter Nürnberg, bis ich mich einigermaßen beruhigt hatte. Das gelang mir auch deshalb, weil ich schon die ersten Anrufe von zu Hause erhielt, mit wertvollen Routentipps meines Vaters und der Ermahnung meiner Mutter, mich nicht zu sehr aufzuregen. Daran merkte ich, dass Wetzisreute und meine Eltern für mich noch nicht aus der Welt waren.

Die Ankunft in Berlin, ich erinnere mich deutlich daran, war bitter. Es war mitten in der Nacht, die Straßen waren leer und verlassen, von ein paar merkwürdigen Gestalten abgesehen, die meine Laune nicht verbesserten. Schweigsam rollten wir durch die Stadt, doch niemand war da, uns in Empfang zu nehmen, uns in die Arme zu schließen oder zumindest zu begrüßen. Frank Sinatra aus der Autoanlage war mein einziger Trost. Es war eine Ankunft, wie ich sie noch nie erlebt hatte, und das sollte die Ankunft in meinem neuen Zuhause sein.

Was blieb mir übrig, als mich auf mein neues Leben einzustellen? Auf Flitterwochen in Davids Berliner Zweizimmerwohnung, in der er schon seit einem halben Jahr lebte. Eine winzige Wohnung, kaum größer als der Wohnwagen, in dem ich mit meinen Eltern über die Sommer hinweg unterwegs gewesen war. Die Umstellung war hart für mich. Hatte ich bis dahin Wiesen, Felder und Wälder vor der Tür gehabt, so beschränkte sich mein Naturkontakt jetzt auf einen Baum, der vor den Fenstern von Davids Wohnung stand. Wie oft starrte ich auf das bisschen Grün, wenn ich alleine zu Hause war, während David zu Proben und Auftritten auch außerhalb Berlins musste. Wie lange sah ich den paar Spatzen zu, die sich in der Krone des Baums tummelten. Manchmal ertappte ich mich dabei, wie ich mit diesen Vögeln zu reden begann, weil sie während eines Tages meine einzigen Gesprächspartner waren, von der Supermarktkassiererin und den regelmäßigen Telefonaten mit meinen Eltern abgesehen.

Nach einiger Zeit sah ich ein, dass das nicht so weitergehen konnte. Ich merkte, dass ich mich zusammenreißen, dass ich mein Leben in die Hand nehmen musste, um nicht in Schwermut zu verfallen. Als Erstes war es nötig für mich, die Wohnung in Besitz zu nehmen, denn von meinen Sachen hatte ich so gut wie nichts mitgebracht. Man sah den Zimmern an, dass sie zuvor nur von einem Mann bewohnt waren, der sich um Dinge wie Wohnungseinrichtung keinen Deut kümmerte. Alle Spuren der Gestaltung stammten von der Vermieterin, doch die waren nicht nach meinem Geschmack.

Also kaufte ich neue Vorhänge, ging mit Farbe und Pinsel gegen die angegraute Tristesse vor und besorgte ein paar Kleinigkeiten, die das Ganze als unser gemeinsames Heim erscheinen ließen. Weil mir mein kleines Reich gleich nach Fertigstellung meiner Arbeiten bald wieder zu klein wurde, beschloss ich, es nach und nach auf die ganze Stadt auszudehnen. Ich besorgte mir ein Telefonbuch, suchte nach einem Gesangslehrer und vereinbarte Probestunden. Ich kümmerte mich um Musiker, um mir hier eine Band zusammenzustellen. Ich besuchte zusammen mit David Jazzlokale, um nach Auftrittsmöglichkeiten zu fragen. Ich hörte mich nach einem Manager um, nach einem Label, um endlich eine CD zu produzieren, und nach einer Agentur, die mich vertreten würde. Ich tat alles, um mir in der neuen Umgebung ein Leben als Musikerin aufzubauen. Wenn ich schon in den sauren Apfel gebissen hatte und so weit weg von zu Hause gelandet war, dann sollte ich wenigstens beruflich etwas von Berlin haben!

Ansonsten hatte ich David. Natürlich übernahm ich auch die Rollen, die seine Eltern bis jetzt eingenommen hatten, und kümmerte mich um seine Versorgung. Tagsüber lief ich durch die Straßen, um zu sehen, wo ich etwas einkaufen könnte, was es für Geschäfte gab und wo ich ein paar dringend nötige Küchengegenstände bekäme. Abends begleitete ich David gerne zu seinen Auftritten, und danach stand ich am Herd, um für uns beide ein schönes Abendessen zuzubereiten, das wir dann gegen zwei Uhr morgens einnahmen, doch das war mir lieber, als Nacht für Nacht in anonymen Restaurants zu verbringen. Sonst hatte ich nicht allzu viel zu tun, und ich tat es gerne, weil ich sah, wie sehr sich David über solche Gesten freute.

Für uns beide war es ohnehin ungewohnt, aber auch wunderbar, trotz Davids Betriebsamkeit soviel Zeit miteinander verbringen zu können – schließlich hatten wir uns früher immer nur ein paar Tage, wenn nicht nur ein paar Stunden am Stück gesehen. Erst jetzt lernte ich meinen Mann richtig kennen. Einen Mann, von dem ich erst nach und nach erfuhr, wie er zu dem wurde, als den ich ihn kannte. Zu dem extravaganten Musiker, der so tief in die Welt seiner Musik eingedrungen war, dass er manchmal kaum mitzubekommen schien, was rund um ihn herum passierte. Der sich im New York, Hollywood oder Las Vegas der vierziger und fünfziger Jahre weitaus besser auszukennen schien als in der Stadt, in der er heute lebte.

My Way

Alles hatte damit begonnen, dass Manfred, Davids älterer Bruder mit einer Schallplatte von Frank Sinatra nach Hause gekommen war. Hechto, wie er mit Sintinamen heißt, hatte die Schallplatte auf einem Flohmarkt gekauft, ohne Frank Sinatra besonders zu mögen – das Cover hatte ihm gefallen, und er wusste, dass das ein großer Musiker war. Vor allem hatte er zugeschlagen, weil die Platte billig war – ein Schnäppchen für drei Mark.

David war damals fünf. Der Mann mit dem Hut weckte seine Neugierde, und er legte die Platte sofort auf. Als die Musik erklang, war der kleine Junge vollkommen weg, elektrisiert, sprachlos, starr. Er war in einer anderen Welt gelandet. David wusste auf der Stelle, dass das seine Musik sein sollte. Die Faszination war so groß, dass er über nichts anderes mehr sprach und nichts anderes mehr im Sinn hatte, außer so zu werden wie Frank Sinatra und so zu singen wie sein neues Idol.

Beharrlich klammerte er sich jahrelang an sein Vorbild, ungeachtet des Unverständnisses und der Ablehnung, auf die David damit in seinem Umfeld traf. Nur seine Eltern unterstützten ihren Jüngsten auch in dieser Vorliebe. Was David damals Frank Sinatra bedeutete, ist heute Andy Williams für ihn, der auch mit über achtzig immer noch auf der Bühne steht, natürlich mit unserer regelmäßigen Anwesenheit im Publikum. Auch ich mag diesen Entertainer, doch das reicht David nicht, denn ihn muss man vergöttern.

Wenn ich aus Unachtsamkeit ein halbkritisches Wort über Andy Williams verliere, sitzt mir nicht mehr mein erwachsener Ehemann, sondern ein trotziges Kind gegenüber. So muss sich David vor einem Vierteljahrhundert gegenüber jedem verhalten haben, der es wagte, etwas in seinen Augen Unsachgemäßes über Frank Sinatra zu äußern.

Davids Vater war und ist immer noch begeisterter Fan amerikanischer Filme der dreißiger, vierziger und fünfziger Jahre, und natürlich hatte er David mit seiner Illusionssucht angesteckt. Stundenlang hockten die beiden vor dem Fernseher und sahen Filme aus dieser Zeit. Er liebte vor allen anderen den Streifen »The Eddy Duchin Story« mit Kim Nowak, eine romantische Biographie des gleichnamigen Pianisten und Bandleaders Eddy Duchin. Davids Dada war eben der größte Fan von Kim Nowak, aber auch von Rita Hayworth und vielen anderen Filmdiven.

Auch in meiner Familie waren solche Filme wie in vielen deutschen Sinti-Familien sehr beliebt. Wir mögen die große Show, das Sentimentale und die theatralische Geste. Wir lieben die Illusion, weil unser Leben oft nicht so schön verlief wie das unserer Filmhelden. Wir sind die typischen Opfer Hollywoods und aller anderen Traumfabriken dieser Welt. Dazu gehörte in meiner Familie auch Frank Sinatra, den mein Vater bereits verehrte, als ich ein kleines Mädchen war.

Für den kleinen David bedeutete Sinatra-Verehrung schon damals nicht Schwärmerei, sondern Berufung. Dem angehenden Grundschüler war klar, dass er ins Showbusiness wollte, groß rauskommen, auf der Bühne stehen. Eine andere Welt als die Scheinwelt Hollywoods kannte er nicht – oder zumindest hatte er nie eine andere Welt als real akzeptiert. »Du steckst den Jungen in eine Traumwelt«, musste sich Davids Vater von seinen Freunden anhören, »der kommt draußen nicht klar«, aber Davids Vater war gegenüber solchen Vorwürfen taub, war er doch selbst ein genauso begeisterter Bürger dieser Traumwelt wie sein Sohn. Und warum sollte das mit der großen Karriere für den kleinen David nicht klappen? Immerhin übte sich der Sechsjährige im Singen, konnte jede Menge Texte auswendig und trug nichts lieber als elegante Anzüge, in denen er sich vor dem Spiegel in Pose werfen konnte.

Bitter wurde es für David, als er diese Traumwelt erstmals verlassen musste – Richtung Schule. David konnte sich zunächst nicht an den Gedanken gewöhnen, mit anderen Kindern die Schulbak zu drücken, anstatt auf der Bühne zu stehen und Glamour zu atmen – was den Unterricht mit David nicht immer einfach machte. Doch es war für seine Schulkameraden nie ein Problem, dass er ein Sinto war. Bald wurde David Mitglied einer festen Clique, eines »Rat Pack« von vier Jungs, deren gemeinsames Interesse darin bestand, den Schulalltag möglichst unbelästigt von Lehrern, Hausaufgaben und Strebern über die Runden zu bekommen.

Den Traum von einer Bühnenkarriere gab er dabei nie auf. Als er das Angebot einer Bigband bekam, zusammen mit ihm eine Platte aufzunehmen, schmiss er die ungeliebte Schule unverzüglich hin und stürzte sich Hals über Kopf ins Abenteuer Jazz. Dieser erste Ausflug in die Welt des Musikbusiness entpuppte sich als Reinfall. Die Plattenaufnahmen wurden immer wieder verschoben und schließlich abgesagt. Seine nächste Chance hieß Horst Jankowski, bei dem ich sechs Jahre zuvor aufgetreten war. Der Dirigent und Komponist Jankowski war sofort von David begeistert und versprach, ihn groß rauszubringen. Es kam noch zu einigen erfolgreichen Auftritten Davids mit dessen Bigband, und es gab zuhauf Pläne für weitere Auftritte und Fernsehshows, doch diese wurden durch den Rückzug des Bandleaders von der Bühne zunichte gemacht. David war damals 20 Jahre alt, lebte in dem Gefühl, dass seine Karriere nun vorbei sei, und flüchtete in den Alkohol – wie seine Vorbilder Frank Sinatra und Dean Martin.

David trank alles, was betrunken machte, Hauptsache, er konnte seinen Alkoholkonsum vor den Eltern, bei denen er immer noch lebte, verbergen. Die Musik gab er trotzdem nicht auf. Zusammen mit seinem Cousin schmiedete er einen Plan nach dem anderen, um ins Rampenlicht zu kommen. Die beiden verschickten beharrlich Demotapes, riefen Manager an, versuchten sich Auftritte zu verschaffen – alles vergeblich. Das notwendige Kleingeld verdiente sich David widerwillig als Telefonist im Rathaus von Baden-Baden.

Die Wende in Davids Leben leitete seine Tante ein. Sie nahm ihren Neffen zu einem Gottesdienst mit. In der Predigt ging es um die Suche nach Gott, und plötzlich ging David ein Licht auf – dass er selbst auf der Suche ist. David, der ein Leben lang gezögert und gezaudert hatte, reagierte prompt – noch während des Gottesdienstes ging er nach vorne auf die Bühne, fiel vor dem Prediger auf die Knie und bekehrte sich. Zu Hause las ihm die Tante aus ihrer Bibel vor und gab David einen Lebensspruch mit auf den Weg: »Sage nicht, ich bin zu jung, sondern geh, wohin ich dich sende«, ein Zitat aus Jeremia 1,7.

Dieses neue Leben startete nicht ohne Umstellungsschwierigkeiten – immerhin hatte er vor seiner Bekehrung bei jeder Gelegenheit über die anderen Bekehrungen in seiner Familie hergezogen. Die großen Treffen bekehrter Sinti, die gemeinsamen Wallfahrten, die öffentlichen Taufen, die Messen in Zirkuszelten – all das war David ein Gräuel gewesen. »Ich gehe in keine Zeltmission«, hatte er immer gesagt, halb im Spaß, halb im Ernst. »Wenn ich da drin bin, schlägt sicher der Blitz ein.«

Auch musikalisch kam es zu einem Wendepunkt in Davids Leben. Als David nur ein paar Wochen später seinen Tag gemütlich vor dem Fernseher ausklingen lassen wollte, blieb er bei einer Sendung über eine Jazzband hängen – Andrej Hermlins »Swing Dance Orchestra«. Was er sah und hörte, erschütterte David bis in die Grundfesten. Das war der Typ, den er gesucht hatte! Der Mann selbst, seine Musik – Swing. Seine Kleidung, sein Stil – die vierziger Jahre in Reinkultur! Am nächsten Morgen rief David sofort bei dem Bandleader an, was er früher nie gewagt hätte – und erhielt umgehend dieselbe Absage wie immer: »Wir brauchen keinen Sänger, wir hören uns keine Demos an, Sie brauchen nichts zu schicken, es ist sinnlos.« Allerdings ließ David im Unterschied zu früher nicht locker, sondern bestand darauf, dem Bandleader unverzüglich seine Demo-Kassette zu schicken. Prompt erhielt er drei Tage später einen Anruf von Andrej Hermlin: »Kommen Sie nach Berlin, ich muss sie live hören! Ich muss Sie sehen!«

Hier war der lange ersehnte Anker, den der große Showgott ausgeworfen hatte, um den kleinen David ins Boot zu holen. Andrej Hermlin engagierte ihn vom Fleck weg, und es dauerte bloß ein paar Wochen, bis er mitten drin war in der Traumwelt, in die er sich immer gesehnt hatte: auf den besten Showbühnen Deutschlands, zusammen mit einer professionellen Bigband, mit den Liedern seiner Idole, als klassischer Bigband-Sänger – ein Beruf, den es in dieser Form zuerst und auch zuletzt in den dreißiger und vierziger Jahren gegeben hatte.

City Lights

Das Zusammenleben mit David stellte mein gesamtes Leben auf den Kopf. Der Umzug vom Schwabenland nach Berlin, der Abschied von meiner Familie und nicht zuletzt der Wechsel von einer Sprache in die andere. Hatte ich mit meinen Leuten in Süddeutschland nur Romanes gesprochen, so lebte ich plötzlich unter drei Millionen Berlinern, von denen ich nur einen einzigen Menschen kannte, mit dem ich meine Muttersprache sprechen konnte, und der verwendete sie so gut wie nie.

Ich merkte, wie ich nicht nur meine Eltern, sondern auch den Klang des Romanes sehr vermisste. Auch das war ein Grund dafür, dass unsere monatliche Telefonrechnung nicht selten fast so hoch wie unsere Miete war. Als anderes Resultat dieser Sehnsucht nach meinem sprachlichen Zuhause ertappte ich mich dabei, immer mehr meiner Texte in Romanes zu schreiben. Als ich diese Songs auch auf der Bühne vortragen konnte, ließen die ersten Zuschauer-Reaktionen nicht lange auf sich warten. Hatte ich erst Bedenken, dass das Publikum durch die schlecht einzuordnende Sprache mehr irritiert als angenehm überrascht wäre, musste ich bald das Gegenteil feststellen. Plötzlich kamen nach jedem meiner Auftritte Menschen zu mir und fragten mich nach dieser Sprache, die sie zwar keinem Land zuordnen konnten, aber dennoch wunderschön fanden. Von diesem Zeitpunkt an nahm ich mir vor, mit meiner Kunst auch ein bisschen Aufklärung über die Kultur und Sprache der Sinti zu machen, was vom Publikum meist dankbar und mit großem Interesse angenommen wird.

Ich ging auch bald daran, die positiven Seiten meines Heimwehs zu sehen: »Es ist immer gut für die Kunst, wenn man ein wenig traurig ist«, sagte mir Lancy, ein großer Fan portugiesischer Musik, bei einem seiner Besuche in Berlin und meinte damit mein Aufgehen in meiner Berliner Traurigkeit, die er mit der Traurigkeit des Fado verglich. »Mach was Gutes daraus!«

Selbst mein Vater, dem es immer noch nicht hundertprozentig recht ist, dass ich in Berlin wohne, bestärkte mich immer wieder, hier weiter zu machen und diese große Stadt zu meiner werden zu lassen. Das war wohl auch der ursprüngliche Grund für meine Eltern, mich gehen zu lassen – nicht nur, dass sie gemerkt hatten, dass ich es mit David ernst meine, sondern auch, weil sie wussten, dass es für mich neben meiner Familie und meinem Glauben nichts Wichtigeres auf der Welt gibt als meine Musik, und dass ich die gerade hier so gut weiter vorantreiben könnte.

Diese Musik erlebe ich in Berlin viel intensiver als in meiner alten Heimat, weil ich mich hier mehr darauf konzentriere und weil alles professioneller zugeht. Ich trete in Jazzclubs vor fremden Zuhörern auf, die Musiker meiner Band sind hervorragend ausgebildete Leute, auch wenn sie trotz freundschaftlichen Umgangs zwar gute Bekannte, aber keine engen Freunde wurden. Hier bekomme ich keine wohlmeinenden Ratschläge von Cousins und Onkeln, sondern habe einen Gesangslehrer, der die höchsten Maßstäbe anlegt. Ihm habe ich nicht nur musikalisch, sondern auch menschlich viel zu verdanken.

In Süddeutschland war ich bei verschiedenen Lehrern gewesen, die mir Bekannte vermittelt hatten, doch keiner hatte meine Stimme im Innersten berührt. In Berlin blätterte ich die Gelben Seiten des Telefonbuches durch, weil ich spürte, dass ich musikalisch und vor allem auch stimmlich weiterkommen musste, aber alleine keinen Weg fand. Nach einigen weniger geglückten Probestunden kam ich an Cesare Colona und wusste sofort, dass er der Gesangslehrer meines Lebens war!

Mit Cesare verbindet mich nicht nur unser beider Vorliebe für satte melancholische bis melodramatische Stimmungen, sondern auch unser früher Start in die Musik. Beide hatten wir nie etwas anderes gemacht in unseren Leben, auch wenn sein Leben schon ein wenig länger dauert als meines. Cesare ist immerhin über 70 Jahre alt, sieht aber aus wie Mitte fünfzig. Dabei steht er seit 60 Jahren auf der Bühne. Ich bin nicht mal halb so alt wie Cesare, aber immerhin auch schon seit mehr als zwei Jahrzehnten im Musikgeschäft.

Während ich bei meinem ersten Bühnenauftritt vor den Pilgern einer Zeltmission fromme Lieder zur Gitarre sang, legte der elfjährige Cesare bei seinem ersten Auftritt die Arie der Königin der Nacht hin. Als Kind sang er bei den Wiltener Sängerknaben, einem der ältesten Knabenchöre der Welt, der in der Mitte des 13. Jahrhunderts im Prämonstratenser Chorherrenstift Wilten bei Innsbruck gegründet wurde – Cesare stammt aus Tirol.

Als ich ihn zum ersten Mal traf, empfing er mich in seiner plüschigen Altbauwohnung in Pankow, die mit ihren roten Samttapeten, alten Möbeln und ausladenden Kronleuchtern einer Opernbühne gleicht. Sofort zu Beginn gab er mir eine Kostprobe seiner immer noch gewaltigen Stimmkraft – indem er ein paar so laute Töne schmetterte, dass die geschliffenen Kristalle des Lüsters über unseren Köpfen zu klirren begannen. Dann forderte er mich auf, es ihm gleich zu tun. Ich hätte nie gedacht, dass ich das auch kann, doch Cesare ermunterte mich und gab mir entscheidende Tipps. Ich schlug ein paar Töne an, und schon begann das Glas zu klirren. War das ein erhebendes Gefühl, so viel zu bewirken mit meiner kleinen Stimme!

Cesare ist zwar auch ein grandioser Techniker, aber einer mit Gefühl. Das unterscheidet ihn von meinen früheren Gesangslehrern, mit deren Anweisungen ich nichts anzufangen wusste. »Man kann den Ton fühlen«, sagt er mir immer, und ich verstehe genau, was er meint. Für ihn ist das Singen etwas Natürliches, doch erst die richtige Gesangstechnik macht den Weg frei für den Ausdruck großer Gefühle. Er findet, dass die Sänger heutzutage viel zu wenig Technik verwenden, dass sie zuwenig Kraft in ihrer Stimme haben, zuwenig Fülle, und dass sie keine reinen Vokale mehr singen.

Für mich war dieser technische Zugang zu meinen Gefühlen genau der richtige. Für mich gibt es nichts Beruhigenderes, als vor dem Konzert meine Übungen zu machen, ein rein technisches Einsingen. Ich weiß dann, dass ich jeden Ton treffe, auch wenn ich verschnupft bin und heiser und verkühlt. Diese Sicherheit kommt von Colona, durch den sich mein Stimmvolumen in den letzten Jahren beträchtlich erhöht hat, um mindestens fünf Töne nach oben hin. Außerdem habe ich von ihm gelernt, dass es als Künstler immer falsch ist, Kompromisse einzugehen. Colona hat das nie gemacht, seine ganze Laufbahn lang nicht. Er musste durch diese Haltung viele Rückschläge einstecken, aber letztlich steht er gut da. Wenn er in seinem weißen Anzug mit den weißen Lackschuhen durch Pankow stiefelt, ist er eine Erscheinung, die anderen Leuten nicht immer gefällt, die aber Aufsehen erregt. »Ich möchte nicht in Sack und Asche gehen, nur weil alle anderen das tun«, sagt er, und ich kann ihn gut verstehen. Auch mir ist es oft zu grau und zu eintönig in Berlin. Manchmal habe ich das Gefühl, dass viele Menschen hier so in sich verschlossen sind, dass sie sich mit einem möglichst unauffälligen Äußeren vor störenden Einflüssen ihrer Umgebung schützen wollen.

Ave, ave, ave, Maria!

Am Abend sitzen wir alle vor dem Fernseher, mein Mann David, sein Bruder Manfred und ich. Auf »arte« läuft »Schwarzwaldmädel«, die wunderschöne Uralt-Klamotte mit Paul Hörbiger, Sonja Ziemann und Rudolf Prack, die 1950 als erster deutscher Farbfilm, als erster deutscher Heimatfilm und als Lieblingsfilm der Familien Reinhardt und Rose Premiere hatte. Wir sitzen in einem verschnörkelten und verstaubten Hotel in Lourdes, in Südfrankreich, und vor den dunklen Fenstern erheben sich die schwarzen Schemen der Berge. Das »Grand Hotel Moderne« ist zwar großartig, aber längst nicht mehr modern, doch dafür hat es der Bruder der heiligen Bernadette gebaut. Der Bruder jener Schäferin, der einst die Muttergottes in der Grotte ein paar Schritte weiter erschienen war, und das deute ich als gutes Zeichen.

Wir sind auf Wallfahrt, doch später abends sind nicht nur die heiligen Stätten, sondern auch die Gaststätten des Pyrenäenstädtchens längst geschlossen, und unheilige Stätten wie Bars oder Musiklokale gibt es hier nicht – abgesehen von der Bar, in der sich alle Kellnerinnen und Kellner des Ortes treffen, doch die kennen wir schon. Also Schwarzwaldmädel, mit französischen Untertiteln.

Eigentlich hätte auch mein Cousin Didi dabei sein sollen, doch einen Tag zuvor war eine SMS von ihm gekommen, dass er mit seinem Wohnwagen am Gardasee hängengeblieben sei und nicht nach Südfrankreich komme. Manfred hingegen hatte sich spontan dazu entschlossen, mitzukommen – wenige Stunden später saß er bereits im ICE von Karlsruhe nach Paris, um mit uns den französischen Superschnellzug nach Lourdes zu nehmen. Pilgern ist heute eine moderne Sache, auch wenn es eine Angelegenheit der Herzen geblieben ist.

Vor der Filmsession waren wir bei der Lichterprozession, die ich von den Pilgerfahrten meiner Kindheit kannte. Wir alle fanden, dass diese Demonstration des Glaubens immer noch ein ergreifendes Erlebnis ist. Der Strom der Pilger setzte sich vor der Kathedrale langsam in Bewegung, während immer mehr Menschen von allen Seiten auf dem großen Platz zusammenkamen. Zuerst waren im letzten Abendlicht noch die Knäuel Abertausender ernster, in sich gekehrter Gesichter zu erkennen. Bald erhellten sie nur mehr Abertausende Kerzenlichter, die bei Einbruch der Nacht immer dichter und zahlreicher und scheinbar heller zu leuchten begannen. Die Menge wurde von einigen Leuchtschildern angeführt, auf denen das Wort »Gitans« zu lesen war, der französische Begriff für »Zigeuner«. Er kommt von dem spanischen Wort »Egiptanos«, der Bezeichnung für »Ägypter«, da die Menschen früher dachten, Sinti seien aus Ägypten nach Europa gekommen (was auch stimmt, allerdings hatten sie zu diesem Zeitpunkt den weitesten Teil ihrer Reise aus Indien bis an den Nil bereits hinter sich). Was ich anfangs kaum glauben konnte, wurde mir klar, je länger ich in den Strom dieser Gesichter blickte – die meisten von ihnen gehörten Sinti und Roma. Ich sah in Tausende dieser Gesichter meiner Leute, und mir wurde mit einem Schlag bewusst, dass ich in meinem ganzen Leben noch nie so viele Sinti und Roma gesehen hatte. Plötzlich überkam mich das Gefühl, alles andere als alleine auf dieser Welt unterwegs zu sein. Ich sah mich nicht mehr als Teil einer Minderheit, sondern als Mitglied eines großen Volkes, das hierhergekommen war, um seinen Glauben zu feiern.

Ich hörte das Ave aus Tausenden Kehlen, doch was war das: Die

Stimmen sangen Französisch, was mich anfangs sehr wunderte – ich hätte erwartet, dass wir hier gemeinsam in Romanes singen und beten, in unserer Sprache. Nach und nach musste ich feststellen, dass fast keiner der französischen und spanischen Sinti, die hier in der Überzahl waren, Romanes sprachen. Sie verstehen nicht, was ich sage, denn sie wuchsen ohne ihre Muttersprache auf und wohl auch in keiner engen Verbindung mit ihrer Kultur. Vor dem Altar stand eine Sinti-Kapelle, die das Ave und dann auch andere Kirchenlieder mit Geigen und Gitarren begleiteten, doch fast alle der gut ein Dutzend Musiker stammen aus der Slowakei, aus Tschechien, aus Ungarn und aus Spanien. Wo waren nur die französischen Musiker?

Am nächsten Tag klappern wir die Wohnwagenstellplätze in der Umgebung der Grotte ab, weil ich auf der Suche nach meinen Verwandten bin. Ich hatte von zu Hause gehört, dass etliche Reinhardts aus Deutschland hier sein sollen, und ich will die ohnehin viel zu seltene Gelegenheit nutzen, um mit ihnen zu reden. Schade, dass David und ich nicht mit dem Wohnwagen da sind, aber für uns wäre es wegen einiger Konzerttermine unmöglich gewesen, die lange Reise auf der Straße zu unternehmen. Außerdem hätten wir uns ein Wohnmobil ausleihen müssen, was viel teurer gekommen wäre als die Bahn.

Ein wenig entwurzelt fühle ich mich dann doch, als wir über den ersten Platz schlendern, und alle sitzen gemütlich vor ihren Wagen, trinken Kaffee, schwatzen mit ihren Nachbarn, genießen die Sonne und den Tag. Alle haben sie ihr kleines Stück Heimat mit dabei, und wir stecken in diesen muffigen Hotelzimmern! David und ich beschließen, uns dringend um die Anschaffung eines solchen Gefährtes zu kümmern, das auch bei Konzertreisen sehr praktisch wäre – wenn diese Wohnmobile nur nicht so viel kosten würden!

Davids Bruder sieht die Sache viel pragmatischer. Er würde nie auf die Idee kommen, mit einem Wohnmobil bis hierher zu fahren. Er kennt die Strecke nicht, er kennt keine Übernachtungsplätze für unterwegs, ja er will gar nicht am Straßenrand oder auf Plätzen für Fahrende übernachten, sondern nur auf normalen Campingplätzen. Manfred kauft sich sogar jedes Jahr vor dem Sommer einen Anhänger und fährt mit seiner Frau und den Kindern damit in Urlaub. Nach den Ferien im Herbst verkauft er das Gefährt wieder – er handelt beruflich mit Autos und weiß, wie er damit günstig über die Runden kommt. Seine Wohnwagenreisen hätten nichts mit den traditionellen Reisen der Sinti zu tun, sagt er. Manfred macht ganz normalen Campingurlaub in Italien.

Das erste Familienmitglied, das wir auf den Sinti-Plätzen in Lourdes treffen, ist Jaki. Jaki ist der Ehemann von Zimba, einer Cousine meines Vaters, und pilgert seit 40 Jahren nach Lourdes. Er sei hier so etwas wie der Chef, sagt er. Schnuckenack habe da drüben gestanden, Zipflo dort, für ihn sei das alles historischer Boden. Er kenne die gesamte Familie, ja sogar alle Leute auf dem ganzen Platz. Jaki lebt in Mulhouse im Elsass, er hat dort ein Haus, aber erst seit ein paar Jahren. Davor stand er mit seinem Wohnwagen immer auf demselben Winterplatz und war die Sommer über unterwegs. Jetzt fühle er sich ein bisschen alt, sagt Jaki, der schon über 60 sein dürfte, jetzt sei er nur mehr ein paar Monate unterwegs. Wie lange er denn jedes Jahr auf der Straße sei, frage ich ihn, und er sagt, höchstens sieben oder acht Monate. Ein Sommer, der acht Monate lang dauert! Mir geht das Herz über, wenn ich nur daran denke. Oh, Jaki weiß schon, wie man es sich gut macht, er ist ein Sinto der traditionellen Schule. Seine Kinder sind längst erwachsen, er muss sich nicht mehr um Schul- und Ferienzeiten kümmern, doch sie reisen trotzdem mit ihm – nicht die ganze Zeit, weil sie ihren eigenen Geschäften nachgehen, aber oft genug. Auch hier in Lourdes sind sie mit von der Partie.

»Das Jahr beginne ich mit der Wallfahrt in Berchtesgaden, wo Hitler gewohnt hat, dann Thierenbach, Saintes-Maries-de-la-Mer, Lourdes, das ganze Programm.« Ginge es nach Jakis Wallfahrts-Kalender, müsste er längst ein Heiliger sein, aber natürlich pilgert er nicht nur zum Beten, sondern auch, um Kontakte zu pflegen, Menschen zu treffen, Geschäfte zu machen, seine Familie zu sehen, die Reise zu erleben. Eines hängt mit dem anderen zusammen, und alles miteinander ergibt eine harmonische Einheit. Alles zusammen kommt der überlieferten Vorstellung vom richtigen Leben eines Sinto sehr nahe. Alles in allem klingt es nach einem reichen, ausgefüllten Dasein.

Jaki und seine Familie fahren nicht in einem Stück vom Elsass hierher, sondern in drei, vier Tagen, schön gemütlich. Unterwegs übernachten sie mit mehreren Wohnwagen auf Fahrenden-Plätzen, die in Frankreich jede größere Gemeinde vom Gesetz her zur Verfügung stellen muss. Schon aus dem Auto ruft er den Bürgermeister des nächsten Ortes, den sie ansteuern, an und lässt sich eine Erlaubnis für die Übernachtung geben. Jaki hat ein »Carnet des Voyageurs«, eine Fahrenden-Lizenz, bei ihm ist alles geregelt, eingeteilt und in bester Ordnung.

Sobald es dunkel wird, brutzeln die Steaks auf dem Grill, danach gibt es Torte Basque und Kaffee. Die Kinder kommen zum Essen aus ihrem eigenen Wohnwagen dazu, der steht gleich gegenüber. »Früher fuhren wir alle in einem Wagen«, erzählt Jaki, »aber das war sehr eng.« Seine Familie hat das nicht mehr nötig, es geht ihnen gut – wie den meisten französischen Sinti, wenn man nach der Größe der aufgefahrenen Wohnwagen- und Wohnmobilflotte urteilt. Jaki handelt wie auch sein Sohn mit Antiquitäten.

Wenn die ersten Sterne funkeln, kommt ganz von selbst die Sprache auf die jüngste Vergangenheit. »Man sollte nicht vergessen«, sagt Jaki, »auch Kinder müssen über Fschismus und Hollocaust erfahren, das ist wichtig.« Diese Einstellung war noch vor ein paar Jahren alles andere als selbstverständlich, vor allem nicht bei den Älteren – damals waren alle froh, wenn sie nichts davon hörten. Doch Jaki sieht dieses Thema politisch, ihm ist die Stellung der katholischen Kirche zum Holocaust wichtig, denn er weiß, dass die sich damals alles andere als korrekt verhalten hatte. »Letztes Jahr war ich in Rom, dort habe ich ein Buch gekauft«, erzählt er und schiebt das Büchlein über den Tisch. »Da drin entschuldigt sich der Papst für den Holocaust und spricht darüber, dass die Kirche damals nicht richtig reagiert hat. Das ist eine späte Entschuldigung«, sagt er, »aber sie ist besser als gar keine.«

Am nächsten Tag findet die große Prozession der Sinti statt, zur Grotte und auf den Kalvarienberg. Der Ort der Erscheinung, die Grotte, ist den ganzen Tag bis tief in die Nacht von Tausenden Menschen umlagert, der Zugang zur heiligen Stätte ist strikt geregelt. Wer nicht Teil einer angemeldeten Pilgergruppe ist, muss stundenlang warten, um nur durch die Grotte zu gehen und die heiligen Wände kurz berühren zu dürfen, denn von einem Aufenthalt am heiligen Ort kann ohnehin keine Rede sein. Es ist ein Geschiebe wie vor der Mona Lisa im Louvre, aber alles geht ruhig und von Ordnern in strikten Bahnen gelenkt vor sich. Anders ist es vermutlich nicht möglich, so vielen Menschen zumindest Sichtkontakt zu dem Altar in der Grotte zu ermöglichen.

Jetzt sind vor der Grotte ausschließlich Sinti zugelassen. Ein französischer Sinti-Pfarrer mit einem großen schwarzen Schlapphut und einer Stola mit eingewobenen Gitarren und Pferdewagen predigt. Einer der Pilger trägt das Modell eines alten Pferdewagens an einer Stange vor sich her, fast alle Sinti spenden Kerzen, von denen manche über einen Meter lang sind und so dick wie kleine Baumstämme. Die größten Exemplare kosten ein paar hundert Euro, doch wenn es um die Darstellung des Glaubens geht, sparen Sinti nicht. Die jungen Mädchen tragen weiße Spitzenkleider, die Frauen lange Röcke, die Männer sind gut angezogen.

Als sich die Gruppe in Bewegung setzt, treten so viele Polizisten in Aktion, als bewachten sie eine gewalttätige Demonstration, doch hinter dem großen, mit geflochtenen Blumen und Zweigen geschmückten Kreuz strömen nur harmlose Sinti den Kalvarienberg hinauf, mit Gebeten und Liedern und ihrer Sehnsucht nach einem Glauben, der sie trägt und leitet. Nur wir sind denkbar schlecht gerüstet für den steilen Aufstieg. Davids Ledersohlen rutschen wie auf Eis, Manfred ist überhaupt nicht für körperliche Anstrengung zu haben – er jammert jetzt schon, dass er im ganzen vergangenen Jahr nicht soviel zu Fuß gelaufen sei wie in den letzten beiden Tagen –, und mir geht es sowieso nicht so gut, was vermutlich an der Höhenluft liegt. Wenn ich uns drei ansehe, bin ich gewiß, dass wir als letzte überzeugte Sportverweigerer dieser Welt noch nicht dem globalen Fitnesswahn verfallen sind. Schade ist es trotzdem, dass wir den Kreuzweg nicht sehen können, doch wir umrunden den Fuß des Kalvarienberges und kommen noch zur letzten Station zurecht, wo das Kreuz sofort nach dem abschließenden Gebet von unzähligen Händen zerpflückt wird, weil jeder ein geweihtes Andenken mit nach Hause nehmen will.

Am nächsten Morgen findet das große Ereignis für meinen Onkel Jaki statt. Direkt vor der Grotte übernimmt er die Madonna der Sinti, eine kleine Marienstatue, um sie in seinem Wohnwagen aufzubewahren und nächsten Sommer wieder zur Pilgerfahrt nach Lourdes zu bringen. »Warum«, fragt der Priester, »soll die Madonna der Reisenden nicht auch auf Reisen gehen? Sie ist zwar schon zu so etwas wie einer Heiligen von Lourdes geworden, doch sie soll ruhig auch ihre eigenen Wege gehen ...«

Dann spricht der Priester von der besonderen Aufgabe der »voyageurs«, der Reisenden, von ihrer eigenen Bestimmung, und dass sie die Kinder Gottes seien, wie auch der Papst unlängst gesagt hatte, da sie keine andere Heimat hätten als Gott und die Kirche. All das predigt er auf Französisch, und daher kann er schlecht sagen, dass die eigentliche Heimat der Sinti ihre Sprache oder ihre Kultur ist – denn unsere Sprache spricht er nicht, und was er über unsere Kultur weiß, ist mir nicht bekannt. »Ihr seid immer in

Lourdes willkommen«, fährt der Priester fort und meint damit die drei, vier Tage der Sinti-Wallfahrt jedes Jahres, und dann jeweils die Zeit von 11.30 bis 12.15 Uhr. Das ist die Spanne, die den Sinti vor der Grotte eingeräumt wird, danach müssen sie gehen, weil die nächste Gruppe dran ist.

Auch mein Onkel Jaki sagt ein paar Worte. Ihm fließen Tränen, als er die Madonna im Namen der Organisation der Sinti von Ost-Frankreich, Abteilung Alsace-Lorraine, entgegennimmt. Die beiden Gitarristen neben der Grotte bemühen sich ein wenig um Stimmung, doch die Ukrainer und die Slowaken, die virtuosen Gitarristen vom Vorabend, sind schon abgereist. Jeder berührt noch schnell die Grotte, während längst die ersten Wohnwagen von den Plätzen rollen, zurück auf die Straße, von der sie wenige Tage zuvor hierherkamen.

It's Time to Cry

Drohend sehen die zerborstenen dunklen Mauern mit den leeren Fensterhöhlen zu mir herab. Obwohl der Großteil des Heidelberger Schlosses seit Jahrhunderten als Ruine über der Stadt thront, wirken dessen Reste auf mich automatisch wie ein Relikt aus dem letzten Weltkrieg – vielleicht ist dessen Szenario zu tief in mir verwurzelt. Vielleicht bin ich in Gedanken auch schon zu sehr beim Ziel meines Heidelberg-Besuches, im »Dokumentations- und Kulturzentrum deutscher Sinti und Roma«, das in einem umgebauten Fachwerkhaus mitten in der Altstadt unterhalb des Gemäuers beheimatet ist. Das Zentrum hatte der Onkel meines Mannes David aufgebaut, Romani Rose. Es beherbergt eine einzigartige Ausstellung zur Geschichte des Holocaust an den Sinti und Roma, zugleich die schmerzhafteste Ausstellung, die ich je in meinem Leben gesehen habe. Es ist die umfassende Dokumentation des Schreckens, den die Nazis uns angetan haben, wobei die Präsentation auf jedes Klischee verzichtet, auf jede »Zigeunerromantik«, jede Verklärung. Schautafeln, Bilder, Dokumente, Tabellen zeigen nichts als das, was geschehen ist. »Wir sind kein musizierendes Volk«, sagt der junge Sinto an der Kasse, »wir sind kein fahrendes Volk, kein lustiges Volk, sondern ein normales Volk, das in die größte Katastrophe gekommen ist, in die ein Volk nur kommen kann. Wir leben nicht im Wohnwagen, und wir lebten auch vor dem Holocaust nicht im Wohnwagen, sondern wir hatten feste Häuser, bevor wir aus denen vertrieben wurden. Wir waren Soldaten im Ersten und Zweiten Weltkrieg, normale, christlich getaufte Deutsche, und so wollten wir behandelt werden.«

All das ist richtig, und dennoch ist es falsch zu behaupten, Sinti wären nie mit Wohnwagen unterwegs gewesen oder hätten nicht in Wagen gelebt, genauso wie es falsch ist, zu sagen, bei uns gebe es nicht mehr Musiker als unter Deutschen. Ich kann natürlich nur aus meiner eigenen Erfahrung sprechen, doch die sagt mir, dass ich in unserem Volk wesentlich mehr Musiker als Politiker oder Anwälte oder Steuerberater getroffen habe, und in vergangenen Zeiten wird der Anteil der Musiker vielleicht noch viel höher gewesen sein. Sicherlich gab es auch früher schon wohlhabende Sinti, die eigene Häuser besaßen oder zumindest zur Miete wohnten, doch noch viel mehr Sinti blieb nichts anderes übrig, als mit Pferd und Wagen von Platz zu Platz zu ziehen. Dies zu leugnen ist für mich eine eigene Art der Diskriminierung. Wenn ich das täte, hätte ich das Gefühl, es sei etwas Beschämendes oder Falsches daran, als Sinto musikalisch begabt oder hauptberuflich Musiker zu sein. Doch was wäre dann mit den vielen Musikern aus meiner Familie, denen ich meine musikalischen Grundlagen verdanke?

Ich weiß, dass die Leute dieses Zentrums eine andere Sprache sprechen als ich. Sie interessieren sich weniger für die kulturellen Unterschiede zwischen Sinti und Deutschen, sondern mehr für die Unterschiede in Sachen Gleichbehandlung, Gerechtigkeit und Wiedergutmachung. Das ist ihr gutes Recht, ja es ist ihre Aufgabe. Ich hingegen bin an beiden Seiten interessiert.

Dabei gelingt es mir nicht mal, den Schrecken dieser Zeit nur ansatzweise wiederzugeben. »Ratten, Wanzen und Flöhe sind auch Naturerscheinungen, ebenso wie die Juden und Zigeuner. Alles Leben ist Kampf. Wir müssen deshalb alle diese Schädlinge biologisch allmählich ausmerzen« – allein so ein Satz, 1938 in der »Zeitschrift des Deutschen Ärztebundes« veröffentlicht, reicht, um mir die

Schweißperlen auf die Stirn zu treiben, und das nicht nur wegen seines Inhaltes, sondern auch wegen seiner Quelle. Wenn sich sogar der Deutsche Ärztebund, eine honorige Vereinigung deutscher Doktoren, zu solchen Äußerungen hinreißen ließ, wie mussten dann erst all die anderen Aussagen von Menschen ausfallen, die direkt an der Vernichtungsmaschinerie der Nazis Anteil hatten.

Ich muss nicht extra in ein Dokumentationszentrum fahren, um die Nähe des Krieges zu spüren. Das Thema kommt automatisch auf, wenn ein paar Leute aus der Familie zusammensitzen, wie etwa in Rastatt, bei den Eltern meines Mannes David, den sie in der Familie mit seinem Sintinamen Lachso nennen.

Die Roses wohnte ebenerdig, mit Terrasse, was sehr schön ist, da man jederzeit aus der Wohnung auf die Wiese treten und zusehen kann, wie die Blumen in den eigenen kleinen Beeten sprießen. Es ist fast so wie auf dem Land, aber nur fast: »Spielen von 9-13 und von 15-20 Uhr erlaubt, Fußballspielen verboten« sagt die Hausordnung, die im Hof auf großen Schildern prangt.

Heute feiert die Mutter Geburtstag, und wir alle, Davids Eltern, seine Brüder, David und ich, sitzen in ihrer Wohnung zusammen. Einige Gratulanten sind schon wieder weg, sie haben Blumensträuße mit vielen Rosen hinterlassen. In der Ecke steht eine Madonnenstatue aus Gips. Die andere kleine goldweiße Madonna auf der Kommode hat Manfred von unserer gemeinsamen Pilgerreise aus Lourdes mitgebracht. Seinen ganzen Koffer hatte er dicht mit Devotionalien aus Lourdes gefüllt, weil alle nahen Verwandten bedacht gehörten, sodass für seine eigenen Sachen kein Platz mehr blieb – für die musste er deshalb eine neue Tasche kaufen.

Nach dem Essen decke ich den Tisch ab, was für mich selbstverständlich ist. Weil ich mit David verheiratet bin, gehöre ich zur Familie, und als jüngere Frau in der Familie helfe ich meiner Schwiegermutter gerne. Sobald die Torten weggeräumt sind, ist das Thema Krieg wieder da – schnell und unsichtbar, wie so oft bei solchen Anlässen.

Die Familie Rose stammt aus Westpreußen, aus Stettin, und kam dort auf verschlungenen Pfaden um eine Einweisung in ein Konzentrationslager herum. Davids Vorfahren waren zu einem Leben in ständiger Furcht vor Entdeckung und Verrat gezwungen. Selbst in den Stettiner Bombennächten waren sie Menschen zweiter Klasse und durften nicht in die Luftschutzkeller hinein. So gruben sie sich eine Erdhöhle, hinter der Häuserzeile, in der sie gewohnt hatten. Nach den verheerenden Angriffen brannte alles, die Häuser, die Bäume, die Luft, nur den in der Erdhöhle Versteckten passierte nichts, während viele Deutsche in ihren Luftschutzkellern erstickten. Beim nächsten Angriff kamen die überlebenden Deutschen zu den Sinti und wollten plötzlich bei den Roses in ihrem Erdbunker bleiben.

Gegen Kriegsende floh Davids Vater mit seinen Eltern und vielen Deutschen aus Angst vor den Russen in einem Flüchtlingstreck nach Westen. Die hellhäutigen, blonden Kinder, die es in der Familie gab, durften auf den Wagen sitzen, die dunkelhäutigen, schwarzhaarigen Kinder mussten sich unter den Planen verkriechen, denn wieder waren sie alles andere als gleichberechtigt – die Deutschen durften sie nicht sehen, sonst hätten sie sie nicht mitfahren lassen. Es waren zwar alle gemeinsam auf der Flucht, aber auch in dieser Notsituation gab es noch Unterschiede zwischen »richtigen« Deutschen und uns, den Sinti.

Während dieser Flucht wurde Davids Familie getrennt. Der eine Teil der Familie dachte, die Pferde schaffen die deutschen Mittelgebirge nicht mehr, und blieben deshalb in Hildesheim und in Bayreuth. Der andere Teil, unter anderem Davids Vater, traute den Tieren mehr zu, weshalb diese Gruppe bis an den Rhein kam, wo Deutschland schon fast wieder zu Ende war. Da der Familie das Reisen offensichtlich alles andere als im Blut lag, lebt sie heute immer noch aufgeteilt auf diese drei Orte, in denen sie 1945 ankamen: in Bayreuth, in Hildesheim und in Rastatt.

Abends gehen wir alle in Baden-Baden aus, um den Geburtstag von Davids Mutter ausklingen zu lassen. Das ist eine merkwürdige Stadt, um zu feiern, weil hier vor allem Rentner unterwegs sind, doch es gibt schöne Lokale und ein paar annehmbare Bars. Eine davon, der »Living Room«, war zu der Zeit, als David noch in Rastatt lebte, sein Wohnzimmer. Weil die Barkeeperin an diesem Abend keinen ausgeprägten Musikgeschmack an den Tag legt, überreicht ihr David eine CD von Paul Anka, die er vorsorglich mitgebracht hat. Die Gäste wollen Härteres hören und beginnen zu murren, sobald Ankas Swing-Klassiker durch die Bar plätschert, »It's Time To Cry«, eine traurige und gleichzeitig wunderschöne, fast schon klassische Ballade von ihm. Doch David bestellt kräftig Drinks für alle, denn er will die Barkeeperin auf seiner Seite wissen und allen Gästebeschwerden den Wind aus den Segeln nehmen. Er bestellt auch dann noch weiter, als niemand von uns mehr etwas trinken will.

Something Wonderful Happens in Summer

Die schönste Reise des Sommers führt uns wieder nach Frankreich, diesmal nach Chaumont. Chaumont? Kennt man das? Normalerweise nicht: Es ist ein Städtchen im Département Haute-Marne, mitten in den Ardennen, mit einer netten Altstadt, einem schönen Schloss und einer steinernen Eisenbahnbrücke aus dem 19. Jahrhundert, architektonisch die wichtigste Attraktion der Stadt.

Warum kommt man in eine Stadt, deren größte Sehenswürdigkeit eine Eisenbahnbrücke ist? Das mögen sich die 25 000 Einwohner der Stadt auch fragen, da sie dieser Tage gut doppelt, wenn nicht dreimal so viel Besucher erwarten, als sie selbst zählen. Wir sehen die Menge der Menschen erst kurz vor den Toren der Stadt, sobald wir uns Chaumont auf der Landstraße aus südlicher Richtung nähern und sich vor uns die freie Fläche eines ehemaligen Flughafens öffnet. Eigentlich wird die Landepiste noch angeflogen, wenn auch nicht im Linienbetrieb, doch während dieser Woche ruht der Flugbetrieb, denn auf dem Platz stehen 15 000 Wohnwagen, aber es können auch 20 000 sein, niemand hat sie gezählt. Sie rollen von der Landstraße heran, passieren jede Menge Polizeibeamte am Gittertor des Flughafengeländes und suchen sich einen freien Stellplatz beim größten Sintitreffen, das ich je gesehen habe, eine Zeltmission der Superlative.

David und ich gehen staunend die Wohnwagen ab, deren Reihen bis an den Horizont reichen und dahinter noch weiterzugehen scheinen. Nie habe ich nur annähernd so viele Wagen gesehen, nicht so viele Sinti und nicht so viele Gitarren – immer wieder beobachten wir, wie ein paar Männer beieinander sitzen und auf ihren Instrumenten die alten Hits von Django Reinhardt spielen, wenn sie nicht kirchliche Lieder üben. Dazwischen springen Kinder, kümmern sich Frauen um Wäsche und Geschirr. Transportable Waschmaschinen und sogar Geschirrspüler scheinen mittlerweile zum französischen Sinti-Standard zu gehören. Dazwischen stehen große und kleine Gruppen von Menschen, die sich miteinander unterhalten, einander begrüßen, umarmen oder nur den Menschenstrom beobachten, der sich auf den Hauptwegen dahinwälzt, um Freunde, Verwandte oder Bekannte zu entdecken.

Das alles geht ruhig, gelassen und in Harmonie vor sich, wie in einem Bienenstock. Jeweils vier Sinti mit auffälligen Armbinden sind als Ordner auf dem Gelände unterwegs. In ihren alten Autos kurven sie über den Platz, begrüßen lachend und winkend ihre Freunde und scheinen auch sonst ihren Spaß an der Sache zu haben. Einerseits komme ich mir wie in einem Märchen vor, andererseits ist mir die Szenerie von meinen eigenen Reisen mit der Zeltmission vertraut. Allerdings hatte damals, als ich noch als Kind in den Zelten fromme Lieder sang, alles eine andere Dimension. Es war winzig klein, überschaubar und beschaulich gegenüber dieser Art von Treffen. Damals waren ein paar hundert Leute auf so einem Platz und nicht wie hier Zehntausende.

Umso größer fällt die Überraschung aus, als wir Stromeli treffen. Ich wusste natürlich, dass mein Onkel hier sein würde, aber ich hätte nicht gedacht, dass wir ihn in dieser Menge so schnell sehen könnten. Wir waren nur durch die Nummernschilder der Wohnwagen in seine Nähe gekommen, an denen wir eine kleine deutsche Insel im Meer französischer Autos erkannt hatten. Obwohl das Treffen international ist, stellen die Franzosen mehr als 90 Prozent aller Besucher, der Rest kommt vor allem aus Belgien, Deutschland, der Schweiz, den Niederlanden, Spanien und Großbritannien.

Es gibt ein großes Wiedersehen mit meinem Onkel, dem Prediger Stromeli Reinhardt. Genauso überschwänglich begrüße ich seine Frau, meine Tante Boba, und ihre beiden Söhne Ismael und Bambi. Beide sind gute Gitarristen, mit Ismael bin ich oft aufgetreten. Bambi hat eine Freundin, und alle scheinen das zu wissen. Selbst Ismael, steckt mir Bambi sofort, hat eine Freundin, und es ist nicht geheim. David und ich werfen uns gegenseitig vielsagende Blicke zu, denn wir denken in diesem Moment dasselbe. Was hatten wir noch vor wenigen Jahren für ein Theater gemacht, um unsere junge Beziehung vor den Eltern geheim zu halten, damit sie, wie sich das gehört, erst nach unserer offiziellen Flucht davon erfahren. Es sind solche Momente, an denen ich merke, dass sich die Zeiten auch bei uns Sinti geändert haben. Das sind untrügliche Zeichen für eine Lockerung unserer Sitten, die ich noch vor kurzem für unmöglich gehalten hätte – wobei ich in diesem Moment noch nicht weiß, ob ich diese Entwicklung gut oder schlecht finden soll.

Wie meistens in solchen Situationen lassen wir die Musik sprechen. Ismael zeigt uns sofort seine neue Gitarre, eine wunderschöne Henneken. Er hat auch einen nagelneuen Verstärker mitgebracht und sogar einen Stromanschluss aufgetrieben, also ist er der Lauteste in dem Chor von fünf Gitarren, mit denen er unter dem Wohnwagenvorzelt ein Django-Revival betreibt.

Immer wenn ich Ismael zuhöre, muss ich an unsere Kindheit denken. Wir waren oft zusammen, wir sind fast gleich alt. Er lebte zwar in Freiburg und ich in Ravensburg, aber im Sommer sahen wir uns, wenn unsere beiden Familien miteinander unterwegs waren, und natürlich waren wir auf den Reisen mit der Zeltmission zusammen. Dort traten wir schon als Kinder zusammen auf. Ich sang, und er spielte dazu Gitarre.

Jetzt unter dem Vordach, beim Jammen, muss Ismael sich an die anderen Gitarristen anpassen, und ich sehe ihm an, dass er dabei nicht ganz glücklich ist. Er kann zwar alles spielen, aber die andern beherrschen nur die Django-Standards. Der Gitarrist vis-à-vis von ihm spielt sogar eine echte Selmer, eine Zigtausende Euro wertvolle, alte Gitarre, dasselbe Modell, das Django auch gespielt hatte, ein Instrument aus den Vierzigern oder Fünfzigern. Das sind diese Leute, die in der Django-Nostalgie gefangen sind, aber Ismael hält trotzdem gut mit, denn er hat Verständnis für solche Gitarrenfreaks, immerhin hatte er selbst zeitweise fast 20 Gitarren. Ismael hilft seinem Vater im Geigenhandel. Er spielt auch dieses Instrument gut, und es ist seine Aufgabe, den Kunden seines Vaters die wertvollen Instrumente fachgerecht vorzuführen.

Sein Vater, Stromeli, betreibt den Geigenhandel nur mehr halbherzig, eigentlich hat Ismael schon das Geschäft übernommen. Stromeli widmet sich immer mehr seiner Lieblingsbeschäftigung, dem Predigen. Stromeli predigt normalerweise bei »seiner« Zeltmission, die in Deutschland unterwegs ist – hierher ist er nur als Gast und Beobachter angereist, und als Organisator für die deutschen Teilnehmer. Auf die Bühne geht er hier nicht, weil er kein Französisch spricht. In Romanes predigt niemand, weil fast niemand mehr in Frankreich unsere Sprache versteht, von ein paar ausländischen Gästen abgesehen.

Doch das Predigen geht Stromeli ab, also hält er für uns eine kleine Spezialpredigt in seinem Wohnwagen. Seine Frau Boba brät geräucherten Schweinebauch an, dazu Würsteln mit Sahnemeerrettich, Butter und Weißbrot, für danach stellt sie Apfeltorte und Kaffee auf den Tisch – der Speiseplan mancher Sinti ist nicht exakt das, was man als ausgewogene oder ernährungsphysiologisch empfohlene Kost bezeichnen würde.

»Ich bin sehr hungrig«, sagt mein Onkel und lässt es sich gut schmecken. Dazu beginnt er mit seiner Predigt – dass nur das Wort Gottes Bedeutung habe auf dieser Welt, nichts sonst, und besonders nicht der Papst, ein Schwindler und Großredner, der in Wirklichkeit keinen göttlichen Auftrag ausführe, wie er fälschlicherweise immer wieder behaupte. »Der Papst tut so, als sei er Nachfolger Gottes auf Erden und unfehlbar und was weiß ich, aber das ist er nicht«, sagt mein Onkel, »wir hier brauchen keinen Papst, keinen Priester, wir brauchen keinen Mittler zu Gott. Wir können Gott selbst ansprechen, das ist für uns das Wichtigste.«

Ich kenne diese Predigten noch aus meiner Kindheit, sie haben sich nicht allzu sehr verändert, mich allerdings schon – als Mädchen wollte ich nur getauft, mit der Erstkommunion versehen und gefirmt sein wie alle anderen Kinder auch. Erst später gefiel mir mehr und mehr der Gedanke, direkt mit Gott zu sprechen und mich im Gebet nur an ihn zu wenden, nicht an irgendwelche Heiligen, Märtyrer oder andere Nebenfiguren der Himmelswelt. Andererseits hatte mir der katholische Ritus immer schon gefallen, seine Feierlichkeit und die in ihm liegende Spiritualität – obwohl ich mich heute mehr zur freikirchlichen Richtung hingezogen fühle.

Stromeli ist mit seiner Predigt fertig, und Boba will ein Lied hören. Wie immer muss ich ihr Lieblingslied singen, und zwar »Something Wonderful Happened«. Sie ist Sinatra-Fan – der Entertainer habe ihr ganzes Leben bestimmt, sagt sie. Doch das ist nicht nur bei ihr so, Stromelis ganze Familie besteht aus Sinatra-Fans, das verbindet sie mit meiner Familie. Also stimme ich die romantische Ballade an, Ismael holt seine Gitarre heraus, und schon habe ich eine perfekte Begleitung. Dann ist David dran, und Ismael wird von Bambi an der zweiten Gitarre unterstützt. Bambi ist sieben Jahre jünger als Ismael. Er hatte mit seinem Gitarrenspiel und mit seiner Stimme vielversprechend angefangen, doch nicht professionell mit der Musik weitergemacht. Heute singt Bambi nur mehr in Gottesdiensten, ansonsten ist er Kaufmann und lebt gut vom Handel mit Altmetall.

Wie wir so vor uns hinmusizieren, schweifen meine Gedanken

wieder in vergangene Zeiten. Das plüschige Interieur des Wohnwagens, der wegen der Kälte draußen bullernde Gasofen, der dampfende Kaffee – es ist so gemütlich wie auf den Reisen meiner Kindheit. Gerne hätte ich auch so einen Caravan! »Die neuen Modelle sind noch besser«, sagt Boba, die gleich gemerkt hatte, wohin meine Gedanken gehen, »die haben Gasöfen, die sehen aus wie offene Kamine, in denen züngeln sogar Gasflammen, wenn auch keine echten. Man kann ganz drin leben, da braucht man keine Wohnung mehr«, schwärmt meine Tante weiter, die einerseits große Stücke auf die traditionelle, mobile Lebensweise hält, andererseits aber zeitgenössischen Komfort schätzt.

In so einem prächtigen Trailer könnte auch ich mich mit einem Leben unterwegs anfreunden, allerdings nicht unter den deutschen Verhältnissen, wo es kaum möglich ist, Wohnwagen auf öffentlichen Plätzen abzustellen, von all den bürokratischen Hindernissen, die eine Lebensweise ohne festen Wohnsitz fast unmöglich oder zumindest extrem schwierig gestalten – wer hat schon einmal versucht, ohne ständige Adresse ein Bankkonto zu eröffnen, einen Mobilfunkvertrag abzuschließen oder einen Personalausweis zu beantragen?

Über solchen Gesprächen vergeht der Tag, und es ist Zeit für die abendliche Messe. Diese findet in einem riesigen Zirkuszelt statt, vor vielen tausend Menschen. Es gibt keinen Altar, sondern eine Bühne, auf der die Prediger auftreten, mit nichts als mit einem Mikrofon in der Hand. Momentan sind gleich mehrere Prediger auf dem Podium, die Zeugnis ablegen von ihrer Wandlung, ihrer christlichen Bekehrung. Ihre Aussagen werden von den Zuhörern wohlwollend entgegengenommen, an den wichtigen Passagen wird gemurmelt, geklatscht und auch schon mal »Halleluja« gerufen. Leider verstehe ich kein Wort, weil alles auf Französisch abläuft, ein Freund Stromelis kann mir hin und wieder ein paar Brocken übersetzen.

Es treten mehrere Gefängnisseelsorger auf, die von der traurigen

Lage in den Gefängnissen berichten, in denen sie arbeiten. Gott, sagt einer, habe den Menschen dort allerdings die Hoffnung zurückgegeben, und dafür singen alle ein Lied. Dann erzählt einer von einer wunderbaren Heilung eines Kindes, die eben stattgefunden hat, heute, hier, auf diesem Platz. Genauso wie bei Stromeli, als Gott seine Gebete für Bobas kleinen Bruder erhörte. Seitdem ist die Familie auf der neuen Linie der Frömmigkeit, genauso wie viele andere Sinti auch, die nicht mehr nach Lourdes fahren, sondern zu Treffen der Zeltmission wie diesem hier – obwohl für mich in solchen Momenten vieles an Lourdes erinnert: die geheilten Kranken, die Dankesgebete, das Vertrauen, dass Gott direkt in das Leben eines Einzelnen eingreifen kann. Die Stimmung ist trotzdem unterschiedlich. Die ruhige Feierlichkeit einer Kathedrale ist nicht mit der lärmigen Aufgeregtheit in diesem Missionszelt zu vergleichen.

In den nächsten Tagen sollten unzählige Taufen stattfinden. Dazu stellten Helfer gleich mehrere kleine, aufblasbare Pools auf, in denen die Täuflinge, alles Erwachsene, in weißen Kleidern oder extra Taufhemden komplett untergetaucht werden, unter Gesängen, vielen Gebeten und reger Anteilnahme der Gläubigen, wobei hier nicht nur die Verwandten, sondern viele andere Pilger rund um die Becken mitsingen, beten oder einfach zusehen.

Auch ich entschloss mich mit 24 Jahren zur Zweittaufe – allerdings in der freichristlichen Gemeinde von Ravensburg. Ich hatte für diesen Tag mein weißes enges, langes Abendkleid ausgewählt, da mein Kleiderschrank sonst nichts Passendes hergab – doch das fand die Pastorin dann doch etwas unangebracht. Zum Glück war in der Kirche ein Taufgewand auf Lager, das ich in der Sakristei gegen meine Robe eintauschen konnte.

Ich war auch schon selbst Taufpatin, was mir wie eine Art Gegenleistung zu meiner eigenen Taufe vorkam. Vor ein paar Jahren fragte mich Nino, ein Cousin aus Bad Waldsee, ob ich nicht Taufpatin von Al Pacino Reinhardt, seinem Sohn, werden könnte – dessen Großmutter Keta und dessen Großvater Siegfried waren wiederum meine Taufpaten gewesen.

Dieses Tauffest fand nicht während einer Zeltmission statt, sondern als wir alle auf Reise waren, ich mit meiner Familie, und Siegfried, der Vater von Nino und dessen drei Brüdern, mit seiner Familie. Wir trafen uns auf einem Privatgrundstück in der Nähe von Bad Waldsee, das Siegfried extra für das Fest organisiert hatte. Insgesamt standen wir mit fünf Wohnwagen auf dem Platz, und ein paar Leute kamen noch dazu, ohne dort zu übernachten. Unter den Obstbäumen wurden Tische und Bänke aufgestellt, ein Grill und eine kleine Bar. Die Männer hängten Schnüre mit Luftballons zwischen die Äste, die Frauen buken Kuchen. Sobald alles bereit war, fuhren wir zur Kirche, wo die Taufe stattfinden sollte. Ich trug Al Pacino hinein, und bis der Pfarrer mit den Gebeten fertig war und das Baby endlich getauft hatte, war mir fast der Arm abgefallen, denn das Kind war nicht unterernährt, sondern ein kleiner Wonneproppen. Ninos Mutter und Samira, die Mutter von Al Pacino, konnten sich kaum halten vor Lachen, als sie mich mit dem offensichtlich schwerer und schwerer werdenden Kind kämpfen sahen. Ich glaube, ich erholte mich erst wieder im Garten, unter den blühenden Bäumen. Abends am Feuer konnte ich jedenfalls schon wieder singen. Ach ja, Ismael war auch dabei, er begleitete mich auf der Gitarre.

Nuages

Ich habe kein Land, das nur meinem Volk gehört, weil Sinti noch nie in ihrer Geschichte ein eigenes Land hatten oder weil das schon so lange her ist, dass wir es längst vergessen haben – aber ich habe ein Vaterland, in dem meine Eltern und Großeltern und Urgroßeltern aufwuchsen, und das ist Deutschland.

Das Land meiner Träume aber sind die Vereinigten Staaten von Amerika, denn dort sprudeln die Quellen der Musik, die mich erfüllen und tragen und die ich mit dem Strom der Musik verbinden kann, die mir aus den Erinnerungen meines Volkes haften geblieben ist. Doch gibt es auch ein Land, in dem der Teil meiner Familiengeschichte spielt, die mir vielleicht für immer unter einem geheimnisvollen Schleier unvollständiger Erinnerungen und nie niedergeschriebener Aufzeichnungen verborgen bleiben wird, und das ist Frankreich. Weil ich diesen Schleier ein wenig lüften will, fahre ich so gerne in das Land, in dessen unmittelbarer Nachbarschaft ich groß wurde, ohne dass mir das damals bewusst war. Auf meiner Agenda steht Frankreich erst, seit ich so weit weg von dort wohne wie noch nie in meinem Leben, seit ich in Berlin lebe. Seither kann ich nicht damit aufhören, es zu bereisen, und wenn ich Französisch könnte, wäre ich wunschlos glücklich, mein zweites Vaterland betreffend.

Aber ohne Französischkenntnisse kann Frankreich sehr anstrengend sein. Wie kommt man vom Flughafen in die Stadt? Wie von einem Pariser Bahnhof zu einem anderen? Von welchem Bahnsteig fährt der Vorortzug nach Samois-sur-Seine, an welchem Automat löst man die richtigen Tickets für diesen Zug, und wo bitte ist die Seine und wo diese eine Insel mittendrin?

Solche Fragen treten auf, wenn sich ein sprachunkundiges Pärchen wie David und ich von Karlsruhe bis nach Samois-sur-Seine durchschlagen muss, zum Lebens- und Sterbensort meines musikalisch größten Verwandten, Django Reinhardt. Dem zu Ehren wird hier jährlich ein sommerliches Open-Air-Jazzfestival abgehalten, auf einer baumbestandenen kleinen Insel in der Seine, ein paar Kilometer von dem Ort entfernt, an dem er seine letzten Lebensjahre verbrachte und an dem seine Nachfahren heute noch leben – zumindest teilweise. Auch Djangos Enkelsohn David Reinhardt lebt dort, und er soll mitverantwortlich sein für das »Festival de Jazz Django Reinhardt«, das wir besuchen wollten. Es ist nicht leicht, mit David Kontakt aufzunehmen, doch eine Mitarbeiterin des Festivals hatte mir versprochen, dass ich ihn treffen könnte. David ist zwar mein Verwandter, aber ich war trotzdem aufgeregt, denn immerhin ist sein Großvater für mich und viele andere der wichtigste Jazzmusiker aller Zeiten, und wann hat man schon die Gelegenheit, mit dem Enkel des Begründers des europäischen Jazz zu sprechen? Außerdem wollte ich David dafür gewinnen, mit mir ein paar Nummern für meine neue CD einzuspielen. Ich hatte keine Ahnung, wie er mich musikalisch, ja, wie er mich überhaupt finden würde. Ob wir uns verstehen würden, allein sprachlich. Ich wusste nicht mal, ob ich ihn wirklich treffen konnte, in all dem Organisationschaos, das rund um das Festival zu herrschen schien. Alles in allem stand mir ein Treffen mit ziemlich vielen Unbekannten bevor.

Doch fürs Erste war es nicht mal so leicht für uns, zum Festivalgelände vorzustoßen. Es liegt etliche Kilometer außerhalb des Städtchens Fontainebleau, wo wir untergebracht waren. Von dort fahren keine öffentlichen Verkehrsmittel dorthin, und die Taxifahrer waren komplett ausgebucht. Außerdem war es nass, ziemlich kalt, und sowohl David als auch ich waren viel zu dünn angezogen. Das ist unser beständiger Kampf gegen das Wetter, den wir das ganze Jahr führen. Wir sind nicht die Leute, die sich gerne fest einmummen, die schwere Mäntel, dicke Stiefel und warme Schals tragen, aber andererseits sind wir beide sehr empfindlich gegenüber Kälte, Zugluft und Feuchtigkeit. Außerdem müssen wir wie alle Sänger ständig auf der Hut sein, uns nicht zu verkühlen, denn Heiserkeit, Husten und Schnupfen sind die übelsten Dinge, die jemand, der singt, bei einem Konzert auf die Bühne begleiten können. Wir dürfen nichts Kaltes trinken, aber auch nichts zu Heißes und am wenigsten Kaffee, weil all das schlecht für die Stimme ist. Wir mögen keine rauchigen Lokale, keine Zugluft und auch keine überheizten Räume, denn wenn man einmal ins Schwitzen geraten ist, kann die Abkühlung danach schlimme Folgen haben.

Dazu kommen noch persönliche Unwägbarkeiten unseres Unterwegsseins: Wir müssen darauf achten, dass wir kein Restaurant erwischen, in dem Pferdefleisch angeboten wird, was in Frankreich überall vorkommen kann. Wenn wir schon in einem Lokal sitzen und erst dann ein Pferdesteak auf der Karte sehen, so stehen wir wie von der Tarantel gestochen auf und verlassen sofort das Restaurant. Bei uns ist es verboten, Pferdefleisch zu essen, weil Pferde in früheren Zeiten unsere treuen Begleiter waren und es auch noch bis heute sind. Doch all das sind Probleme, die in der fremden Sprache oft nur schwer zu lösen sind. Noch dazu bezahlen wir überall in bar, weil wir keine Kreditkarten besitzen – ich glaube, das hat mit unserem angeborenen Misstrauen gegenüber Institutionen und Bürokratien zu tun. Heutzutage ist es aber fast schon ein Affront, in einem Hotel ein paar Geldscheine auf den Tresen zu legen. Jedenfalls muss man immer im Vorhinein bezahlen, weil die Rezeptionisten sofort misstrauisch werden, wenn sie kein Plastikkärtchen durch ihre Maschine ziehen können. Dazu bewegen wir uns anders durch so ein Städtchen, als dessen Bewohner das von Touristen gewohnt sind: Wir besichtigen keine Schlösser oder Burgen, sondern Gitarrenläden, Modeboutiquen und Kaffeehäuser. Wir sind mehr an Stimmungen auf der Straße interessiert als am Alter der Hausfassaden, und wir folgen nicht den Empfehlungen der Reiseführer, sondern unserer Laune – dahin, wo sie uns hinträgt.

Doch sobald wir am Festivalort eintrafen, war all diese Unbill vergessen, und wir genossen die Atmosphäre, die Musik und auch den Kontakt mit den vielen Sinti, die sich hier bewegten. Die Mehrzahl der Festivalbesucher bestand allerdings aus französischen Jazzfans, die wegen Django kamen, wegen der Musik und der großartigen Stimmung. Trotz der gut gelaunten Menschenmenge wirkte es fast heimelig unter den alten Bäumen auf der Seine-Insel, zwischen denen sich viele Lichterketten spannten. Auf der Bühne spielten internationale Stars, hinter der Bühne, zwischen den Essens-, Getränke- und Souvenirständen, saßen unzählige Gitarristen zusammen, die über Django-Klassiker improvisierten. Manche der Gitarrenrunden umfassten ein knappes Dutzend Musiker. Sie kamen einander nicht ins Gehege, sondern einer gab sein Solo freundlich dem nächsten Spieler weiter, der wieder dem nächsten, bis rundum jeder einmal drankam und alle gemeinsam den folgenden Song anspielen konnten, den nächsten Django-Klassiker.

Der Tag schien ganz im Zeichen der bekannten Django-Reinhardt-Komposition »Nuages« zu stehen, was auf Deutsch »Wolken« heißt: Die Regenwolken hingen tief und schwer über dem Seine-Tal und ließen ab und zu auch ein paar Tropfen fallen – gut, dass Bühne und Zuschauertribüne unter Zeltplanen standen. Aber wo war David?

Django, um das vorwegzunehmen, gilt hier als der Gitarrist schlechthin, als Mythos, auch wenn er schon lange nicht mehr unter uns weilt, oder vielleicht gerade deshalb, denn zu seinen Lebzeiten war er weit weniger begehrt als heute. Django starb 1953, in seinem Haus hier in der Nähe des Festivalgeländes, erst 43 Jahre alt, an einer Hirnblutung, was vielleicht mit seinem Lebenswandel zu tun hatte. Er rauchte und trank viel und hatte auch sonst nicht die gesündesten Gepflogenheiten. Wichtig war ihm vor allem seine Musik, alles andere rangierte unter ferner liefen: seine Verpflichtungen, seine Termine, seine Bandmitglieder, selbst seine Familie. Django war bekannt für seine notorische Unpünktlichkeit und Unzuverlässigkeit, für seine Egomanie und seine Spielsucht – er verlor angeblich den größten Teil seiner Einnahmen am Spieltisch. Djangos schillernde Persönlichkeit inspirierte den großen Regisseur und Schauspieler Woody Allen zu seinem oscarnominierten Film »Sweet and Lowdown«, in dem er die Mythen und Geschichten um den berühmten Gitarristen festhielt.

Trotz dieser Eigenschaften muss Django ein einnehmender Charakter gewesen sein, ein charismatischer Mensch. Seine Hinwendung zur Musik erfolgte wie selbstverständlich aus dem Familienkontext heraus, was mich sehr an mich und an meine musikalische Familie erinnert – die dieselbe wie seine ist. Djangos Vater war Geiger und Chef einer »Zigeunerkapelle«, die schon in den zwanziger Jahren mit mehreren Gitarren besetzt war – ungewöhnlich für diese Zeit und sicher ein erster Vorgriff auf die später von Django erfolgreich eingesetzte »Hot Club«-Besetzung seiner Band, die ausschließlich Saiteninstrumente benutzte – ohne Geige, Klavier oder Bläser. Mit dieser Band trat Djangos Vater in der kalten Jahreszeit in Pariser Hotels auf und bestritt dadurch den Lebensunterhalt der Familie. Der junge Django, der mit bürgerlichem Namen wie sein Vater Jean-Baptiste hieß, sollte schon als Kind in die Fußstapfen des Vaters treten. Von ihm bekam er sehr früh eine Geige geschenkt, mit der er, wenig überraschend, bald gut umgehen konnte.

Da die Familie in der wärmeren Jahreszeit unterwegs war, sah Django nie eine Schule von innen – Lesen und Schreiben brachte er sich später als Erwachsener selbst bei, doch so richtig erlernte er es nie. Das war einfach nicht wichtig für ihn, denn seine Songs und die Songs anderer spielte er nicht vom Blatt, nicht nach Noten, sondern nach Gehör, Gefühl und Erinnerung. Gitarre und Banjo lernte Django erst später, anfangs war die Geige sein einziges Instrument. Für die Gitarre war sein Bruder Joseph, mit Sinti-Namen Nin-Nin genannt, zuständig, seine Schwester Sarah, in der Familie Tsanga gerufen, spielte Klavier.

Als Django am 1. November 1928 als 18-jähriger, schon einigermaßen bekannter Musiker am Abend in seinen in einer Pariser Vorstadt abgestellten Wohnwagen zurückkehrte, passierte die Katastrophe: Das wegen des Allerheiligenfests für die Verstorbenen der Familie über und über mit Kunstblumen geschmückte Gefährt geriet durch ein Missgeschick in Brand. Django konnte sich im letzten Moment ins Freie retten, doch er erlitt schwere Verbrennungen am linken Bein und, für ihn als Gitarristen schlimmer, an der linken Hand. Er verlor zwei Finger, und nicht nur die Ärzte, sondern die gesamte Familie ging davon aus, dass seine Karriere als Gitarrist damit beendet sei. Doch es kam anders – sein kometenhafter Aufstieg stand erst bevor. In den nächsten zwei Jahren der Rehabilitation lernte Django, seine Hände neu zu gebrauchen. Er entwickelte eine aus der Not geborene, vorher nie gesehene Gitarrentechnik, bei der er für das Melodiespiel vor allem den Zeige- und Mittelfinger einsetzte – von Ringfinger und kleinem Finger waren ihm an dieser Hand nur mehr Stummel übrig geblieben, die er dennoch verwendete. Außerdem benutzte er den Daumen viel ausgiebiger als alle Gitarristen vor ihm.

Diese neue Technik war aber nur einer der Gründe für seine Karriere, die ihn über die Jazzclubs in Paris bis nach Rom, London, New York und immer wieder zurück nach Paris führte. Er gilt bis heute als einer der neugierigsten und auch vielseitigsten Gitarristen des Jazz, der leider zu oft auf seine »klassische« Zeit der »Hot

Club«-Besetzungen reduziert wird – seine »Spätzeit«, in der er vieles an der elektrischen Gitarre versuchte, tritt dabei zu sehr in den Hintergrund.

Das war eine Phase, die durch Djangos frühen Tod kurz ausfiel. Durch den Tod, den er wohl vorausgesehen oder gespürt hatte, denn er zog sich, obwohl er äußerlich bei guter Gesundheit war, rund ein Jahr vor seinem Sterben komplett aus der Musik zurück. In dieser letzten Zeit malte Django viel, vor allem Landschaften und, ungewöhnlich für einen Sinto, weibliche Akte. Er ging fischen, spielte Karten und bereitete sich auf sein Ende vor, das ihn am 16. Mai 1953 ereilte – überraschend für die anderen, aber vielleicht nicht für ihn.

Am nächsten Tag besuchten David und ich Djangos Grab. Es befindet sich auf dem kleinen Friedhof von Samois-sur-Seine und ist mit einem schlichten Grabstein geschmückt, in den über einer goldenen Gitarre neben Djangos Namen auch die Namen und Lebensdaten seiner beiden Brüder und seines Sohnes Babik Reinhardt, David Reinhardts Vater, eingeritzt sind. Dazu ließ die Familie auch Fotos von Django in den Stein einsetzen, die ihn beim Gitarrenspiel zeigen. Viele frische Blumen lagen auf dem Grabstein, aber auch Geschenke, kleine Spielzeuggitarren und bunte Vasen. Viele Konzertbesucher besuchten das Grab ihres Idols, und auch David und ich standen davor und sahen auf das, was doch nicht zu sehen war – die Persönlichkeit eines Menschen, der vor mehr als einem halben Jahrhundert verstarb und uns trotzdem noch so nahe ist.

Vor Djangos Grab merkte ich, wie greifbar und vertraut mir diese in den Stein eingemeißelten Namen sind. Mich ergriff ein Gefühl von Ehrfurcht, aber auch von Nähe. Ich stand vor dem Grab und fühlte mit jeder Faser, dass Django ein Reinhardt ist, wie auch ich eine Reinhardt bin. Er war zum Anfassen nah, einer von uns. Ein Sinto, der mir seit damals noch näher, noch vertrauter ist, als er das ohnehin schon war.

David sagte mir später, dass ihm erst in dem Moment an Djangos Grab bewusst wurde, dass der weltberühmte Jazzer ein Sinto ist. Bis dahin war Django für ihn bloß im luftleeren Raum der Musik herumgeschwebt, im Nebulösen, im Jazzhimmel. »Mir wurde klar, dass wir aus demselben Volk stammen«, sagte David mir später.

Ich staune heute noch darüber, was mir David nach dem Besuch an Djangos Grab alles erzählt hatte. Er ist nämlich ein sehr zurückhaltender Mensch, der nicht viel über seine Gefühle spricht. Doch mit seinen Aussagen zu Django war das nicht so: Diese Nähe, sagte er unlängst, spüre er immer noch.

David Reinhardt konnten wir übrigens nicht treffen, in Samois. Er war plötzlich verreist, zu einem Konzert nach Italien – während des Festivals zu Ehren seines Großvaters, das er selbst mitorganisiert hatte. Ich wusste nicht, warum, aber ich hatte trotzdem ein gutes Gefühl über die von mir geplante Zusammenarbeit mit ihm, von der er selbst noch lange nichts wusste.

Under Paris Skies

Im dichten Feierabendverkehr kroch unser Taxi über verstopfte Boulevards, durch enge Straßen und um mit Autos verkeilte Kreisverkehre, aber nie wäre ich auf die Idee gekommen, mich über den Verkehr zu beschweren oder darüber, dass kein Weiterkommen war. Niemand schien sich zu beschweren, und wie könnte man das hier auch tun? Die Platanen blühten, die letzten Sonnenstrahlen wichen den ersten Leuchtreklamen, die Terrassen der Straßencafés waren kaum zu sehen vor Menschen, die nichts anderes zu tun hatten, als sich die Stadt durch ein Cocktailglas anzusehen, auch wenn dieses Vergnügen schnell zehn oder auch 20 Euro kosten kann. Es roch nach Auspuffgasen, Schweiß und Staub, aber auch nach Lindenblüten, Parfüm und großen Erwartungen. »Stranger beware, there´s love in the air« hatte Andy Williams in dem Song »Under Paris Skies« gesungen, und genau das fühlte ich auch, als wir durch die frühsommerliche Stadt rollten. Gut, dass der Taxifahrer in diesem Moment vor unserem Hotel hielt.

Ich war als Baby schon einmal in Paris. Damals hatte ich geschrien und geschrien, wie mir meine Eltern später erzählten, weil ich Hunger hatte. Weder meine Mutter noch mein Vater sprachen ein Wort Französisch, und erst nach langem Hin und Her war es ihnen gelungen, einen Liter Milch zu besorgen. Zu dieser Zeit waren meine Eltern natürlich nicht als Touristen nach Paris gekommen – so etwas wäre ihnen niemals eingefallen –, sondern nur, weil mein Vater sich auf dem berühmten Flohmarkt, dem »Marché aux Puces de Saint-Quen«, günstig mit Antiquitäten eindecken wollte, um sie in Deutschland mit Gewinn zu verkaufen.

Es war ein Ausnahmefall, dass mein Dada seine Familie nach Paris mitgenommen hatte. Meistens war er mit seinen beiden Cousins Hannes und Letscho hier, um in Ruhe diesen und auch andere Flohmärkte zu durchstöbern. Meiner Schwester und mir musste er regelmäßig Veilchenparfüm mitbringen und auch Kleider nach der neuesten Mode – aus Paris! Dort hatten die drei Männer immer in einem billigen und wahrscheinlich unfassbar schlechten Hotel übernachtet, denn es musste gespart werden, um möglichst viel von dem mitgebrachten Geld für Antiquitäten ausgeben zu können. Wie tapfer sich die drei Männer durch die fremde Stadt geschlagen haben müssen, kann ich mir erst heute so richtig vorstellen. Immerhin konnten sie nicht nur kein Französisch, sondern auch kein Wort Englisch und auch keine andere Sprache außer Deutsch und Romanes oder, streng genommen, Schwäbisch und Romanes, und damit kam man im Paris der sechziger, siebziger und achtziger Jahre nicht weit. Lächelnd musste ich daran denken, wie mir Dada von der Schwierigkeit erzählt hatte, einem Kellner zu erklären, dass sie eine Spezi wollten. Fanta und Cola, das ist Spezi, hatten sie mit den Händen gefuchtelt, und der Mann hatte sich gedacht, die drei haben einen Dachschaden, denn dass man Fanta und Cola mischen könnte, auf die Idee war in Paris noch niemand gekommen.

Doch was für ein anderes Gefühl war es, jetzt nicht an meine Familie zu denken, nicht an Sprachprobleme mit Spezis und Milchflaschen, sondern sich mit dem Mann meiner Träume an meiner Seite durch die Straßen der Stadt treiben zu lassen! Zu sehr durfte ich mich aber nicht verlieren, denn schon am nächsten Morgen war harte Arbeit im Studio angesagt. Ich wollte ein paar Songs für meine neue Platte aufnehmen, zusammen mit David Reinhardt, zu dem ich in der Zwischenzeit per E-Mail hatte Kontakt aufbauen können – immer via Übersetzer, denn er spricht kein Englisch und Deutsch sowieso nicht. Jedenfalls hatte er sich in seinen Schreiben bereit erklärt, mit mir zusammen ein paar Lieder einzuspielen, und war mir in seiner Art trotz aller Sprachbarrieren extrem unkompliziert und freundlich vorgekommen.

Mich interessierte an David natürlich auch, wie dem legitimen Nachfolger der größten Jazzgitarrenlegende aller Zeiten diese Last auf den Schultern liegen würde. Mich interessierte, welche gewaltigen Erwartungen ihm das Publikum entgegenbringt, denn schließlich habe ich selbst das Problem, dass sich manche Leute weiß Gott was von mir erhoffen, nur weil ich Reinhardt heiße und entfernt mit Django verwandt bin. Ich weiß nicht einmal, wie wir genau verwandt sind, aber vielleicht ließe sich das demnächst mit David klären. Solche Gedanken wälzten sich wie Mühlsteine in meinem Kopf, sodass ich trotz meiner herrlichen Müdigkeit kaum Schlaf finden konnte.

Wie anders war es, als der mit all diesen Lasten Versehene am nächsten Morgen plötzlich vor mir stand, ganz ohne Lasten und großer Geste, sondern als normaler junger Mann. Knapp über 20, mit kurz geschorenen, schwarzen Haaren, offenem, freundlichem Gesicht, über das ein einnehmendes Grinsen huschte. Überraschenderweise steckte die unauffällige und doch so sympathische Erscheinung in einem dunklen Anzug, für den sich David sofort entschuldigte – er müsse abends weiter nach Belgien, zu einem Auftritt, und Umziehen sei nicht mehr drin.

Schon stiegen wir über enge, winklige und nur spärlich beleuchtete Treppen in Räume hinunter, die aussahen wie mittelalterliche Kellergewölbe. David klärte mich darüber auf, dass es hier nicht nur nach Mittelalter aussah, sondern auch Mittelalter war, denn der Probenraum, den David organisiert hatte mitten im Künstlerviertel Quartier Latin, war im Keller eines der ältesten Häuser von Paris, einem ehemaligen Kloster, untergebracht.

Nun stand ich also mit dem Enkel von Django Reinhardt und seinen beiden Musikern in einem Gewölbe tief unter der Pariser Innenstadt, und David zog einen Packen Papier aus seiner Tasche. Ich erkannte darin Ausdrucke von den Noten meiner Lieder, die ich ihm letzte Woche gemailt hatte. David sah mich fragend an. Reden konnten wir nicht allzu viel, also wäre es am besten, dachte ich, wir beginnen mit der Musik. Glücklicherweise sprach der Pianist, den er mitgebracht hatte, ein wenig Englisch, sodass wir ihn hin und wieder als Dolmetscher einsetzen konnten. Eigentlich, soviel wurde mir klar, gab es nicht viel zu sagen zwischen uns. Das klingt merkwürdig: Zwei Menschen aus einer großen, weit verzweigten Familie treffen sich das erste Mal. Beide interessieren sich für das, was der andere tut. Beide sind sich einander auf Anhieb sympathisch – so empfand zumindest ich es. Beide sind Musiker, doch das war eben der Grund dafür, dass es nicht soviel zu sagen gab, denn wir hatten die Musik, um uns zu unterhalten. »Lass uns anfangen«, sagte David, setzte sich hin, packte die Gitarre aus und begann zu spielen.

Der Drummer rückte das Schlagzeug zurecht, und der Pianist schaltete tatsächlich dieses altertümliche Ungetüm von Hammondorgel an, das in einer Ecke stand. Eine echte, alte Hammondorgel. Ich glaube, so ein Gerät hatte ich das letzte Mal in der Aufzeichnung einer deutschen Fernseh-Show aus den siebziger Jahren gesehen, doch jetzt sollte ich leibhaftig zu den wunderbar quetschigen, quäkigen Tönen singen. Das tat ich auch, ohne mich eingesungen zu haben, ohne Vorbereitung, aus dem Stand, einfach drauflos. Die Noten brauchte ich nicht, die konnte ich auswendig, hatte ich sie doch selbst geschrieben – genauso wie den Text. Normalerweise gestalten sich solche Situationen viel umständlicher: Da muss erst dies und das geklärt werden, diese oder jene Frage taucht auf und wartet auf eine Antwort, doch hier war alles einfach. In diesem Keller unterhalb von Paris ging alles wie von selbst.

Die Musik kam leicht aus uns heraus und spannte ihr unsichtbares Tuch aus, das uns wie ein magischer Teppich wegtrug aus dem dunklen Gewölbe, denn wir wollten bis an das Ende der Welt. Das war nicht selbstverständlich, denn Davids Band hatte die Lieder noch nie gehört, nur meine Noten hatten sie gesehen, nichts sonst. Ich hatte auch nichts anderes, um ihnen meine Lieder nahezubringen – keine Tapes, keine Videos, keine Instrumentierung, nichts als den nackten Song. Als wir in dem engen Keller standen und losjammten, kam es mir nach wenigen Minuten vor, als würde ich schon monate- oder jahrelang mit diesen Jungs Musik machen, auch wenn ich sie eben erst kennengelernt hatte. Wie weich sie aufeinander reagierten, wie geschmeidig einer den anderen unterstützte, wie mitfühlend sie meiner Stimme folgten. Das war nicht das gedankenlose, rückwärtsgerichtete, museale Gitarrengeschrumme, das man oft hören kann von Django-Style-Jazz-Bands, sondern das war durchdachte Improvisation, freies Schwingen der Musik. So zart und gefühlig wie das Leben auf den Straßen. Das konnte kein Zufall sein, dass sich die Decke dieses Kellergewölbes unter den »Paris Skies« spannte, unter deren Wölbung all die Lebendigkeit um mich herum zu flirren schien.

So war es kein Wunder, dass wir nicht den ganzen Tag brauchten, sondern nur ein paar Vormittagsstunden, und schon waren wir fertig mit unserem Probedurchgang. Und jetzt? – Nun empfand ich es doch als merkwürdig, mit einem Verwandten hier zu stehen, von dem ich kaum etwas wusste, nicht mal den genauen Grad unserer Verwandtschaft. Also machten wir es den Parisern nach, setzen uns in das nächste Straßencafé und genossen den herrlichen Tag. Wir bestellten ein paar Gläschen Wein, was sonst gegen die Mittagszeit nicht meine Art ist, doch jetzt war es nicht anders vorstellbar. Wir saßen da, blinzelten in die Sonne, nippten am Wein und versuchten, unsere Familienpuzzles zusammenzusetzen.

Weit kamen wir dabei nicht. David wusste über die Vorfahren

seines Großvaters nicht viel mehr als das, was ohnehin bekannt ist: Dass Djangos Mutter Laurence »Négro« Reinhardt hieß, dessen Vater aber Jean-Baptiste Reinhardt und dass Django in Liberchies nahe der belgischen Stadt Charleroi zur Welt gekommen war, was nicht viel bedeutete, denn seine Eltern hatten sich dort nur für ein paar Monate aufgehalten – sie hatten Winterquartier im Gasthaus »Chez Borsin« genommen, wo Djangos Vater die Gäste mit komödiantischen Vorstellungen und Geigenspiel unterhielt und damit den Aufenthalt seiner Familie finanzierte. David wusste, dass schon seine Urgroßeltern Französisch sprechende Sinti waren, Manouches, wie man in Frankreich sagt, und dass Django im Alter von 20 Jahren zum ersten Mal zumindest vorübergehend in einem festen Haus wohnte – vorher hatte er immer in Wohnwagen und Zelten gelebt, in Paris oder auf der Reise, die seine Familie und ihn vor allem durch Frankreich, Italien und sogar Algerien führte.

Da David und ich das Thema unserer Abstammung mangels weiterführender Informationen nicht vertiefen konnten, schlug er vor, wir sollten einfach sagen, dass wir Cousin und Cousine seien – die bei uns übliche Bezeichnung für nicht allzu nahe Verwandtschaft. Dann unterhielten wir uns über Paris, über Konzerte und natürlich über unsere Musik. Ich versicherte ihm meine Wertschätzung gegenüber dem musikalischen Nachlass seines Vaters Babik Reinhardt, der mit meinem Onkel Bobby Falta zusammen gespielt hatte und dessen Aufnahmen mein Cousin Lancy Falta immer hörte. Ich wusste, dass David die beiden nahen Verwandten von mir kannte, die nun guten Gesprächsstoff lieferten, während Djangos Enkel eine Zigarette nach der anderen rauchte und ein Glas nach dem anderen trank. Schließlich redeten wir über andere Künstler, die wir beide verehren, etwa den belgischen Gitarristen René Thomas, den französischen Pianisten Eddy Louiss, den amerikanischen Cool-Jazz-Saxophonisten Stan Getz, den bedeutenden Jazzpianisten Bill Evans bis hin zum New Yorker Sänger und Entertainer Tony Bennett, der einen Text zu »Nuages« geschrieben hatte und dessen Aufnahmen im Hintergrund liefen.

Dann verstummte das Gespräch. Das hing nicht nur mit unseren sprachlichen Verständigungsschwierigkeiten zusammen, das lag auch in der Natur der Sache. Immerhin hatten wir schon durch unsere Musik gesprochen – mehr, als über unsere Musik zu sagen war. Die ließen wir am nächsten Tag weiter sprechen, im Aufnahmestudio, in dem David mit seinen beiden Musikern nicht lange nach der angegebenen Zeit eintraf, woran ich fast gezweifelt hatte – direkt aus Brüssel, vom Bahnhof, übernächtigt, im Trainingsanzug, mit Schlaf in den Augenwinkeln. Nicht an seinem Schlaf hatte ich gezweifelt, aber an seiner Zuverlässigkeit, galt doch sein Großvater als Ausbund an Egomanie, Unpünktlichkeit und auch an lässigem Umgang mit Verpflichtungen – wozu er keine Lust hatte, das ließ er bleiben.

Ich könnte nach einer fast durchwachten Nacht niemals gleich am nächsten Morgen weitermachen, aber David und seinen beiden Jungs gelang das ohne Problem. Schon nach wenigen Minuten waren wir wieder mittendrin, brachten das Studio zum Swingen und den Tonmeister zu einem Ausbruch des Erstaunens – dass wir schon beim zweiten Anlauf brauchbare Aufnahmeergebnisse lieferten. Also waren wir wieder in der halben Zeit, die ich mir vorgenommen hatte, mit unseren Songs fertig, und David verabschiedete sich nach Hause – um zu duschen, sich frisch zu machen und am Abend mit uns zu essen, mit meinem David und mit mir, in einem Jazzlokal, in dem befreundete Musiker spielen würden.

Gesagt, getan. Wir waren stolz darauf, das kleine Restaurant im zehnten Arrondissement auf Anhieb gefunden zu haben, wir bekamen einen Tisch gleich neben der Band, wir bestellten zu essen und Rotwein, wir genossen den lebendigen, dichten Swing, den die Musiker, Pariser Sinti, mühelos herausließen, doch wer nicht kam, war David. Ich fragte Florence, den Pianisten, mit dem wir vor ein paar Stunden im Studio waren, ob David noch kommen werde, doch der lächelte mich nur freundlich an und zuckte mit den Schultern.

Nun mussten David und ich lächeln. Uns war insgeheim längst klar gewesen, dass er nicht mehr kommen würde. Immerhin hatte er schon im Studio angedeutet, dass er weit draußen wohne, in der Banlieue, den Pariser Vororten, wo jede Nacht Autos brannten, weil sich aufgebrachte jugendliche Immigranten oder Immigrantenkinder von der Polizei verfolgt, vom Staat vernachlässigt und von der Gesellschaft ausgestoßen fühlten. Doch das, wir wussten es im Inneren, war nicht der Grund für David, heute nicht noch einmal in die Stadt zu fahren. Sein Grund war vielmehr der, dass er keinen Grund gefunden hatte, es doch zu tun. Ja, wir wollten sprechen, das wusste er. Doch worüber? Er hatte alles gesagt, mit seiner Gitarre. Er hatte alles von mir gehört, in meinem Gesang. Wir wussten alles voneinander, durch unsere Musik. Wir verstanden alles übereinander, weil wir aus demselben Volk waren. Aus einem Volk, dessen Menschen dafür bekannt sind, dass sie vor allem auf eines hören – auf ihre innere Stimme. Im Nachhinein fiel mir ein, dass sein Großvater nicht nur bei simplen Essensverabredungen, sondern sogar vor wichtigen Konzerten mit Jazz-Schwergewichten wie Duke Ellington einfach verschwunden war. Ich konnte also beruhigt und erleichtert sein, wenigstens alle meine geplanten Aufnahmen im Kasten zu haben.

Trying to Fly

Das Kopfweh ist glücklicherweise noch nicht so stark, dass es mir den Schmerz aus den Augen drückt, aber es wird nicht besser von den grellen Strahlen der Scheinwerfer, die mir der Beleuchter unverdrossen ins Gesicht hält. Es ist trotzdem schön, auf einer Bühne zu stehen, die richtig ausgeleuchtet ist, noch dazu von Fachleuten, denn das kleine Festival »Women in Jazz« findet in einem Theatersaal statt, mitten in der schnuckeligen Altstadt von Halle an der Saale, und so ist auch alles theatermäßig perfekt inszeniert. Wenn nur mein Kopf mitspielen wollte!

Aber er muss und tut es auch, weshalb es doch noch ein schöner Abend wird. Der Saal ist ausverkauft, das Publikum hört aufmerksam zu. Die Menschen applaudieren dankbar und folgen mir auf meiner musikalischen Reise. Obwohl es bald Mitternacht ist und gleich noch eine Band auf die Bühne soll, müssen wir eine Zugabe geben. So will ich als absolut letztes Lied »Down Here on the Ground« singen, ein Lied, mit dem ich mich immer identifizieren konnte. Meine Traurigkeit, mein Gefühl, unten am Boden zu sein, und meine Sehnsucht danach, fliegen zu können.

Kurz schließe ich die Augen, um bei mir anzukommen. So rutsche ich in meine Mitte hinein, ganz in die Mitte, und dann sehe ich in mein Publikum, weit hinten, wo die Gesichter im Dunkel des Saales verschwimmen, atme tief und singe auf dem Klangteppich, den ich von meiner Band gelegt bekomme:

Down here on the ground
Watching sparrows fly high
How I wish it were me
But I'm down here on the ground
And I'm wanting something better
Down here on the ground
Wanting something more

Die Geschichte, die dieses Lied erzählt, fasziniert mich immer wieder von Neuem. Diese Geschichte von der Schwierigkeit des Lebens hier unten auf der Erde. Die Geschichte von der Sehnsucht, so frei zu leben wie die Vögel im Himmel. Die Geschichte von der Sehnsucht nach einer Leichtigkeit und einer Freiheit, die sich nicht benennen lässt. Es ist die Sehnsucht meines Volkes, denke ich immer wieder, wenn ich dieses Lied singe, die Sehnsucht nach Glück, die sich nicht allzu schwer einlösen ließe, weil sie von etwas sehr Einfachem abhängt – von einem Stück der großen Freiheit, wie sie die Vögel am Himmel verkörpern. Ja, sicher, mein Volk will auch die selbstverständlichen Dinge, die Bürgerrechte, die Sicherheit, die Gleichberechtigung, die Bildungschancen – all das, was alle Menschen haben wollen. Aber meine Leute wollen nicht nur das, sie wollen auch noch diesen Gedanken an die Vögel im Himmel. Sie wollen eine Freiheit, die das Gegenteil der Freiheit bedeutet, die ihnen in dem rassistischen Volkslied-Gassenhauer »Lustig ist das Zigeunerleben« angeboten wird. Sie wollen nicht die Freiheit der Ausgestoßenen, sich auf Moos und Reisig betten zu dürfen, weil die Mehrheit sie aus Dörfern und Städten vertrieben hat, sondern sie wollen die Freiheit, sich ihren Platz selbst so aussuchen zu können, wie das alle anderen Menschen tun. Nun singe ich von der Möglichkeit dieser Freiheit. Von einer Möglichkeit, die für meine Leute aus meiner Generation zur Realität wurde.

One morning soon
I will find
Some wings on my mind
To take me high
So if you hear a sound
Down here from the ground
No, it's only me
Trying to fly

Der Applaus brandet schon in die letzten Takte hinein, aus denen ich auftauche wie aus einem gelungenen Traum. Wir gehen an den Bühnenrand, die Musiker legen ihre Instrumente weg, zum Zeichen, dass wir nicht weiterspielen wollen, nur Lancy hält seine Gitarre in der Hand. Die würde er nie zurücklassen, nirgendwo, auch nicht auf einer Bühne vor vollbesetztem Auditorium. In der Garderobe hinter dem Saal brauche ich ein paar Minuten, um wieder unter meinen Kollegen zu sein, um herunterzusteigen von dieser Spannung und von diesem Zauber, in den mich ein Auftritt versetzt. Mein Kopf merkt in solchen Momenten als Erstes, dass ich wieder zu mir komme, auch wenn das Herz noch woanders ist. Heute zeigt sich das dadurch, dass er gleich höllisch weh zu tun beginnt. Jetzt habe ich meinem Kopf gegenüber keine Ausrede mehr, die Schmerzen zurückzudrängen, und es bahnt sich ein Stechen und Pochen freie Bahn. Hoffentlich hat jemand Aspirin mit dabei!

Die Ernüchterung kommt spätestens dann, wenn es ans Abrechnen geht. Dafür bin immer ich zuständig, weil ich die gebuchte Künstlerin bin, die den Musikern ihre entsprechenden Anteile am Honorar weitergibt. Es ist merkwürdig für mich, gleich nach einem mit Gefühlen beladenen Auftritt mit Quittungsblock, Rechner und Geldscheinen zu hantieren, fast kommt es mir frivol vor, aber falsche Gefühlsduselei wäre hier fehl am Platz. Die Musiker sind meistens knapp bei Kasse und warten darauf, ihr Geld sofort zu bekommen, in bar, auf die Hand, und auch ich selbst war oft genug darauf angewiesen. Abgesehen davon weiß man nie, ob ein Veranstalter ein paar Tage später noch in Zahlungslaune ist, wenn der letzte Ton längst verklungen ist und auch die oft unerfreulichen Abrechnungen über die eigenen Einnahmen vorliegen.

Ein bisschen Geld brauchen meine Musiker gleich nach dem Konzert, an der Hotelbar. Dort treffen sich alle Musiker, auch die der anderen Bands, die vor und nach uns spielten, und es sieht so aus, als seien die Musiker die einzigen Menschen in Halle, die um diese Zeit noch wach sind, von den Nachtigallen abgesehen, die direkt vor der Hoteleinfahrt schlagen, die sonst leer und still daliegt. Drinnen dudelt Fahrstuhlmusik von der Festplatte, bis Alexej noch einmal sein Instrument auspackt. Alexej ist der Gitarrist meiner Band, und er ist heute Abend nicht zum Sprechen aufgelegt. Er sitzt abseits der Bar, nein er hängt in den tiefen Sofas der Lobby, denkt nach und träumt und schweigt und greift in die Saiten. Erst ist das ein zartes Klimpern, dann kommt eine zaghafte Melodie, endlich erklingen ein paar Akkorde. Der Portier dreht die Hintergrundmusik ab, die anderen Musiker horchen auf, mein Kopf brummt, halbwegs gezähmt von ein paar Tabletten.

Lancy setzt sich zu ihm, packt seine heilige Ibanez aus, die Göttin unter den Gitarren, und dann beginnt Alexej doch noch zu sprechen. Er erzählt von seinem Kummer und seinen Sorgen und seiner Einsamkeit, aber er sagt es nicht mit Worten, sondern mit seiner Gitarre. Lancy antwortet ihm auch nicht mit Worten, sondern mit Fingern, die über seine Saiten flirren, bis David kommt. David, mein Mann, hat mich zu meinem Konzert begleitet, wie meistens, wenn es ihm seine Zeit und sein Terminkalender erlauben, und jetzt ist er dran. Kurz verständigen sich die drei über die Tonart, Lancy schlägt ein paar Töne an, und schon lässt sich das eben gebildete Trio wegtragen in das Reich der Musik. Sie musizieren für niemand anderen als für sich selbst, jeder mit Blick auf die anderen beiden, bis auch mein Bassist Scott dazukommt, der Kanadier, den die Musik schon lange in Berlin hält. Genauso wie Lancy ist auch Scott im Geheimen ein Sänger, und er ist wie Alexej auch ein heftiger Beatles-Liebhaber. Es dauert nicht lange, und die drei singen die großen Standards aus Liverpool, bis Alexej in seine Welt eintaucht, in die epische Weite seiner Heimat. Eine große Weite, eine traurige Weite mit einem endlosen Himmel darüber, die Alexej mit seinen russischen Weisen füllt.

Aber ich kann nicht mehr. Nicht singen, nicht sitzen, nicht zuhören, mein Kopf braucht Ruhe. So ist es meistens mit mir, nach den Auftritten. Ich bin kein Typ für die große Party danach, für das nächtelange Durchmachen. Ich bin selten in Feierlaune, aber das war ich noch nie. In solchen Situationen kommt das kleine Mädchen in mir durch, das ich einmal war. Das behütete schwäbische Töchterchen aus Wetzisreute, dem es am besten im eigenen Zimmer gefällt.

I would love to fly
Because I'm tired of being
Down here on the ground
I'm tired of being
Down here on the ground

Morgen werde ich wieder im Auto sitzen, David wird mich fahren, Lancy wird bei uns sein. Wir werden zwischen den winterlichen Feldern dahinrollen, ich werde in den Himmel sehen und es genießen, mich mitnehmen zu lassen auf die Reise hin zu einer neuen Musik, zu unserem nächsten Auftrittsort, an dem es wieder heißt, unten auf dem Boden zu bleiben, wenn die Träume auch hochfliegen wollen zusammen mit den Vögeln. Ihren in den Himmel gemalten Spielen sehe ich aus dem dahinrasenden Auto zu.

→ Die Musik von Dotschy Reinhardt

CD "Sprinkled Eyes"

Best-Nr. GMC018,
erschienen bei Galileo Music
Communication GmbH

→ Auf ihrem Debütalbum präsentiert uns Dotschy Reinhardt einen ganz eigenen, kühnen und doch so wunderbar intimen Entwurf davon, was es heißen kann, im 21. Jahrhundert Sinteza, eine Künstlerin des Sinti-Volkes zu sein. "Sprinkled Eyes" versammelt schillernde Impressionen aus der Fülle eines Tagebuchs, die im Hier und Jetzt sich zu ganz neuen Erlebnissen wandeln. Mit dem Entschluss, auch in der Sprache der Sinti, dem Romanes zu singen, hat sich Dotschy Reinhardt auf "Sprinkled Eyes" ein wichtiges Anliegen erfüllt.

Neue CD "Suni" ab 26. Sept. 2008 erhältlich

CD "Suni" Best-Nr.: GMC030,
erschienen bei Galileo MC

Ebenfalls erhältlich:
**Lancy Falta Gypsy Stream
"In the Fields"** Best-Nr.: BAY003
erschienen bei Galileo MC

"Dotschy Reinhardt verbindet die Sinti-Musik mit brasilianischen Einflüssen und erinnert nicht selten an Astrud Gilberto. Man staunt und freut sich, dass es in Deutschland jetzt ein wunderbar leicht groovendes „Girl from Ipanema" gibt: Gipsy Swing, eine überfällige kulturelle Osterweiterung der europäischen Popmusik." *SZ „CD des Tages"*

"Mehr kann man von einem Debüt kaum erwarten wollen" *Jazzthetik*

galileo
MUSIC · COMMUNICATION

Im Vertrieb der: Galileo Music Communication GmbH, Dachauer Str. 5–7, D-82256 Fürstenfeldbruck
Tel. [0 81 41] 22 61 30, Fax [0 81 41] 22 61 33, info@galileo-mc.de, www.galileo-mc.de

Foto Uwe Hauth